改訂2版

第2分冊

●不動産従業者と大家さんのための●

賃貸住宅の業務手引

募集から退去まで

編著 賃貸住宅管理業務マニュアル研究会
発行 財団法人 不動産流通近代化センター

改訂2版 不動産従業者と大家さんのための
賃貸住宅の業務手引 "募集から退去まで" 〈第2分冊〉

（目　次）

資料編

※本書の様式番号は、第1分冊記載内容との連動上、便宜的に採番したものです。

様式 1	賃貸物件調査チェックリスト	1
様式 2	住宅の標準賃貸借媒介契約書（貸主用）	4
様式 3	住宅の標準賃貸借代理契約書（貸主用）	8
様式 4	住宅の標準賃貸借代理及び管理委託契約書（一括委託型）	12
様式 5	住宅の標準賃貸借代理及び管理委託契約書（一部委託型）	23
様式 6-1	サブリース住宅原賃貸借標準契約書	30
様式 6-2	賃借権譲渡の承諾についてのお願い	40
様式 6-3	増改築等の承諾についてのお願い	41
様式 7	顧客別物件台帳	42
様式 8	ご希望物件申込カード	44
様式 9	不動産標準情報表示様式	45
様式10	住宅の標準賃貸借媒介契約書（借主用）	46
様式11-1	入居申込書（個人用）	50
様式11-2	入居申込書（法人用）	52
様式12	賃貸借契約のご案内	54
様式13	入居希望者の入居資格に関する参考資料	55
様式14	入居可否通知書	56
様式15-1	賃貸住宅標準契約書	57
様式15-2	定期賃貸住宅標準契約書	62
様式15-3	定期賃貸住宅契約についての説明	67
様式15-4	定期賃貸住宅契約終了についての通知	68
様式15-5	賃借権譲渡の承諾についてのお願い	69
様式15-6	転貸の承諾についてのお願い	70
様式15-7	増改築等の承諾についてのお願い	71
様式15-8	契約書別表第2に掲げる行為の実施承諾についてのお願い	72
様式15-9	終身建物賃貸借標準契約書	73
様式16	連帯保証人承諾書	85
様式17	賃貸借契約締結に係る代行処理依頼書	86
様式18	入居申込撤回に関する報告	87
様式19-1	重要事項説明（建物の貸借）【国土交通省標準様式例】	88
様式19-2	標準重要事項説明書	89
様式20	領収書	91
様式21	鍵受領証	92
様式22-1	住宅内造作物等点検確認書（例1）	93
様式22-2	住宅内造作物等点検確認書（例2）	97
様式22-3	入居時・退去時の物件状況確認リスト【ガイドライン様式例】	99
様式23	小修繕における負担区分一覧表	101
様式24	借主の修繕義務範囲にかかる入居期間別修繕費負担割合一覧表	102

様式25	預金口座振替依頼書	103
様式26	振込依頼書（銀行所定様式一般例）	105
様式27	振込依頼書（管理業者専用）	107
様式28	賃料等通帳	108
様式29	賃料等収納票・領収書	111
様式30	賃料等口座振替のお知らせ	112
様式31	賃料等口座振込のお願い（銀行所定振込用紙による振込）	112
様式32	賃料等口座振込のお願い（管理業者作成振込用紙による振込）	113
様式33	賃料等のお支払いについて（ご案内）	113
様式34	賃料等収納状況表	114
様式35	未収金一覧表	115
様式36	賃料等収納状況［借主別］	116
様式37	賃料等収納金の送金について	118
様式38	不在箋	119
様式39－1	督促状『賃料等のお支払について』	120
様式39－2	督促状『滞納賃料等のお支払について』	121
様式39－3	督促状『滞納賃料等のお支払について（催告）』	122
様式39－4	督促状『滞納賃料等のお支払について』	123
様式40	督促経緯調書	124
様式41－1	支払確約書『滞納賃料等の支払について』	126
様式41－2	支払確約書『滞納賃料等の支払について』	127
様式41－3	支払確約書『滞納賃料等の支払について』	128
様式42	賃貸借契約解除届	129
様式43	修繕費負担額請求書	130
様式44	修繕費負担額承認書	131
様式45－1	空家修繕工事見積依頼書	132
様式45－2	空家修繕工事見積書	133
様式46	空家修繕工事発注書	134
様式47	空家修繕工事明細（様式46、49の別紙）	135
様式48	空家修繕工事完了検査書	136
様式49	空家修繕工事完了確認書	137
様式50－1	退去時修繕等工事明細表	138
様式50－2	退去時修繕等工事について	139
様式51	敷金精算書	140
様式52	修繕費負担額の支払いについて	141
様式53	不足額のお支払いについて	142
別紙 1	東京都要請文	143
別紙 2	媒介業務に係る法制度	145
別紙 3	『契約のしおり』の記載事項例	146
別紙 4	『入居のしおり』の記載事項例	148
別紙 5	『管理報』の記載事項例	152
別紙 6	外国人向け住まいのしおり賃貸住宅用（都市再生機構作成）	172
別紙 7	都市再生機構賃貸住宅賃貸借契約書（ペット共生住宅用）	200
別紙 8	国土交通大臣告示『報酬額規定表』	211
別紙 9－1	外国人と貸主の不動産賃貸借マニュアル（埼玉県・国際課作成英語版）	213

別紙 9-2 賃貸住宅標準契約書（埼玉県・国際課作成英語版） ・・・・・・・・・・・・・・・・・・・・・・・ 226
別紙 9-3 重要事項説明書賃貸借用（埼玉県・国際課作成英語版） ・・・・・・・・・・・・・・・・・・ 240
別紙 9-4 建物賃貸借契約書（埼玉県・国際課作成英語版） ・・・・・・・・・・・・・・・・・・・・・・ 242
別紙 9-5 重要事項説明書賃貸借用（埼玉県・国際課作成英語版） ・・・・・・・・・・・・・・・・・・ 246
別紙 9-6 賃貸借契約書（埼玉県・国際課作成英語版） ・・・・・・・・・・・・・・・・・・・・・・・・・・ 248
別紙10　外国籍県民のための賃貸住宅の借り方・住むときのルール
　　　　　　　　　　　　　（埼玉県・国際課作成4か国語版） ・・・・・・・・・・・・・・・・・・・ 253
別紙11-1 個人情報の取扱いについて〔全宅連傘下会員業者用・公表用書面〕 ・・・・・・・・・ 301
別紙11-2 個人情報の取扱について（個人情報取扱に関する基本姿勢）
　　　　　　　　　　〔全日傘下会員業者用・公表掲示用書面〕 ・・・・・・・・・ 302
別紙11-3 個人情報の取り扱いについて（賃貸借契約編）
　　　　　　　　　　〔全宅連傘下会員業者用・賃貸借明示用書面〕 ・・・・・ 303
別紙11-4 個人情報の取扱について（個人情報取扱に関する基本姿勢）
　　　　　　　　　　〔全日傘下会員業者用・明示用署名入り書面〕 ・・・・・ 304

※ 凡例　「社団法人全国宅地建物取引業協会連合会　→　全宅連」、「社団法人全日本不動産協会　→　全日」

[様式1]

賃貸物件調査チェックリスト

整理番号	
取引形態	媒介・代理・管理・サブリース・自社
取扱者名	

1 貸主の表示

貸　主	(住所) (氏名)　　　　　　　　　　　　　　　　TEL　　　(　　　)
所有者	(住所) (氏名)　　　　　　　　　　　　　　　　TEL　　　(　　　)
代理人	(住所) (氏名)　　　　　　　　　　　　　　　　TEL　　　(　　　)

2 物件の表示（全住戸関係情報）

土地	所　在				
	地　目		地　積	公簿　　　　㎡／実測　　　㎡	

建物	所　在		家屋番号	
	住居表示		建物名称	
	住戸数	棟　室	登記簿面積 （実面積） バルコニー	1階　　㎡／2階　　㎡／3階　　㎡／ 地下室　　㎡／合計　　㎡ 　　㎡	
	種類階数	戸建・長屋建（テラスハウス）・マンション・アパート・文化住宅・貸間／　　　階建て			
	構　造	木造・石・ブロック・鉄骨・鉄筋・鉄骨鉄筋／［屋根］瓦・スレート・金属・陸屋根			
	工法等	在来工法・ツーバイフォー・木質系プレハブ・コンクリート系プレハブ・鉄骨系プレハブ・ その他（　　　　　　　　　　）／［様式］和風・洋風・その他（　　　　　　　　）			
	交　通	線　　　　駅下車・徒歩約　　　分／距離　　　m バス会社　　　　　　行・乗車　　　分（停留所名；　　　　　　　） 下車徒歩約　　　分／距離　　　m			

最寄商店 住宅環境	無・有（徒歩　　　分） ［物件グレード］　（優る・普通・やや劣る・劣る・特に劣る） ［眺望・景観］　（優る・普通・やや劣る・劣る・特に劣る） ［騒音・振動］　（無・普通・有）
嫌悪施設等 利便施設	無・有［火葬場・汚水処理場・ゴミ焼却場・高圧線下・ドブ川・他（　　　　）］ ［医療施設］　（徒歩圏内）→無・有［総合病院・内・外・歯・産・他（　　　　）］ 　　　　　　　（バス圏内）→無・有［総合病院・内・外・歯・産・他（　　　　）］ ［学校等］　　（徒歩圏内）→無・有［幼稚園・保育園・小学校・中学校・他（　　　　）］ ［役所等］　　（徒歩圏内）→無・有［出張所・区・市・保・警・消・郵・銀・他（　　　　）］ 　　　　　　　（バス圏内）→無・有［出張所・区・市・保・警・消・郵・銀・他（　　　　）］
特記事項	［契約内容］（一般借家契約・定期借家契約・終身建物賃貸借契約） （礼　金）→無・有［（　　　）か月分・（　　　　　）円］ （敷　金）→無・有［（　　　）か月分・（　　　　　）円］ （保証金）→無・有［（　　　）か月分・（　　　　　）円］

3 物件の表示（各住戸関係情報）……間取りタイプ毎に作成。

<table>
<tr><td rowspan="5">建物</td><td colspan="2">（間取図）</td><td>対象住戸番号
（棟号室）</td><td></td></tr>
<tr><td>間取り
（内訳）</td><td>（　　　）LDK・DK・K・S・1R
和室　　　　　／洋室
台所　　　　　／居間</td></tr>
<tr><td>床面積等</td><td>床　面　積　　　　　　　　　㎡
バルコニー面積　　　　　　　　㎡</td></tr>
<tr><td>築 年 月</td><td>　　年　　月　築後年数　　　　年　　月</td></tr>
<tr><td>大規模修繕・改築年</td><td>　　　　年　　　　月</td></tr>
</table>

4 飲用水・電気・ガスの供給設備及び排水設備状況（各住戸関係情報）

	利用可能な施設	施設の整備予定（内容）	整備の負担金
飲用水	公営・私営・ 井戸［専用・共用／（水質検査）済・未済］ メーター（専用・子・割当） 供給者名［　　　　　　　　　　］	年　　月頃 （内容）	無・有 （　　　　円）
電気	メーター（専用・子・割当） 供給者名［　　　　　　　　　　］	年　　月頃 （内容）	無・有 （　　　　円）
ガス	都市・プロパン　→ガス熱量（　　　） メーター（専用・子・割当） 供給者名［　　　　　　　　　　］	年　　月頃 （内容）	無・有 （　　　　円）
排水	有（本下水・浄化槽・汲取式）・無	年　　月頃 （内容）	無・有 （　　　　円）

5 住戸部分の設備・施設等（各住戸関係情報）

<table>
<tr><td rowspan="11">設備</td><td>トイレ</td><td>専用（水洗・非水洗）・共用（水洗・非水洗）／【洗浄機能】有・無／【暖房便座】有・無</td></tr>
<tr><td>台　所</td><td>専用・共用／【ガスこんろ】有・無</td></tr>
<tr><td>浴　室</td><td>有（専用・共用）・無　／　【シャワー】有・無</td></tr>
<tr><td>冷・暖房</td><td>無・有（集中・個別）→【設置個所】（各室有・主要室有）／【冷・暖房設置】可・不可</td></tr>
<tr><td>給　湯</td><td>無・有（集中・個別）→【設置個所】［台所・浴室・洗面所・洗濯所・その他（　　　　）］</td></tr>
<tr><td>換　気</td><td>無・有【設置個所】［台所・浴室・洗面所・トイレ・その他（　　　　）］</td></tr>
<tr><td>電　気</td><td>【容量】（　　）アンペア／［専用回線］有・無</td></tr>
<tr><td>電　話</td><td>【電話コンセント】（各室有・1個所有・無）／【設置】可・不可</td></tr>
<tr><td>ＴＶ受信</td><td>【受信コンセント】（各室有・1個所有・無）／【衛星放送受信】可・不可</td></tr>
<tr><td>エレベーター</td><td>有・無　［その他］（　　　　　　　　　　　　　　　　　）</td></tr>
<tr><td colspan="2"></td></tr>
<tr><td rowspan="5">施設</td><td>駐車場</td><td>無・有（　　台分）［無料（専用・共同）・有料（敷地内・近隣に確保）（月額　　　円）］</td></tr>
<tr><td>駐輪場</td><td>無・有［無料・有料（月額　　　円）］</td></tr>
<tr><td>専用物置</td><td>無・有［無料・有料（月額　　　円）］</td></tr>
<tr><td>専用庭</td><td>無・有［無料・有料（月額　　　円）］</td></tr>
<tr><td>その他</td><td>［　　　　　　　　　　　　　　　　　　　　　　　　　］</td></tr>
</table>

壁等	外壁	良・不良個所有（　　）	襖	良・不良個所有（　　）
	内壁	良・不良個所有（　　）	畳	良・不良個所有（　　）
	床	良・不良個所有（　　）		良・不良個所有（　　）
	天井	良・不良個所有（　　）		良・不良個所有（　　）

6 近隣の類似賃貸住宅の賃料相場（全住戸関係情報）

7 敷地所在図等（全住戸関係情報）
　〈周辺案内図〉

　〈敷地所在図・配置図〉

[様式2]

住宅の標準賃貸借媒介契約書（貸主用）

1. この契約は、目的物件について、賃貸借媒介を当社に依頼するものです。
2. 依頼者は、目的物件の賃貸借媒介又は賃貸借代理を、当社以外の業者に重ねて依頼することができます。
3. 依頼者は、自ら発見した相手方と賃貸借契約を締結することができます。
4. この契約の有効期間は、3か月です。

　依頼者（以下「甲」といいます。）は、この契約書により、頭書(1)に記載する甲の依頼の目的である物件（以下「目的物件」といいます。）について、賃貸借媒介業務（別表に掲げる業務をいいます。）を宅地建物取引業者（以下「乙」といいます。）に委託し、乙はこれを承諾します。

年　　月　　日

甲・依頼者　　　　　　　住所
　　　　　　　　　　　　氏名　　　　　　　　　　　　　　　　　㊞

乙・宅地建物取引業者　　商号（名称）
　　　　　　　　　　　　代表者　　　　　　　　　　　　　　　　㊞
　　　　　　　　　　　　主たる事務所の所在地

　　　　　　　　　　　　免許証番号

(1) 賃貸借の目的物件

名　称	
所在地	
構　造	造　　階建　　工事完了年月　　　　年　　月
住戸番号	号室　　間取り　（　　　）LDK・DK・K／ワンルーム
面　積	m^2

(2) 依頼する乙以外の宅地建物取引業者

商号又は名称	主たる事務所の所在地

(3) 賃貸借条件

賃　料	月額（　　　　　　　　）円	共益費	月額（　　　　　　　　）円
敷　金	賃料の（　　　）か月分相当額 （　　　　　　　　）円	その他 一時金	（　　　　　　　　）円
付属施設	種　類		その他
	使用料		

(4) 賃貸借媒介報酬

賃貸借媒介報酬	頭書（3）に記載する賃料の_____か月分相当額に消費税額を合計した額

(5) 有効期間

始　期	年　　　月　　　日	3か月
終　期	年　　　月　　　日	

（重ねて依頼する業者の明示）
第1条　甲は、目的物件の賃貸借媒介又は賃貸借代理を乙以外の宅地建物取引業者に依頼するときは、その宅地建物取引業者を乙に明示しなければなりません。
2　この契約の締結時において既に依頼をしている宅地建物取引業者の商号又は名称及び主たる事務所の所在地は、頭書（2）に記載するものとし、その後において更に他の宅地建物取引業者に依頼をしようとするときは、甲は、その旨を乙に通知するものとします。

（賃貸借条件に関する意見の根拠の明示）
第2条　乙は、頭書（3）に記載する賃貸借条件の決定に際し、甲に、その条件に関する意見を述べるときは、根拠を示して説明しなければなりません。

（賃貸借条件の変更の助言等）
第3条　乙は、賃貸借条件が地価や物価の変動その他事情の変更によって不適当と認められるに至ったときは、甲に対して、賃貸借条件の変更について根拠を示して助言します。
2　甲は、賃貸借条件を変更しようとするときは、乙にその旨を協議しなければなりません。

（賃貸借媒介報酬の支払い）
第4条　乙の賃貸借媒介によって目的物件の賃貸借契約が成立したときは、甲は、乙に対して、頭書（4）に記載する報酬（以下「賃貸借媒介報酬」といいます。）を支払わなければなりません。
2　乙は、宅地建物取引業法第37条に定める書面を作成し、これを成立した賃貸借契約の当事者に交付した後でなければ、賃貸借媒介報酬を受領することができません。

（敷金等の引渡し）
第5条　乙は、目的物件の賃貸借契約の成立により受領した敷金その他一時金を、速やかに、甲に引き渡さなければなりません。

(特別依頼に係る費用の支払い)
第6条　甲が乙に特別に依頼した広告等の業務の費用は甲の負担とし、甲は、乙の請求に基づいて、その実費を支払わなければなりません。

(直接取引)
第7条　この契約の有効期間内又は有効期間の満了後3か月以内に、甲が乙の紹介によって知った相手方と乙を排除して目的物件の賃貸借契約を締結したときは、乙は、甲に対して、契約の成立に寄与した割合に応じた相当額の報酬を請求することができます。

(費用償還の請求)
第8条　この契約の有効期間内に甲が乙に明示していない宅地建物取引業者に目的物件の賃貸借媒介又は賃貸借代理を依頼し、これによって賃貸借契約を成立させたときは、乙は、甲に対して、賃貸借媒介業務に要した費用の償還を請求することができます。
2　前項の費用の額は、賃貸借媒介報酬額を超えることはできません。

(依頼者の通知義務)
第9条　甲は、この契約の有効期間内に、自ら発見した相手方と目的物件の賃貸借契約を締結したとき、又は乙以外の宅地建物取引業者の賃貸借媒介若しくは賃貸借代理によって目的物件の賃貸借契約を成立させたときは、遅滞なく、その旨を乙に通知しなければなりません。
2　甲が前項の通知を怠った場合において、乙が当該賃貸借契約の成立後善意で甲のために賃貸借媒介業務に要する費用を支出したときは、乙は、甲に対して、その費用の償還を請求することができます。

(有効期間)
第10条　この契約の有効期間は、頭書(5)に記載するとおりとします。

(更新)
第11条　この契約の有効期間は、甲及び乙の合意に基づき、更新することができます。
2　前項の更新をしようとするときは、有効期間の満了に際して、甲から乙に対し、文書でその旨を申し出るものとします。
3　前二項による有効期間の更新に当たり、甲乙間で契約の内容について別段の合意がなされなかったときは、従前の契約と同一内容の契約が成立したものとみなします。

(契約の解除)
第12条　甲又は乙がこの契約に定める義務の履行に関してその本旨に従った履行をしない場合には、その相手方は、相当の期間を定めて履行を催告し、その期間内に履行がないときは、この契約を解除することができます。
2　次の各号のいずれかに該当する場合には、甲は、この契約を解除することができます。
　一　乙がこの契約に係る重要な事項について故意若しくは重過失により事実を告げず、又は不実のことを告げる行為をしたとき。
　二　乙が宅地建物取引業に関して著しく不当な行為をしたとき。

(特約)

(別表)

賃貸借媒介業務

業務内容	業務実施要領
(1) 賃貸借条件の提案	情報誌、業者チラシ等の収集及び現地視察により、近隣の賃貸物件の相場を調査し、賃料の査定を行う。
(2) 物件の紹介	イ　紹介図面を作成する。 ロ　必要に応じて、目的物件について、指定流通機構への登録、他の業者への紹介、情報誌への広告等を行う。 ハ　借希望者からの問合せ、借希望者の来店等に対応して、目的物件の説明、現地への案内等を行う。
(3) 入居者選定の補助	イ　賃料支払能力の確認等借希望者に係る調査及び保証能力の確認等連帯保証人に係る調査を行う。 ロ　借希望者に対し、最終的な賃貸借の意思の確認を行う。 ハ　上記調査の結果を甲に報告するとともに、賃貸借の意思の確認を行う。
(4) 重要事項の説明	イ　権利関係、設備関係、賃貸借条件等の必要な事項を確認し、重要事項説明書を作成する。 ロ　重要事項説明書に基づき、借希望者に対し、重要事項の説明を行う。
(5) 賃貸借契約の締結の補助	イ　賃貸借契約書の作成を補助する。 ロ　賃貸借契約書に甲と借主の双方の署（記）名押印を取り、双方に賃貸借契約書を交付する。 ハ　敷金等を借主から受領し、速やかに、甲に引き渡す。
(6) 鍵の引渡し	借主に鍵を引き渡す。

[様式3]

住宅の標準賃貸借代理契約書（貸主用）

> 1. この契約は、目的物件について、賃貸借代理を当社に依頼するものです。
> 2. 当社は、目的物件の賃貸借代理業務に関して、広く賃貸借契約の相手方を探索し、契約の成立に向けて積極的に努力します。
> 3. 依頼者は、目的物件の賃貸借媒介又は賃貸借代理を、当社以外の業者に重ねて依頼することができません。
> 4. 依頼者は、自ら発見した相手方と賃貸借契約を締結することができます。
> 5. この契約の有効期間は、3か月です。

　依頼者（以下「甲」といいます。）は、この契約書により、頭書(1)に記載する甲の依頼の目的である物件（以下「目的物件」といいます。）について、賃貸借代理業務（別表に掲げる業務をいいます。）を宅地建物取引業者（以下「乙」といいます。）に委託し、乙はこれを承諾します。

　　　　　　　　　　　　　年　　月　　日

　　甲・依頼者　　　　　　　住所
　　　　　　　　　　　　　　氏名　　　　　　　　　　　　　　　　　㊞

　　乙・宅地建物取引業者　　商号（名称）
　　　　　　　　　　　　　　代表者　　　　　　　　　　　　　　　　㊞
　　　　　　　　　　　　　　主たる事務所の所在地

　　　　　　　　　　　　　　免許証番号

(1) 賃貸借の目的物件

名　　称	
所 在 地	

構　　造	造 　　　　階建	工事完了年月	年　　月
住戸番号	号室　　間取り　　（　　　）LDK・DK・K／ワンルーム			
面　　積	㎡			

(2) 賃貸借条件

賃　料	月額（　　　　　　　）円	共益費	月額（　　　　　　　）円
敷　金	賃料の（　　　　）か月分相当額 　　　（　　　　　　　　）円	その他 一時金	（　　　　　　　　）円
付属施設	種　類		その他	
	使用料			

(3) 賃貸借代理報酬

賃貸借代理報酬	頭書（2）に記載する賃料の_____か月分相当額に消費税額を合計した額

(4) 有効期間

始　期	年　　　月　　　日	3か月
終　期	年　　　月　　　日	

（成約に向けての積極的努力義務）
第1条　乙は、次の事項を履行する義務を負います。
　一　甲に対して、2週間に1回以上業務の処理状況を報告すること。
　二　別表（2）ロに記載する方法により、広く賃貸借契約の相手方を探索し、契約の成立に向けて積極的に努力すること。

（賃貸借条件に関する意見の根拠の明示）
第2条　乙は、頭書（2）に記載する賃貸借条件の決定に際し、甲に、その条件に関する意見を述べるときは、根拠を示して説明しなければなりません。

（賃貸借条件の変更の助言等）
第3条　乙は、賃貸借条件が地価や物価の変動その他事情の変更によって不適当と認められるに至ったときは、甲に対して、賃貸借条件の変更について根拠を示して助言します。
2　甲は、賃貸借条件を変更しようとするときは、乙にその旨を協議しなければなりません。

（賃貸借代理報酬の支払い）
第4条　乙の賃貸借代理によって目的物件の賃貸借契約が成立したときは、甲は、乙に対して、頭書（3）に記載する報酬（以下「賃貸借代理報酬」といいます。）を支払わなければなりません。
2　乙は、宅地建物取引業法第37条に定める書面を作成し、これを賃貸借契約の当事者に交付した後でなければ、賃貸借代理報酬を受領することができません。

（敷金等の引渡し）
第5条　乙は、目的物件の賃貸借契約の成立により徴収した敷金その他一時金を、速やかに、甲に引き渡さなければなりません。

（特別依頼に係る費用の支払い）
第6条　甲が乙に特別に依頼した広告等の業務の費用は甲の負担とし、甲は、乙の請求に基づいて、その実費を支払わなければなりません。

（直接取引）
第7条　この契約の有効期間内又は有効期間の満了後3か月以内に、甲が乙の紹介によって知った相手方と乙を排除して目的物件の賃貸借契約を締結したときは、乙は、甲に対して、契約の成立に寄与した割合に応じた相当額の報酬を請求することができます。

（違約金の請求）
第8条　甲は、この契約の有効期間内に、乙以外の宅地建物取引業者に目的物件の賃貸借媒介又は賃貸借代理を依頼することができません。甲がこれに違反し、賃貸借契約を成立させたときは、乙は、甲に対して、賃貸借代理報酬額に相当する金額（この賃貸借代理報酬額に係る消費税に相当する額を除きます。）の違約金の支払いを請求することができます。

(自ら発見した相手方と契約しようとする場合の通知)
第9条　甲は、この契約の有効期間内に、自ら発見した相手方と目的物件の賃貸借契約を締結しようとするときは、その旨を乙に通知しなければなりません。

(費用償還の請求)
第10条　この契約の有効期間内において、甲が自ら発見した相手方と目的物件の賃貸借契約を締結したとき、又は乙の責めに帰することができない事由によってこの契約が解除されたときは、乙は、甲に対して、賃貸借代理業務に要した費用の償還を請求することができます。
2　前項の費用の額は、賃貸借代理報酬額を超えることはできません。

(有効期間)
第11条　この契約の有効期間は、頭書(4)に記載するとおりとします。

(更新)
第12条　この契約の有効期間は、甲及び乙の合意に基づき、更新することができます。
2　前項の更新をしようとするときは、有効期間の満了に際して、甲から乙に対し、文書でその旨を申し出るものとします。
3　前二項による有効期間の更新に当たり、甲乙間で契約の内容について別段の合意がなされなかったときは、従前の契約と同一内容の契約が成立したものとみなします。

(契約の解除)
第13条　甲又は乙がこの契約に定める義務の履行に関してその本旨に従った履行をしない場合には、その相手方は、相当の期間を定めて履行を催告し、その期間内に履行がないときは、この契約を解除することができます。
2　次の各号のいずれかに該当する場合には、甲は、この契約を解除することができます。
　一　乙がこの契約に係る重要な事項について故意若しくは重過失により事実を告げず、又は不実のことを告げる行為をしたとき。
　二　乙が宅地建物取引業に関して著しく不当な行為をしたとき。

(特約)

(別表)

賃貸借代理業務

業務内容	業務実施要領
(1) 賃貸借条件の提案	情報誌、業者チラシ等の収集及び現地視察により、近隣の賃貸借物件の賃料相場を調査し、賃料の査定を行う。
(2) 物件の紹介	イ　紹介図面を作成する。 ロ　次の方法により、広く賃貸借契約の相手方の探索を行う。 　　1)_____ 　　2)_____ 　　3)_____ ハ　借希望者からの問合せ、借希望者の来店等に対応して、目的物件の説明、現地への案内等を行う。 ニ　2週間に1回以上、業務の処理状況を甲に報告する。
(3) 入居者の審査	イ　賃料支払能力の確認等借希望者に係る調査及び保証能力の確認等連帯保証人に係る調査を行う。 ロ　借希望者に対し、最終的な賃貸借の意思の確認を行う。 ハ　上記調査の結果を甲に報告し、当該借希望者と賃貸借契約を締結することについて、甲と協議する。
(4) 重要事項の説明	イ　権利関係、設備関係、賃貸借条件等の必要な事項を確認し、重要事項説明書を作成する。 ロ　重要事項説明書に基づき、借希望者に対し、重要事項の説明を行う。
(5) 賃貸借契約の締結	イ　賃貸借契約書の作成を補助する。 ロ　賃貸借契約書に甲を代理して署(記)名押印するとともに、借主の署(記)名押印を得て、甲と借主の双方に賃貸借契約書を交付する。 ハ　敷金等を借主から徴収し、速やかに、甲に引き渡す。
(6) 鍵の引渡し	借主に鍵を引き渡す。

[様式4]

住宅の標準賃貸借代理及び管理委託契約書（一括委託型）

> 1. この契約は、目的物件について、次の業務を当社に委託するものです。
>   ①賃貸借代理業務（物件の紹介、入居者の審査、賃貸借契約の締結等の業務）
>   ②管理業務
>   イ　契約管理業務（賃料等の徴収、運営、調整、契約更新、解約等の業務）
>   ロ　清掃業務　　（目的物件の共用部分、屋外等の各種清掃業務）
>   ハ　設備管理業務（建物、屋外施設、電気設備等の点検等の業務）
> 2. 当社は、目的物件の賃貸借代理業務に関して、広く賃貸借契約の相手方を探索し、契約の成立に向けて積極的に努力します。
> 3. 依頼者は、目的物件の賃貸借代理業務若しくは賃貸借媒介業務又は管理業務を、当社以外の業者に重ねて依頼することができません。
> 4. 依頼者は、自ら発見した相手方と賃貸借契約を締結しようとするときは、当社と協議が必要です。
> 5. この契約の有効期間は、3か年です。
> 6. 依頼者又は当社は、少なくとも3か月前に解約の申入れを行うことにより、この契約を終了させることができます。

　依頼者（以下「甲」といいます。）は、この契約書により、頭書(1)に記載する甲の依頼の目的である物件（以下「目的物件」といいます。）について、賃貸借代理業務及び管理業務を宅地建物取引業者（以下「乙」といいます。）に委託し、乙はこれを承諾します。

　　　　　　　　　　　　　　　年　　月　　日

　　　　　甲・依頼者　　　　　住所

　　　　　　　　　　　　　　　氏名　　　　　　　　　　　　　　　　㊞

　　　　　乙・宅地建物取引業者　商号（名称）

　　　　　　　　　　　　　　　代表者　　　　　　　　　　　　　　　㊞
　　　　　　　　　　　　　　　主たる事務所の所在地

　　　　　　　　　　　　　　　免許証番号

(1) 賃貸借の目的物件

名　　称				
所　在　地				
構　　造		造 階建	工事完了年月	年　　月

(2) 賃貸借条件

住　戸			賃料等				敷金等	
住戸番号 (号室)	面　積 (㎡)	間取り	賃　料 (月額円)	共益費 (月額円)	附属施設		敷金 (賃料の 〇か月分)	その他 一時金
^	^	^	^	^	種類	使用料	^	^

(3) 報酬
　①賃貸借代理報酬

賃貸借代理報酬	成約1件につき、頭書(2)に記載する賃料の＿＿＿＿か月分相当額に消費税額を合計した額

　②管理報酬

	報酬額	支払時期
契約管理業務に係る報酬		
清掃業務に係る報酬		
設備管理業務に係る報酬		

(4) 敷金等及び賃料等の引渡し

敷金等及び賃料等の振込先	賃料等の引渡期日
振込先金融機関名： 預金　　　　：　普通　・　当座 口座番号　　： 口座名義人　：	毎月　　　日まで

(5) 収支報告書の作成

作成期日
毎月　　　日まで

(6) 有効期間

始　期	年　　月　　日	3か年
終　期	年　　月　　日	

(賃貸借代理業務及び管理業務の内容)
第1条　甲は、次の業務(以下「委託業務」といいます。)を乙に委託します。
　一　賃貸借代理業務(別表第一に掲げる業務)
　二　管理業務
　　イ　契約管理業務(別表第二に掲げる業務)
　　ロ　清　掃　業　務(別表第三に掲げる業務)
　　ハ　設備管理業務(別表第四に掲げる業務)

(第三者への再委託)
第2条　乙は、前条第二号ロ又はハの業務の全部又は一部を第三者に再委託することができます。
2　乙は、再委託した業務の処理について、甲に対して、自らなしたと同等の責任を負うものとします。

(代理権の授与)
第3条　乙は、委託業務のうち次の各号に掲げる業務について、甲を代理するものとします。ただし、乙は、第四号から第七号までに掲げる業務を実施する場合には、その内容について事前に甲と協議し、承諾を求めなければなりません。
　一　敷金その他一時金(以下「敷金等」といいます。)並びに賃料、共益費及び附属施設使用料(以下「賃料等」といいます。)の徴収
　二　未収金の督促
　三　賃貸借契約に基づいて行われる借主から甲への通知の受領
　四　賃貸借契約の締結
　五　賃貸借契約の更新
　六　修繕の費用負担についての借主との協議
　七　賃貸借契約の終了に伴う原状回復についての借主との協議

(借主に対する管理業務の説明)
第4条　乙は、第1条第二号の管理業務の内容及び前条の規定により管理業務に関して甲から授与された代理権の内容を、管理業務の開始後、速やかに、借主に説明しなければなりません。借主の変更があった場合についても、同様とします。

(委託の証明措置)
第5条　甲は、乙から要請があった場合には、乙に対して、委任状の交付その他委託業務を委託したことを証明するために必要な措置を採らなければなりません。

(善管注意義務)
第6条　乙は、善良なる管理者の注意をもって、委託業務を行わなければなりません。

(賃貸借代理業務の継続的実施義務)
第7条　乙は、目的物件の各住戸で空室となっているもの又は借主が退去することが確実となったもの(以下「募集物件」といいます。)について、速やかに賃貸借代理業務を開始しなければなりません。

(成約に向けての積極的努力義務)
第8条　乙は、募集物件に関して、次の事項を履行する義務を負います。
　一　甲に対して、1か月に1回以上業務の処理状況を報告すること。
　二　別表第一（2）ロに記載する方法により、広く賃貸借契約の相手方を探索し、契約の成立に向けて積極的に努力すること。

(賃貸借条件に関する意見の根拠の明示)
第9条　乙は、頭書（2）に記載する賃貸借条件の決定に際し、甲に、その条件に関する意見を述べるときは、根拠を示して説明しなければなりません。

(賃貸借条件の変更の助言等)
第10条　乙は、募集物件の賃貸借条件が地価や物価の変動その他事情の変更によって不適当と認められるに至ったときは、甲に対して、賃貸借条件の変更について根拠を示して助言します。
2　甲は、募集物件の賃貸借条件を変更しようとするときは、乙とその旨を協議しなければなりません。

(賃貸借代理報酬の支払い)
第11条　乙の賃貸借代理によって募集物件の賃貸借契約が成立したときは、甲は、乙に対して、頭書（3）①に記載する報酬（以下「賃貸借代理報酬」といいます。）を支払わなければなりません。
2　乙は、宅地建物取引業法第37条に定める書面を作成し、これを賃貸借契約の当事者に交付した後でなければ、賃貸借代理報酬を受領することができません。

(直接取引)
第12条　この契約の有効期間内又は有効期間の満了後3か月以内に、甲が乙の紹介によって知った相手方と乙を排除して募集物件の賃貸借契約を締結したときは、乙は、甲に対して、契約の成立に寄与した割合に応じた相当額の報酬を請求することができます。

(違約金の請求)
第13条　甲は、この契約の有効期間内に、乙以外の宅地建物取引業者に募集物件の賃貸借媒介又は賃貸借代理を依頼することができません。甲がこれに違反し、賃貸借契約を成立させたときは、乙は、甲に対して、賃貸借代理報酬額に相当する金額（この賃貸借代理報酬に係る消費税に相当する額を除きます。）の違約金の支払いを請求することができます。

(自ら発見した相手方との契約)
第14条　甲は、この契約の有効期間内に、自ら発見した相手方と募集物件の賃貸借契約を締結しようとするときは、その旨を乙と協議しなければなりません。
2　この契約の有効期間内において、甲が自ら発見した相手方と募集物件の賃貸借契約を締結したときは、乙は、甲に対して、賃貸借代理業務に要した費用の償還を請求することができます。
3　前項の費用の額は、賃貸借代理報酬額を超えることはできません。

(管理報酬の支払い)
第15条　甲は、乙に対して、管理業務に関して、賃貸借代理報酬とは別に頭書（3）②の記載に従い、報酬（以下「管理報酬」といいます。）を支払わなければなりません。

(特別依頼に係る費用の支払い)
第16条　甲が乙に特別に依頼した広告等の業務の費用は甲の負担とし、甲は、乙の請求に基づいて、その実費を支払わなければなりません。

(乙が立て替えた費用の償還)
第17条　乙が委託業務を遂行する上でやむを得ず立て替えた費用については、甲は、乙に、速やかに、償還しなければなりません。

(敷金等及び賃料等の引渡し)
第18条　乙は、募集物件の賃貸借契約の成立により徴収した敷金等を、頭書（4）に記載する振込先に振り込むことに

より、速やかに、甲に引き渡さなければなりません。
2　乙は、借主から徴収した当月分の賃料等を、毎月、頭書(4)に記載する振込先に、頭書(4)に記載する期日までに振り込むことにより、甲に引き渡さなければなりません。
3　前項の場合において、乙は、賃料等から、当月分の賃貸借代理報酬、管理報酬、特別依頼に係る費用等で賃料等から差し引くことについてあらかじめ甲の承諾を得ているものを差し引くことができます。

(委託業務の報告等)
第19条　乙は、頭書(5)に記載する期日までに委託業務に係る収支報告書を作成し、甲に報告しなければなりません。
2　前項の規定による報告のほか、甲は、必要があると認めるときは、乙に対し、委託業務の執行に関して報告を求めることができます。
3　前二項の場合において、甲は、乙に対し、委託業務に係る関係書類の提示を求めることができます。
4　甲又は乙は、必要があると認めるときは、委託業務の執行に関して相互に意見を述べ、又は協議を求めることができます。

(住戸への立入調査)
第20条　乙は、委託業務を行うため必要があるときは、住戸に立ち入ることができます。
2　前項の場合において、乙は、あらかじめその旨を当該住戸の借主に通知し、その承諾を得なければなりません。ただし、防災等の緊急を要するときは、この限りでありません。

(免責事項)
第21条　乙は、甲が次の各号に掲げる損害を受けたときは、その損害を賠償する責任を負わないものとします。
　一　天災地変等不可抗力による損害
　二　乙の責めに帰すことができない火災、盗難等の事故の発生による損害
　三　乙が善良なる管理者の注意をもって管理業務を行ったにもかかわらず生じた諸設備の故障による損害
　四　前各号に定めるもののほか、乙の責めに帰すことができない事由によって生じた損害

(有効期間)
第22条　この契約の有効期間は、頭書(6)に記載するとおりとします。

(更新)
第23条　この契約の有効期間は、甲及び乙の合意に基づき、更新することができます。
2　前項の更新をしようとするときは、甲又は乙は、有効期間が満了する日までに、相手方に対し、文書でその旨を申し出るものとします。
3　前二項による有効期間の更新に当たり、甲乙間で契約の内容について別段の合意がなされなかったときは、従前の契約と同一内容の契約が成立したものとみなします。

(契約の解除)
第24条　甲又は乙がこの契約に定める義務の履行に関してその本旨に従った履行をしない場合には、その相手方は、相当の期間を定めて履行を催告し、その期間内に履行がないときは、この契約を解除することができます。
2　次の各号のいずれかに該当する場合には、甲は、この契約を解除することができます。
　一　乙がこの契約に係る重要な事項について故意若しくは重過失により事実を告げず、又は不実のことを告げる行為をしたとき。
　二　乙が宅地建物取引業に関して著しく不当な行為をしたとき。

(解約の申入れ)
第25条　甲又は乙は、その相手方に対して、少なくとも3か月前に文書により解約の申入れを行うことにより、この契約を終了させることができます。
2　前項の規定にかかわらず、甲は、3か月分の管理報酬相当額の金員を乙に支払うことにより、随時にこの契約を終了させることができます。

(契約終了時の処理)
第26条　この契約が終了したときは、乙は、甲に対し、目的物件に関する書類及びこの契約に関して乙が保管する金員を引き渡すとともに、賃料の滞納状況を報告しなければなりません。
2　この契約が終了したときは、甲及び乙は、借主に対し、乙による目的物件の管理業務が終了したこと及び新たに目

的物件の管理を行うこととなる者を通知しなければなりません。

（合意管轄裁判所）
第27条　この契約に起因する紛争に関し、訴訟の提起等裁判上の手続きをしようとするときは、地方（簡易）裁判所をもって管轄裁判所とするものとします。

（特約）

(別表第一)

賃貸借代理業務

業務内容	業務実施要領
(1) 賃貸借条件の提案	情報誌、業者チラシ等の収集及び現地視察により、近隣の賃貸借物件の賃料相場を調査し、賃料の査定を行う。
(2) 物件の紹介	イ　紹介図面を作成する。 ロ　次の方法により、広く賃貸借契約の相手方の探索を行う。 　　1)＿＿＿＿＿＿＿＿＿＿＿＿＿＿＿＿＿＿ 　　2)＿＿＿＿＿＿＿＿＿＿＿＿＿＿＿＿＿＿ 　　3)＿＿＿＿＿＿＿＿＿＿＿＿＿＿＿＿＿＿ ハ　借希望者からの問合せ、借希望者の来店等に対応して、募集物件の説明、現地への案内等を行う。 ニ　1か月に1回以上、業務の処理状況を甲に報告する。
(3) 入居者の審査	イ　賃料支払能力の確認等借希望者に係る調査及び保証能力の確認等連帯保証人に係る調査を行う。 ロ　借希望者に対し、最終的な賃貸借の意思の確認を行う。 ハ　上記調査の結果を甲に報告し、当該借希望者と賃貸借契約を締結することについて、甲と協議する。
(4) 重要事項の説明	イ　権利関係、設備関係、賃貸借条件等の必要な事項を確認し、重要事項説明書を作成する。 ロ　重要事項説明書に基づき、借希望者に対し、重要事項の説明を行う。
(5) 賃貸借契約の締結	イ　賃貸借契約書の作成を補助する。 ロ　賃貸借契約書に甲を代理して署（記）名押印するとともに、借主の署（記）名押印を得て、甲と借主の双方に賃貸借契約書を交付する。 ハ　敷金等を借主から徴収し、頭書（4）に記載する振込先に振り込むことにより、速やかに、甲に引き渡す。振込手数料については、甲の負担とする。
(6) 鍵の引渡し	借主に鍵を引き渡す。

(別表第二)

契約管理業務

業務区分	業務内容	業務実施要領
1 賃料等の徴収業務	(1) 賃料等の徴収	イ 借主による乙の銀行口座への振込み又は借主の銀行口座からの自動引落しにより、借主から賃料等を徴収する。 ロ 銀行から送信される借主の月々の振込データにより入金状況を確認し、甲に報告する。 ハ 振り込まれた賃料等から、報酬及び賃料から差し引くことについてあらかじめ甲の承諾を得ている費用を差し引き、頭書（4）の記載に従い、甲に引き渡す。振込手数料については、甲の負担とする。
	(2) 未収金の督促	イ 銀行から送信された振込データを基に未収金リストを作成する。 ロ 滞納者に対し、電話、訪問、督促状により督促を行う。 ハ ロの督促にもかかわらず、なお賃料等を支払わない者について、甲に対し、徴収に関する法的手段の助言を行う。
	(3) 管理費用の支払代行	共用部分に係る電気代等甲が支払うべき費用について、徴収した賃料等から支払いを行い、甲に報告する。支払代行を行う費用の範囲については、あらかじめ甲と協議して定める。
	(4) 月次報告書の作成及び送付	毎月、精算業務終了後、その月の収支状況を記載した報告書を作成し、甲に送付する。
2 運営・調整業務	(1) 入居立会い	入居日又はそれに先立つ日に立ち会い、室内の点検、電気・ガス・水道の開栓等の確認、建物の使用に関する規則、設備の使用方法等について、借主に説明を行う。
	(2) 建物、設備の苦情等への対応	イ 借主から建物、設備等の不具合について苦情等があった場合には、これを聴取し、現状の確認を行う。 ロ 建物、設備等に関して修繕等の必要があると認められる場合には、修繕業者に連絡し、見積書を作成させる。 ハ 工事内容、費用及び甲と借主との負担割合について、甲と協議する。 ニ 甲と協議した内容に基づき、甲を代理して借主の負担額等について借主と協議し、借主の合意を得る。 ホ 修繕業者に対して、工事を発注する。 ヘ 工事終了後、点検を行った上、工事費用を負担すべき者に対し、当該費用の請求を行う。 ト 事故等により、緊急に修繕の必要があり、業者と甲又は借主との間で事前に調整を行う時間的余裕がない場合は、業者はイからへの手続きによらず、修繕を実施することができる。この場合においては、修繕の内容及び費用を速やかに甲又は借主に通知し、費用負担に関する調整は事後に行うものとする。
	(3) 借主等からの苦情等への対応	イ 借主又は近隣在住者から苦情等の申出があった場合は、事情を聴取し、現状の確認を行う。 ロ 甲に現状の報告を行い、処理方針を協議する。 ハ 甲と協議した内容に基づき、相手方に対する是正申入れ等の措置を講じる。 ニ 甲及び苦情の申出者に対して処理結果を報告する。
	(4) 有害行為に対する措置	イ 借主が法令、賃貸借契約若しくは使用規則に違反する行為又は目的物件の保存に有害な行為を発見した場合には、その行為の中止を求める。 ロ 中止の要求に応じない場合には、甲に法的措置の助言を行う。

	(5) 賃貸借契約に基づく甲と借主との間の連絡調整	イ 解約の申入れその他賃貸借契約に基づいて行われる借主から甲への通知を、甲を代理して受領し、甲に連絡する。 ロ 借主から住戸の模様替え、共用部分における広告物の掲示その他賃貸借契約上甲の承諾が必要な行為の申出があった場合において、借主と甲との間の連絡調整を行う。 ハ その他賃貸借契約に関して甲と借主との間の連絡調整を行う。
	(6) 諸官公庁等への届出事務の代行	必要に応じ、官公署、電力、ガス会社等への諸届けを代行する。
	(7) 台帳の管理等	賃貸借条件、賃料変更状況等について記載された台帳を作成し、保管する。
	(8) 空室管理	空室となっている募集物件について、定期的に巡回、換気を行う。
3 契約更新業務	(1) 借主の更新意思の確認	賃貸借契約の有効期間が満了する一定期間前に、借主に対し、契約の継続意思の確認を行う。
	(2) 新賃貸条件の提案及び交渉	イ 近隣賃貸物件の賃料相場についての調査に基づき、継続賃料の査定を行い、当該賃料について甲と協議する。 ロ 甲と協議した内容に基づき、甲を代理して賃料改定について借主と協議する。 ハ 借主が賃料改定について合意した後、契約更新を証する書類に甲を代理して署（記）名押印するとともに、借主の署（記）名押印を得て、甲と借主の双方にこの書類を送付する。
4 解約業務	(1) 解約に伴う借主と甲との連絡調整	賃貸借契約の終了が確実となった場合には、解約日、物件引渡日等日程の調整を借主と行い、甲に報告する。
	(2) 明渡しの確認及び鍵の受領	物件の明渡しを確認して、借主から鍵を受領する。
	(3) 住戸部分の原状回復についての借主との協議	イ 明渡し後、借主とともに修繕箇所の点検を行い、修繕業者に修繕費の見積りを算出させる。 ロ 修繕内容、費用及び甲と借主との負担割合について、甲と協議する。 ハ 甲との協議の内容に基づき、甲を代理して借主の負担額等について借主と協議し、借主の合意を得る。 ニ 修繕業者に対して、工事を発注する。 ホ 修繕工事終了後、点検を行った上、修繕費を負担する者に対し、当該費用の請求を行う。
	(4) 敷金の精算事務	イ 借主の負担する修繕費等の債務が敷金と相殺される場合には、精算書を作成し、甲及び借主に報告する。 ロ 残余金の返還の必要がある場合には、精算書に従い、残余金の返還を行うべき旨を甲に通知する。

(別表第三)

清掃業務

区分	作業種別 \ 場所別	建物部分						屋外部分				その他	
		玄関ホール	廊下	階段	屋外階段	共同トイレ	共同備品施設	壁・天井	建物廻り	植栽部分・庭	自転車置場	ゴミ集積所	壁・造作	マンホール	駐車場
作業標準回数	1 掃き掃除														
	2 紙屑等処理														
	3 拭き掃除														
	4 水洗い処理														
	5 ワックス掃除														
	6 ガラス拭き														
	7 ドア拭き														
	8 排水口掃除														
	9 金属磨き														
	10 ポリ容器洗い														
	11 灯具掃除														
	12 除草														
備考															

場所別・作業種別毎の作業は、通常要する範囲及び時間において行う作業とすること。この場合において、常時利用状態にある等のため作業実施後、直ちに汚損することがある場所等については通常の作業工程を一通り終わった段階で作業完了したものとする。

(別表第四)

設備管理業務

業務対象個所	業務内容	
	定期的外観点検等	整備・修理及び法定点検等
1 建物 　玄関廻り 　廊下 　屋根 　内壁（空室時のみ） 　外壁 　共用トイレ	表層部外観点検　　回／年 表層部外観点検　　回／年 表層部外観点検　　回／年 表層部外観点検　　回／年 表層部外観点検　　回／年 外観点検　　　　　回／年	
2 屋外施設 　塀・フェンス 　掲示板 　駐車場 　自転車置場 　植栽部分・庭 　ゴミ集積所 　水道 　外灯 　マンホール	外観点検　　　　　回／年 外観点検　　　　　回／年 外観点検　　　　　回／年 外観点検　　　　　回／年 外観点検　　　　　回／年 外観点検　　　　　回／年 外観点検　　　　　回／年 外観点検　　　　　回／年 外観点検　　　　　回／年	
3 電気設備 　1）自家用受変電設備 　2）自家用受変電設備 　　以外の電気設備 　　◇照明器具	 外観点検　　　　　回／年	定期点検　　　　　1回／年 保守点検　　　　　1回／月 都度管球取替
4 給排水衛生設備 　1）給水設備 　　◇受水槽 　　◇ 　2）排水衛生設備 　　◇排水管 　　◇雨水・排水枡 　3）浄化槽設備	 外観内部点検　　　回／月 外観点検　　　　　回／月 外観点検　　　　　回／月	 内清掃・整備　　　回／年 都度清掃 都度清掃 保守点検　　　　　回／月
5 テレビ共聴設備	外観点検　　　　　回／年	調整
6 消防・防災設備 　1）自動火災報知器 　2）消火設備 　3）防犯設備	 外観点検　　　　　回／月	 法定点検　　　　　2回／年 法定点検　　　　　2回／年

[様式5]

住宅の標準賃貸借代理及び管理委託契約書（一部委託型）

---

1. この契約は、目的物件について、次の業務を当社に委託するものです。
   ①賃貸借代理業務（物件の紹介、入居者の審査、賃貸借契約の締結等の業務）
   ②管理業務
   　イ　契約更新業務
   　ロ　解約業務
   　ハ　特約業務
2. 当社は、目的物件の賃貸借代理業務に関して、広く賃貸借契約の相手方を探索し、契約の成立に向けて積極的に努力します。
3. 依頼者は、目的物件の賃貸借代理業務若しくは賃貸借媒介業務又は管理業務を、当社以外の業者に重ねて依頼することができません。
4. 依頼者は、自ら発見した相手方と賃貸借契約を締結しようとするときは、当社と協議が必要です。
5. この契約の有効期間は、3か年です。
6. 依頼者又は当社は、少なくとも3か月前に解約の申入れを行うことにより、この契約を終了させることができます。

依頼者（以下「甲」といいます。）は、この契約書により、頭書(1)に記載する甲の依頼の目的である物件（以下「目的物件」といいます。）について、賃貸借代理業務及びこの契約書に定める管理業務を宅地建物取引業者（以下「乙」といいます。）に委託し、乙はこれを承諾します。

　　　　　　　　　　　年　　　月　　　日

　　　甲・依頼者　　　　　住所

　　　　　　　　　　　　　氏名　　　　　　　　　　　　　　　　　　　　㊞

　　　乙・宅地建物取引業者　商号（名称）

　　　　　　　　　　　　　代表者　　　　　　　　　　　　　　　　　　　㊞

　　　　　　　　　　　　　主たる事務所の所在地

　　　　　　　　　　　　　免許証番号

(1) 賃貸借の目的物件

名　　称	
所 在 地	

構　造	造 階建	工事完了年月日	年　　　月

(2) 賃貸借条件

住　戸			賃料等				敷金等	
住戸番号 （号室）	面　積 （㎡）	間取り	賃　料 （月額円）	共益費 （月額円）	附属施設		敷　金 （賃料の 〇か月分）	その他 一時金
^^^	^^^	^^^	^^^	^^^	種類	使用料	^^^	^^^

(3) 報酬
　①賃貸借代理報酬

賃貸借代理報酬	成約１件につき、頭書（2）に記載する賃料の＿＿＿＿か月分相当額に消費税額を合計した額

　②管理報酬

	報酬額	支払時期
契約更新業務		
解約業務		
（特約業務）		

(4) 有効期間

始　期	年　　　月　　　日	3か年
終　期	年　　　月　　　日	^^^

（賃貸借代理業務及び管理業務の内容）
第1条　甲は、次の業務（以下「委託業務」といいます。）を乙に委託します。
　一　賃貸借代理業務（別表第一に掲げる業務）
　二　管理業務（別表第二に掲げる業務）
　　イ　契約更新業務
　　ロ　解約業務
　　ハ　別表第二の特約業務の欄に記載された業務

（代理権の授与）
第2条　乙は、委託業務のうち次の各号に掲げる業務について、甲を代理するものとします。
　　ただし、乙は、第二号から第四号までに掲げる業務を実施する場合には、その内容について事前に甲と協議し、承諾を求めなければなりません。
　一　敷金その他一時金（以下「敷金等」といいます。）の徴収
　二　賃貸借契約の締結
　三　賃貸借契約の更新
　四　賃貸借契約の終了に伴う原状回復についての借主との協議

（借主に対する管理業務の説明）
第3条　乙は、第1条第二号の管理業務の内容及び前条の規定により管理業務に関して甲から授与された代理権の内容を、管理業務の開始後、速やかに、借主に説明しなければなりません。借主の変更があった場合についても、同様とします。

（委託の証明措置）
第4条　甲は、乙から要請があった場合には、乙に対して、委任状の交付その他委託業務を委託したことを証明するために必要な措置を採らなければなりません。

（善管注意義務）
第5条　乙は、善良なる管理者の注意をもって、委託業務を行わなければなりません。

（賃貸借代理業務の継続的実施義務）
第6条　乙は、目的物件の各住戸で甲から募集の依頼があったもの又は第10条により借主の退去が確実となった旨の通知があったもの（以下「募集物件」といいます。）について、速やかに賃貸借代理業務を開始しなければなりません。

（成約に向けての積極的努力義務）
第7条　乙は、募集物件に関して、次の事項を履行する義務を負います。
　一　甲に対して、1か月に1回以上業務の処理状況を報告すること。
　二　別表第一（2）ロに記載する方法により、広く賃貸借契約の相手方を探索し、契約の成立に向けて積極的に努力すること。

（賃貸借条件に関する意見の根拠の明示）
第8条　乙は、頭書（2）に記載する賃貸借条件の決定に際し、甲に、その条件に関する意見を述べるときは、根拠を示して説明しなければなりません。

（賃貸借条件の変更の助言等）
第9条　乙は、募集物件の賃貸借条件が地価や物価の変動その他事情の変更によって不適当と認められるに至ったときは、甲に対して、賃貸借条件の変更について根拠を示して助言します。
2　甲は、募集物件の賃貸借条件を変更しようとするときは、乙とその旨を協議しなければなりません。

（退去の通知）
第10条　甲は、目的物件の住戸から借主が退去することが確実となったときは、直ちに、乙に通知するものとします。

（賃貸借代理報酬の支払い）
第11条　乙の賃貸借代理によって募集物件の賃貸借契約が成立したときは、甲は、乙に対して、頭書（3）①に記載する報酬（以下「賃貸借代理報酬」といいます。）を支払わなければなりません。
2　乙は、宅地建物取引業法第37条に定める書面を作成し、これを賃貸借契約の当事者に交付した後でなければ、賃貸借代理報酬を受領することができません。

（敷金等の引渡し）
第12条　乙は、募集物件の賃貸借契約の成立により徴収した敷金等を、速やかに、甲に引き渡さなければなりません。

（直接取引）
第13条　この契約の有効期間内又は有効期間の満了後3か月以内に、甲が乙の紹介によって知った相手方と乙を排除して募集物件の賃貸借契約を締結したときは、乙は、甲に対して、契約の成立に寄与した割合に応じた相当額の報酬を請求することができます。

（違約金の請求）
第14条　甲は、この契約の有効期間内に、乙以外の宅地建物取引業者に募集物件の賃貸借媒介又は賃貸借代理を依頼することができません。甲がこれに違反し、賃貸借契約を成立させたときは、乙は、甲に対して、賃貸借代理報酬額に相当する金額（この賃貸借代理報酬に係る消費税に相当する額を除きます。）の違約金の支払いを請求することができます。

（自ら発見した相手方との契約）
第15条　甲は、この契約の有効期間内に、自ら発見した相手方と募集物件の賃貸借契約を締結しようとするときは、その旨を乙と協議しなければなりません。
2　この契約の有効期間内において、甲が自ら発見した相手方と募集物件の賃貸借契約を締結したときは、乙は、甲に対して、賃貸借代理業務に要した費用の償還を請求することができます。
3　前項の費用の額は、賃貸借代理報酬額を超えることはできません。

（管理報酬の支払い）
第16条　甲は、乙に対して、管理業務に関して、賃貸借代理報酬とは別に頭書（3）②の記載に従い、報酬（以下「管理報酬」といいます。）を支払わなければなりません。

（特別依頼に係る費用の支払い）
第17条　甲が乙に特別に依頼した広告等の業務の費用は甲の負担とし、甲は、乙の請求に基づいて、その実費を支払わなければなりません。

（有効期間）
第18条　この契約の有効期間は、頭書（4）に記載するとおりとします。

（更新）
第19条　この契約の有効期間は、甲及び乙の合意に基づき、更新することができます。
2　前項の更新をしようとするときは、甲又は乙は、有効期間が満了する日までに、相手方に対し、文書でその旨を申し出るものとします。
3　前二項による有効期間の更新に当たり、甲乙間で契約の内容について別段の合意がなされなかったときは、従前の契約と同一内容の契約が成立したものとみなします。

（契約の解除）
第20条　甲又は乙がこの契約に定める義務の履行に関してその本旨に従った履行をしない場合には、その相手方は、相当の期間を定めて履行を催告し、その期間内に履行がないときは、この契約を解除することができます。
2　次の各号のいずれかに該当する場合には、甲は、この契約を解除することができます。
　一　乙がこの契約に係る重要な事項について故意若しくは重過失により事実を告げず、又は不実のことを告げる行為をしたとき。
　二　乙が宅地建物取引業に関して著しく不当な行為をしたとき。

（解約の申入れ）
第21条　甲又は乙は、その相手方に対して、少なくとも3か月前に文書により解約の申入れを行うことにより、この契約を終了させることができます。

（合意管轄裁判所）
第22条　この契約に起因する紛争に関し、訴訟の提起等裁判上の手続きをしようとするときは、地方（簡易）裁判所をもって管轄裁判所とするものとします。

（特約）

(別表第一)

賃貸借代理業務

業務内容	業務実施要領
(1) 賃貸借条件の提案	情報誌、業者チラシ等の収集及び現地視察により、近隣の賃貸借物件の賃料相場を調査し、賃料の査定を行う。
(2) 物件の紹介	イ　紹介図面を作成する。 ロ　次の方法により、広く賃貸借契約の相手方の探索を行う。 　　1)＿＿＿＿＿＿＿＿＿＿＿＿＿＿＿＿＿＿＿ 　　2)＿＿＿＿＿＿＿＿＿＿＿＿＿＿＿＿＿＿＿ 　　3)＿＿＿＿＿＿＿＿＿＿＿＿＿＿＿＿＿＿＿ ハ　借希望者からの問合せ、借希望者の来店等に対応して、募集物件の説明、現地への案内等を行う。 ニ　1か月に1回以上、業務の処理状況を甲に報告する。
(3) 入居者の審査	イ　賃料支払能力の確認等借希望者に係る調査及び保証能力の確認等連帯保証人に係る調査を行う。 ロ　借希望者に対し、最終的な賃貸借の意思の確認を行う。 ハ　上記調査の結果を甲に報告し、当該借希望者と賃貸借契約を締結することについて、甲と協議する。
(4) 重要事項の説明	イ　権利関係、設備関係、賃貸借条件等の必要な事項を確認し、重要事項説明書を作成する。 ロ　重要事項説明書に基づき、借希望者に対し、重要事項の説明を行う。
(5) 賃貸借契約の締結	イ　賃貸借契約書の作成を補助する。 ロ　賃貸借契約書に甲を代理して署（記）名押印するとともに、借主の署（記）名押印を得て、甲と借主の双方に賃貸借契約書を交付する。 ハ　敷金等を借主から徴収し、速やかに、甲に引き渡す。
(6) 鍵の引渡し	借主に鍵を引き渡す。

(別表第二)

契約管理業務

業務区分	業務内容	業務実施要領
1 契約更新業務	(1) 借主の更新意思の確認	賃貸借契約の有効期間が満了する一定期間前に、借主に対し、契約の継続意思の確認を行う。
	(2) 新賃貸条件の提案及び交渉	イ　近隣賃貸物件の賃料相場についての調査に基づき、継続賃料の査定を行い、当該賃料について甲と協議する。 ロ　甲と協議した内容に基づき、甲を代理して賃料改定について借主と協議する。 ハ　借主が賃料改定について合意した後、契約更新を証する書類に甲を代理して署（記）名押印するとともに、借主の署（記）名押印を得て、甲と借主の双方にこの書類を送付する。
2 解約業務	(1) 解約に伴う借主と甲との連絡調整	賃貸借契約の終了が確実となった場合には、解約日、物件引渡日等日程の調整を借主と行い、甲に報告する。
	(2) 明渡しの確認及び鍵の受領	物件の明渡しを確認して、借主から鍵を受領する。
	(3) 住戸部分の原状回復についての借主との協議	イ　明渡し後、借主とともに修繕箇所の点検を行い、修繕業者に修繕費の見積りを算出させる。 ロ　修繕内容、費用及び甲と借主との負担割合について、甲と協議する。 ハ　甲との協議の内容に基づき、甲を代理して借主の負担額等について借主と協議し、借主の合意を得る。 ニ　修繕業者に対して、工事を発注する。 ホ　修繕工事終了後、点検を行った上、修繕費を負担する者に対し、当該費用の請求を行う。
	(4) 敷金の精算事務	イ　借主の負担する修繕費等の債務が敷金と相殺される場合には、精算書を作成し、甲及び借主に報告する。 ロ　残余金の返還の必要がある場合には、精算書に従い、残余金の返還を行うべき旨を甲に通知する。
3 特約業務		

[様式6-1]

サブリース住宅原賃貸借標準契約書

【頭書部分】

(1) 賃貸借の目的物

<table>
<tr><td rowspan="5">建物の名称・所在地等</td><td colspan="2">名　称</td><td colspan="2"></td></tr>
<tr><td colspan="2">所在地</td><td colspan="2"></td></tr>
<tr><td colspan="2">構造等</td><td colspan="2">　　　　造　　　　階建　　　　戸</td></tr>
<tr><td rowspan="3">面　積</td><td>敷地面積</td><td colspan="2">　　　　㎡</td></tr>
<tr><td>建築面積</td><td colspan="2">　　　　㎡</td></tr>
<tr><td>延べ面積</td><td colspan="2">　　　　㎡</td></tr>
<tr><td colspan="2">住戸部分</td><td colspan="3">別紙「住戸明細表」に記載の通り</td></tr>
<tr><td colspan="2">その他の部分</td><td colspan="3">廊下、階段、エントランス</td></tr>
<tr><td colspan="2" rowspan="8">建物設備</td><td>ガ　　ス</td><td colspan="2">有（都市ガス・プロパンガス）・無</td></tr>
<tr><td>上 水 道</td><td colspan="2">水道本管より直結・受水槽・井戸水</td></tr>
<tr><td>下 水 道</td><td colspan="2">公共下水・浄化槽</td></tr>
<tr><td>エレベーター</td><td colspan="2">有・無</td></tr>
<tr><td>共聴アンテナ</td><td colspan="2">有（BS・CS・CATV）・無</td></tr>
<tr><td>管理人室</td><td colspan="2">有・無</td></tr>
<tr><td></td><td colspan="2">有・無</td></tr>
<tr><td></td><td colspan="2">有・無</td></tr>
<tr><td colspan="2" rowspan="5">附属施設等</td><td>駐 車 場</td><td colspan="2">有（本契約の対象に含む・含まない）・無</td></tr>
<tr><td>自転車置場</td><td colspan="2">有（本契約の対象に含む・含まない）・無</td></tr>
<tr><td>物　　置</td><td colspan="2">有（本契約の対象に含む・含まない）・無</td></tr>
<tr><td></td><td colspan="2">有（本契約の対象に含む・含まない）・無</td></tr>
<tr><td></td><td colspan="2">有（本契約の対象に含む・含まない）・無</td></tr>
</table>

(2) 契約期間

始期	年　　月　　日から	年　　か月間
終期	年　　月　　日まで	

(3) 引渡日

年　　月　　日

(4) 賃料等

賃料		支払期限	支払方法
賃料	円	当月分・翌月分を 毎月　　　日まで	振込又は持参	振込先金融機関名： 預金：普通・当座 口座番号： 口座名義人： 持参先：
敷金	賃料　　　か月相当分 　　　　　　　　円			

(5) 賃料支払義務発生日

引渡日から　　　日を経過した日

(6) 転貸の条件

条件項目	条件の有無	条件の内容
転貸借契約において定めるべき事項	有	乙は、転貸借契約を締結するに際し、当該契約が転貸借契約であることを転借人に開示するとともに、本契約書第16条第1項に規定する内容を契約条項とすること。
契約態様	有・無	普通賃貸借契約に限る・定期賃貸借契約に限る。
契約期間	有・無	
賃　料	有・無	
共益費	有・無	
敷　金	有・無	
転借人	有・無	
その他	有	

(7) 管轄裁判所

地方裁判所

住戸明細表

(1) 賃貸借の目的物

建物名称	
建物所在地	

(2) 住戸内の設備

設備	有無	備考
エアコン	有・無	
バルコニー（1階は除く。）	有・無	
オートロック	有・無	
システムキッチン	有・無	
フローリング床	有・無	
床暖房	有・無	
追焚き機能付風呂	有・無	
浴室乾燥機	有・無	
独立洗面所	有・無	
クローゼット又は1間収納	有・無	
大型下足入れ	有・無	
電話2回線以上	有・無	
宅配ボックス	有・無	
	有・無	
	有・無	
	有・無	
	有・無	

(3) 住戸内訳

間取り	面積		戸数	備考
	壁芯・内法	m²		
	壁芯・内法	m²		
	壁芯・内法	m²		
	壁芯・内法	m²		
	壁芯・内法	m²		
	壁芯・内法	m²		
	壁芯・内法	m²		
	壁芯・内法	m²		
	壁芯・内法	m²		
	壁芯・内法	m²		
	壁芯・内法	m²		
	壁芯・内法	m²		
	壁芯・内法	m²		

(契約の締結)
第1条　貸主（以下「甲」という。）及び借主（以下「乙」という。）は、頭書(1)に記載する賃貸借の目的物（以下「本物件」という。）について、以下の条項により、転貸することを目的とする賃貸借契約（以下「本契約」という。）を締結した。

(契約期間)
第2条　契約期間は、頭書(2)に記載するとおりとする。
2　甲及び乙は、協議の上、本契約を更新することができる。

(引渡日)
第3条　甲は、頭書(3)に記載する引渡日（以下「引渡日」という。）に、乙に対し、本物件を引渡さなければならない。
2　甲が、引渡日に本物件を引渡さなかった場合、その遅延により生じた乙の損害は、甲が負担するものとする。

(使用目的)
第4条　乙は、居住のみを目的として本物件を転貸するものとする。

(賃料)
第5条　乙は、頭書(4)の記載に従い、賃料を甲に支払わなければならない。
2　1か月に満たない期間の賃料は、1か月を30日として日割計算した額とする。
3　甲及び乙は、次の各号の一に該当する場合には、協議の上、賃料を改定することができる。
　一　土地又は建物に対する租税その他の負担の増減により賃料が不相当となった場合
　二　土地又は建物の価格の上昇又は低下その他の経済事情の変動により賃料が不相当となった場合
　三　近傍同種の建物の賃料に比較して賃料が不相当となった場合

(賃料支払義務発生日)
第6条　乙は、頭書(5)に記載する賃料支払義務発生日から賃料を甲に支払わなければならない。

(敷金)
第7条　乙は、本契約から生じる債務の担保として頭書(4)に記載する敷金を甲に預け入れるものとする。
2　乙は本物件を返還するまでの間、敷金をもって賃料、その他の債務と相殺することができない。
3　甲は、本物件の返還があったときは、遅滞なく、敷金の全額を無利息で乙に返還しなければならない。ただし、甲は、本物件の返還時に、賃料の滞納その他の本契約から生じる乙の債務の不履行が存在する場合には、当該債務の額を敷金から差し引くことができる。
4　前項ただし書の場合には、甲は、敷金から差し引く債務の内訳を乙に明示しなければならない。

(転貸の条件等)
第8条　甲は、頭書(6)に記載する転貸の条件に従い乙が本物件を転貸することを承諾する。
2　乙は、前項の転貸の条件について、その遵守の状況を、甲の求めに応じ報告しなければならない。

(乙の建物維持管理)
第9条　乙は、本物件を善良なる管理者としての注意をもって賃借する。
2　別表第1に掲げる部分の建物維持管理は乙の負担で行うものとする。

(禁止又は制限される行為)
第10条　乙は、甲の書面による承諾を得ることなく、本物件の全部又は一部につき賃借権を譲渡してはならない。
2　乙は、甲の書面による承諾を得ることなく、本物件の増築、改築、移転、改造若しくは模様替又は本物件の敷地内における工作物の設置をしてはならない。

(修繕)
第11条　甲は、次に掲げる修繕を除き、乙が本物件を使用するために必要な修繕を行わなければならない。
　一　別表第2に掲げる修繕
　二　乙が転貸するために必要として行う修繕

三　乙又は転借人の故意又は過失によって必要となった修繕
2　前項の規定に基づき甲が修繕を行う場合は、甲は、あらかじめ乙を通じて、その旨を転借人に通知しなければならない。この場合において、甲は、転借人が拒否する正当な理由がある場合を除き、当該修繕を行うことができるものとする。また、緊急を要する場合には、甲は、乙又は転借人において修繕できることを容認するものとし、この場合、乙は、速やかに甲にその旨を報告しなければならない。
3　乙は、第1項各号に掲げる修繕を行うに際しては、その内容及び方法についてあらかじめ甲と協議し、乙の費用負担において行わなければならない。

(甲の通知義務)
第12条　甲は、当該物件の登記内容の変更等、本契約の履行に影響を及ぼすものとして別表第3に掲げる事由が生じた場合には、乙に対して、遅滞なく通知しなければならない。

(契約の解除)
第13条　甲は、乙が次に掲げる義務に違反した場合において、甲が相当の期間を定めて当該義務の履行を催告したにもかかわらず、その期間内に当該義務が履行されないときは、本契約を解除することができる。
　　一　第5条第1項に規定する賃料支払義務
　　二　第11条第3項に規定する乙の費用負担義務
2　甲は、乙が次に掲げる義務に違反した場合において、当該義務違反により本契約を継続することが困難であると認められるに至ったときは、本契約を解除することができる。
　　一　第4条に規定する本物件の使用目的遵守義務
　　二　第10条各項に規定する義務
　　三　その他本契約書に規定する乙の義務

(期間内の解約)
第14条　乙は、甲に対して少なくとも6月前に解約の申入れを行うことにより、本契約を解約することができる。

(本物件の返還)
第15条　乙は、本契約が終了する日までに（第13条の規定に基づき本契約が解除された場合にあっては、直ちに）、頭書（1）に記載する住戸部分のうちの空室及びその他の部分について、転貸借に関する通常の使用に伴い生じた当該部分の損耗を除き、第11条第1項第三号に規定する修繕を行い、甲に本物件を返還しなければならない。
2　乙は、前項の返還をするときには、返還日を事前に甲に通知しなければならない。

(地位の承継)
第16条　本契約が終了した場合には、甲は、転貸借契約における乙の転貸人の地位を当然に承継する。
2　前項の場合、乙は、転借人から預かっている敷金、賃貸借契約書、その他地位の承継に際し必要な書類を甲に引き渡さなければならない。

(連帯保証人)
第17条　連帯保証人は、乙と連帯して、本契約から生じる乙の債務を負担するものとする。

(協議)
第18条　甲及び乙は、本契約書に定めがない事項及び本契約書の条項の解釈について疑義が生じた場合は、民法その他の法令及び慣行に従い、誠意をもって協議し、解決するものとする。

(管轄裁判所)
第19条　本契約から生ずる権利義務について紛争が生じたときは、頭書（7）に記載する地方裁判所を管轄裁判所とする。

(特約条項)
第20条　本契約の特約については、下記のとおりとする。

(特約)

【別 表】

別表第1 ＜第9条第2項関係：乙が行う建物維持管理＞
　＊サブリース事業を行うための原賃貸借契約の借主として、乙が行う共用部分の建物維持管理。

| |
| |
| |
| |
| |
| |
| |
| |
| |

別表第2 ＜第11条第1項・第3項関係：修繕の内容＞

| 畳表の取替え、裏返し |
| 障子紙の張替え |
| ふすま紙の張替え |

別表第3 ＜第12条関係：甲が乙に、遅滞なく通知しなければならない事由＞

| |
| |
| |
| |
| |
| |
| |

下記貸主（甲）と借主（乙）は、本物件について上記のとおり賃貸借契約を締結したことを証するため、本契約書2通を作成し、記名押印の上、各自その1通を保有する。

平成　　年　　月　　日

貸　主（甲）　　住所

　　　　　　　　氏名　　　　　　　　　　　　　㊞

借　主（乙）　　住所

　　　　　　　　氏名　　　　　　　　　　　　　㊞

連帯保証人　　　住所

　　　　　　　　氏名　　　　　　　　　　　　　㊞

[様式6-1　参考資料]　　　　　「サブリース住宅原賃貸借標準契約書」の記載要領

〔頭書関係〕
　本頭書の記載により、サブリース住宅原賃貸借標準契約書の基本的内容を明確化しています。なお、本契約書は居住のみを目的とした新築（建築中を含む。）の民間賃貸住宅1棟全体を対象にしています。
　以下の事項に注意して記入してください。なお、該当する事項のない欄には「—」を記入してください。

(1)「賃貸借の目的物」関係
　①「名　称」── 建物の名称（○○マンション、○○荘など）を記入してください。
　②「所在地」── 住居表示を記入してください。
　③「構造等」── 鉄筋鉄骨造、軽鉄骨造、木造等の構造を記入し、建物の階数（住戸が何階にあるかではなく、建物自体が何階建かをいう。）と建物内の住戸の数を記入してください。
〔用語の説明〕
　　○○造…………主要構造部（壁、柱、床、はり、屋根又は階段をいう。）がどのような構造かをいいます。
　④「面　積」── 敷地面積と建築面積、延べ面積を記入してください。
　⑤「住戸部分」── 「住戸明細表関係」参照。
　⑥「その他の部分」── 建物内の専有部分以外の部分（廊下、階段、エントランス等）を記入してください。
　⑦「建物設備」── 各附属設備についてその設備がある場合には「有」、ない場合には「無」に○印をつけてください。また、特に書いておくべき事項（設備の概要など）があれば右の空欄に記入してください。
　　あらかじめ記載されている設備以外で書いておくことが適当なものがあれば、「管理人室」の下の余白を利用してください。
　⑧「附属施設等」── 各附属施設についてその施設がある場合には「有」に○印をつけ、更に「本契約の対象に含む」か「含まない」かに、ない場合には「無」に○印をつけてください。また、特に書いておくべき事項（施設の概要など）があれば右の空欄に記入してください。
　　あらかじめ記載されている附属施設以外で書いておくことが適当なものがあれば、「物置」の下の余白を利用してください。

(2)「契約期間」関係
　「契約期間」── 契約の始期と終期及び何年何か月の契約なのかを記入してください。

(3)「引渡日」関係 ── 甲が乙に本物件を引渡す日を記入してください。

(4)「賃料等」関係
　①「支払期限」── 当月分・翌月分の該当する方に○印をつけてください。
　②「支払方法」── 振込又は自動口座振替の場合は、甲側の振込先金融機関名等を記入してください。
　　　　　　　　「預金」欄の普通預金・当座預金の該当する方に○印をつけてください。

(5)「賃料支払義務発生日」関係
　「賃料支払義務発生日」── 賃料の支払い義務を発生させる日を引渡日としています。なお、転借人（入居者）を募集するためにある程度の期間が必要な場合には、その必要な期間を引渡日に加算した日を賃料支払義務日とすることも可能です。その場合「引渡日から」の後に「○○日を経過した日」と書き加え、記載の上に甲と乙が押印してください。

(6)「転貸の条件」関係
　②「契約態様」── 普通賃貸借契約に限る、もしくは定期賃貸借契約に限定する場合は「有」に○印をつけ、そのどちらかを選択します。条件を付さない場合は「無」に○印をつけます。
　③「契約期間」── 契約期間を○年〜○年に限定する場合は「有」に○印をつけ、その期間の幅を「条件の内容」に記入します（○年以内等の記入でも構いません）。乙に一任する場合は「無」に○印をつけます。
　④「賃　料」── 賃料を○円〜○円に限定する場合は「有」に○印をつけ、その賃料額の幅を「条件の内容」に記入します（○円以上等の記入でも構いません）。乙に一任する場合は「無」に○印をつけ

⑤「共益費」── 共益費を○円～○円に限定する場合は「有」に○印をつけ、その共益費の幅を「条件の内容」に記入します（○円以内等の記入でも構いません）。乙に一任する場合は「無」に○印をつけます。
⑥「敷　金」── 敷金を○か月～○か月に限定する場合は「有」に○印をつけ、その月数の幅を「条件の内容」に記入します（○か月以内等の記入でも構いません）。乙に一任する場合は「無」に○印をつけます。
⑦「転借人」──「学生限定」等、どのような転借人に転貸するかを定めておく場合は「有」に○印をつけ、その内容を「条件の内容」に記入します。
　　　　　　　乙に一任する場合は「無」に○印をつけます。
⑧「その他」── 甲が必要に応じてその他の条件（学生限定等）を付けることが可能です。その場合は、「その他」の欄を利用してください。

〔住戸明細表関係〕
　住戸明細表は契約書に添付します。以下の事項に注意して記入してください。なお、該当する事項のない欄には「──」を記入してください。

(1)「賃貸借の目的物」関係
　　この欄には、契約書と同じ内容を記入してください。建物を特定するために必要です。
　①「名　称」── 建物の名称（○○マンション、○○荘など）を記入してください。
　②「所在地」── 住居表示を記入してください。

(2)「住戸内の設備」関係
　　表内の設備がある場合は「有」に○印をつけ、ない場合は「無」に○印をつけてください。補足等は備考欄に書いてください。選択肢を設けていない設備で書いておくことが適当なものがあれば、「宅配ボックス」の下の余白を利用してください。

(3)「住戸内訳」関係
　　この欄は、建物内の住戸の内訳を記入してください。
　①「間取り」── ワンルーム、○K、○DK、○LDKと記載してください。
〔用語の説明〕
　　イ　K・・・・台所
　　ロ　DK・・・1つの部屋が食事室と台所とを兼ねているもの
　　ハ　LDK・・1つの部屋が居間と食事室と台所を兼ねているもの
　②「面　積」── 壁芯か内法かのどちらかに○印をつけ（またはどちらかを消し）、その右に面積を記入してください。
　③「戸　数」── 同一間取り、同一面積の住戸の戸数を記入してください。同じ間取りであっても面積が違う場合等は、別の欄に記入してください。
　④「備　考」──(2)「住戸設備」の補足等を記入してください。

〔第8条（転貸の条件等）関係〕
　本契約書第8条第1項に規定する「転貸の条件」の遵守義務について、第2項で甲の求めに応じた当該条件の遵守状況の報告を乙に義務付けていますが、「甲の求めに応じた報告」ではなく「定期的な報告」を求めるように変更することができます。

〔第20条（特約条項）関係〕
　空欄に特約として定める事項を記入し、項目ごとに、記載の上に甲と乙とが押印してください。
　主要な特約条項として、次の事項を挙げることができます。
①　乙に、乙の社員の社宅としての使用を認める場合
　（記載例）
　第4条の規定にかかわらず、甲は本物件について、乙の自己使用を認める。

〔別表関係〕
(1) 「別表第1」関係
　　善良なる管理者として建物維持管理のために乙が負担するものを別表1に記載します。
　　どのような項目を乙の負担とするかについて検討するときは、以下を参考にして下さい。
　　　・共用部分及び共用部分の設備の点検
　　　・給排水の設備点検
　　　・受水槽の点検
　　　・植栽、清掃の状態等の点検

(2) 「別表第3」関係
　　甲が乙に通知しなければならない事項を別表第3に記載します（本契約書第12条）。

〔記載例〕

本物件の売却
本契約に優先する抵当権の実行（差し押さえ・仮差し押さえ）

[様式6-2]

　　　　　　　　　　　　　　　　　　　　　　　　　　　　　　　　　年　月　日

賃借権譲渡の承諾についてのお願い

（賃貸人）住所
　　　　　氏名　　　　　　　　　　　殿

　　　　　　　　　　　　　　　　　（賃借人）住所
　　　　　　　　　　　　　　　　　　　　　　氏名　　　　　　　　　　㊞

　　私が賃借している下記(1)の住宅の賃借権の［全部／一部］を下記(2)の者に譲渡したいので承諾願います。

　　　　　　　　　　　　　　　　　記

(1)住宅	名　称	
	所在地	
(2)譲受人	住　所	
	氏　名	

承　諾　書

上記について承諾いたします。
　（なお、　　　　　　　　　　　　　　　　　　　　　　　　　　　　　　　）

　　　　　　　　　　　　　年　月　日
　　　　　　　　　　　　　　（賃貸人）住所
　　　　　　　　　　　　　　　　　　　氏名　　　　　　　　　　　　　　㊞

〔注〕賃借権譲渡承諾書（例）　（第10条1項関係）
1　賃借人は、本承諾書の点線から上の部分を記載し、賃貸人に2通提出してください。賃貸人は、承諾する場合には本承諾書の点線から下の部分を記載し、1通を賃借人に返還し、1通を保管してください。
2　「全部」又は「一部」の該当する方に〇印を付けてください。
3　(1)の欄は、契約書頭書(1)を参考にして記載してください。
4　一部譲渡の場合は、譲渡部分を明確にするため、図面等を添付する必要があります。
5　承諾に当たっての確認事項等があれば、「なお、」の後に記載してください。

[様式6−3]

年　月　日

増改築等の承諾についてのお願い

（賃貸人）住所
　　　　　氏名　　　　　　　殿

　　　　　　　　　　（賃借人）住所
　　　　　　　　　　　　　　　氏名　　　　　　　　　　㊞

　私が賃借している下記(1)の住宅の増改築を、下記(2)のとおり行いたいので承諾願います。

記

(1)住　宅	名　　称	
	所在地	
(2)増改築等の概要		別紙のとおり

承　諾　書

上記について承諾いたします。
　（なお、　　　　　　　　　　　　　　　　　　　　　　　　　　　　　　　　　　　）

　　　　　　　　　　年　月　日
　　　　　　　　　　（賃貸人）住所
　　　　　　　　　　　　　　　氏名　　　　　　　　　　㊞

〔注〕増改築等承諾書（例）　（第10条2項関係）
1　賃借人は、本承諾書の点線から上の部分を記載し、賃貸人に2通提出してください。賃貸人は、承諾する場合には本承諾書の点線から下の部分を記載し、1通を賃借人に返還し、1通を保管してください。
2　「増改築等」とは、契約書第10条第2項に規定する「増築、改築、移転、改造若しくは模様替又は本物件の敷地内における工作物の設置」をいいます。
3　(1)の欄は、契約書頭書(1)を参考にして記載してください。
4　増改築等の概要を示した別紙を添付する必要があります。
5　承諾に当たっての確認事項等があれば、「なお、」の後に記載してください。

[様式7]

顧客別物件台帳

顧客NO.	

貸主氏名		電話番号		FAX番号	
現住所	〒				

依頼物件1

建物名称		総戸数	戸	依頼戸数	戸
物件所在地	〒				
種類	一戸建・長屋建（テラスハウス）・マンション・アパート・貸間・文化住宅・その他（　　　）				
構造	木造・石・ブロック・鉄骨・鉄筋・鉄骨鉄筋・その他（　　　）／瓦・スレート・金属・陸屋根				
貸付面積等	階建　　部分　専用面積　　㎡・共有面積　　㎡　土地面積　　㎡				
交通	線　　駅徒歩　　分・(バス)　　路線　　バス停徒歩　　分				
土地名義人		現住所		TEL	
建物名義人		現住所		TEL	
建物建築年	年　月	当初契約年	年　月　日	契約年　年　更新状況	
鍵保管状況	貸主・管理業者・当社・転貸人・その他（　　）	入居資格等			
備考					

依頼物件2

建物名称		総戸数	戸	依頼戸数	戸
物件所在地	〒				
種類	一戸建・長屋建（テラスハウス）・マンション・アパート・貸間・文化住宅・その他（　　　）				
構造	木造・石・ブロック・鉄骨・鉄筋・鉄骨鉄筋・その他（　　　）／瓦・スレート・金属・陸屋根				
貸付面積等	階建　　部分　専用面積　　㎡・共有面積　　㎡　土地面積　　㎡				
交通	線　　駅徒歩　　分・(バス)　　路線　　バス停徒歩　　分				
土地名義人		現住所		TEL	
建物名義人		現住所		TEL	
建物建築年	年　月	当初契約年	年　月　日	契約年　年　更新状況	
鍵保管状況	貸主・管理業者・当社・転貸人・その他（　　）	入居資格等			
備考					

[様式7-1]　　　　　　　　　依頼物件1の個別賃貸条件

建物名称					部屋番号	階　号室

<table>
<tr><td rowspan="8">賃貸借条件</td><td>賃　料</td><td colspan="2">月額　　　　　円</td><td></td><td colspan="2">毎月　日までに [貸主・宅建業者・指定口座] に [当月分・翌月分] を支払う（振込む）
（口座名）
[　　　　　] 銀行 [　　　　　] 支店
名義 [　　　　　] 口座番号 [　　　　　]</td></tr>
<tr><td>共益費</td><td colspan="2">月額　　　　　円</td><td>(消費税)　　　円</td></tr>
<tr><td>駐車料</td><td colspan="2">月額　　　　　円</td><td>(消費税)　　　円</td></tr>
<tr><td rowspan="2">敷　金</td><td colspan="3">賃料の　　か月相当分または　　　　　円</td><td rowspan="2">賃貸借契約締結日までに [貸主・宅建業者・指定口座] に支払う（振込む）
（口座名）
[　　　　　] 銀行 [　　　　　] 支店
名義 [　　　　　] 口座番号 [　　　　　]</td></tr>
<tr><td colspan="3">賃料の　　か月相当分または　　　　　円</td></tr>
<tr><td>その他</td><td colspan="4"></td></tr>
<tr><td>契約年</td><td>年</td><td>更新</td><td>可・不可・相談</td><td>契約手続方法</td><td>貸主立会・業者代行・業者代理・他社物件・サブリース</td></tr>
<tr><td colspan="6">（その他の条件）</td></tr>
</table>

報酬等	（契約時）有・無 [(月額賃料・月額駐車場料金) の　　か月分] を [貸主・借主・双方] から受領 （更新時）有・無 [(月額賃料・月額駐車場料金) の　　か月分] を [貸主・借主・双方] から受領 （管　理）有・無 [(月額賃料・月額共益費・月額駐車場料金) 総額の　　％] を貸主から受領 （その他）有・無 [　　　　　　　　　　　　　　　　　　　　　　　　　　　　]
貸付面積等	階建　　部分　専用面積　　　㎡・共有面積　　　㎡　土地面積　　　㎡
設　備	① トイレ（専・共／水洗・非水洗）　② 台所（専用・共用）　③ 浴室（有・無） ④ シャワー（有・無）　⑤ 給湯設備（有・無）　⑥ ガスコンロ（有・無）　⑦ 冷・暖房（有・無） ⑧ 冷・暖房設置（可・不可）　⑨ 電気容量（　　アンペア）　⑩ エレベータ（有・無） ⑪ 電気[メーター]（専用・子メーター・割当）　⑫ ガス（都市・プロパン）[メーター]（専用・子メーター・割当） ⑬ バルコニー（有・無）　⑭ 駐車場（有・無）
環境等	
その他	

（間取り）……[（　）ワンルーム・K・DK・LDK・SLDK]

[様式8]

ご希望物件申込カード

いらっしゃいませ。数ある不動産業者の中より、当店をご用命いただきまして誠にありがとうございます。
お客様のご希望に沿った物件のご紹介にあたり、次の事項について、お答え下さいますようお願い申し上げます。

☆ ご入居希望者
　【お名前は】　　　　　　　　　　　　　　　　　　　　　　　　　　[男・女]
　【本人の別は】　　[本人・代理（　　　　　　　　　　）本人との続柄（　　　　　）]
　【入居人数は】　　[　　　　　人（うち小学生以下　　　　人）]
　【現住所は】　　　[〒　　　　　　　　　　　　　　　TEL　（　　）　　　　]
　【勤務先名は】　　[　　　　　　　　　　　　　　　　TEL　（　　）　　　　]
　【業種は】　　　　[　　　　　　　　　　　　　　　　　　　　　　　　　　　]

☆ 転居の理由
　1. 転勤　2. 通学上　3. 独立　4. 結婚　5. 立退き　6. 家族増加　7. 手狭になったため
　8. その他 [　　　　　　　　　　　　　　　　　　　　　　　　　　　　　]

☆ ご希望の物件
　【物件の種別は】
　1. マンション　2. アパート　3. 一戸建　4. その他（　　　　　　　　　　　）

　【間取りまたは広さは】
　1. ワンルーム　2. [　　　　] K・DK・LDK　3. [　　　　] ㎡くらい

　【駐車場は】　　　　[要・不要]
　【契約形態は】　　　[個人契約・法人契約] ／[一般借家契約・定期借家契約・どちらでも]
　【その他希望条件は】[　　　　　　　　　　　　　　　　　　　　　　　　　　]

☆ 希望家賃
　[　　　　] 万円　～　[　　　　] 万円くらい

☆ ご希望地域
　【地域は】
　1. [　　　　　　　] 市・区 [　　　　　　　] 町
　2. [　　　　　　　] 線　　[　　　　　　　] 駅
　3. [　　　　　　　] 路　線 [　　　　　　] バス停
　4. [　　　　　　　小・中] 学校区

☆ ご入居希望日
　　　　　年　　　月　　　日頃

☆ 当店を何でお知りになりましたか。
　1. 以前の取引で　2. 紹介（　　）　3. 物件看板　4. 投込みチラシ　5. 当店からのDM
　6. 民間情報誌（　　）　7. 新聞広告　8. 新聞折り込みチラシ　9. インターネット
　10. その他（　　　　　　　　　　　　　　　　　　　　　　　　　　　　　）

【備考】

| 受付日 | 　年　月　日 | ご来店・電話・FAX | 担当者 | |

[様式9]　　不動産標準情報表示様式

⑤ 賃貸物件（居住用）

方位			
物件種目	居住用	物件登録番号	※
	(1) 貸マンション・(2) 貸アパート・(3) 借家 (4) 貸テラスハウス・(5) 貸タウンハウス・(6) 間借り		
間取	（　）① ワンルーム　② K　③ DK　④ LK　⑤ LDK　⑥ SK ⑦ SDK　⑧ SLK　⑨ SLDK		
賃貸条件	賃料　　　　　　　　　　　　　　　万円 （礼金・保証金・敷金・権利金・償却金等……月額） 　　　　　　　　　　　　　　　　万円　税金　　万円 （管理費・雑費・共益費等……月額）		
物件所在地	区　町 　　　　　　　市 　　　　　　　郡　村　　　　　丁目	契約期間	年
交通	線　　　　　　　　　駅より 　　　　　　　　　　　　　　　徒歩　　（分・m） バス乗車　　　分　バス停より徒歩　（分・m）	コード	※
建物	構造	① 木造　② ブロック造　③ 鉄骨造　④ RC　⑤ SRC　⑥ PC ⑦ HPC　⑨ その他	
	規模	① 平屋建　② 複階建…地上（　）階建・地下（　）階建の（　）階部分	築年月	昭和 平成　年　月
	使用部分内訳	面積　　　　　　　　㎡		
	間取内訳			
地勢	① 平坦　② 高台　③ 低地　④ ひな段　⑤ 傾斜地　⑥ その他		
環境	① 住宅地　② 商業地　③ ビル街　④ その他		
現況	① 居住中　② 空家　③ 未完成（平成　　年　　月予定）		
入居時	① 即時　② 指定有（平成　年　月　上・中・下旬）		
設備	① 電気　② 上水道　③ 下水道　④ 浄化槽　⑤ 汲取　⑥ 側溝　⑦ 給湯 ⑧ プロパンガス　⑨ 車庫　⑩ 電話　⑪ 冷房　⑫ 暖房　⑬ 都市ガス		
備考			

商号		担当者		取引態様	① 貸主　② 代理　③ 媒介
登録年月日	平成　　年　　月　　日	会員コード		報酬額	① 分かれ　② その他
		電話番号	（　）―（　）		

※ 　　　　大枠内は必ず記入して下さい。

[様式10]

住宅の標準賃貸借媒介契約書（借主用）

1. この契約は、目的物件について、賃貸借媒介を当社に依頼するものです。
2. 依頼者は、この契約と同じ賃貸借目的で賃貸借媒介又は賃貸借代理を、当社以外の業者に重ねて依頼することができます。
3. 依頼者は、自ら発見した相手方と賃貸借契約を締結することができます。
4. この契約の有効期間は、1か月です。

　依頼者（以下「甲」といいます。）は、この契約書により、頭書（1）に記載する甲の依頼の目的である物件（以下「目的物件」といいます。）について、賃貸借媒介業務（別表に掲げる業務をいいます。）を宅地建物取引業者（以下「乙」といいます。）に委託し、乙はこれを承諾します。

　　　　　　　　年　　月　　日

　　　甲・依頼者　　　　　　　住所
　　　　　　　　　　　　　　　氏名　　　　　　　　　　　　　　　　　　㊞

　　　乙・宅地建物取引業者　　商号（名称）
　　　　　　　　　　　　　　　代表者　　　　　　　　　　　　　　　　　㊞
　　　　　　　　　　　　　　　主たる事務所の所在地

　　　　　　　　　　　　　　　免許証番号

(1) 賃貸借の目的物件

<table>
<tr><td rowspan="13">建物</td><td colspan="2">名　称</td><td colspan="3"></td></tr>
<tr><td colspan="2">所在地</td><td colspan="3"></td></tr>
<tr><td rowspan="11">住戸</td><td colspan="2">住戸番号</td><td>号室</td><td>間取り</td><td>（　　）LDK・DK・K／ワンルーム／</td></tr>
<tr><td colspan="2">面　積</td><td colspan="3">㎡</td></tr>
<tr><td rowspan="9">設備等</td><td>トイレ</td><td colspan="3">専用（水洗・非水洗）・共用（水洗・非水洗）</td></tr>
<tr><td>浴室</td><td colspan="3">有・無</td></tr>
<tr><td>シャワー</td><td colspan="3">有・無</td></tr>
<tr><td>給湯設備</td><td colspan="3">有・無</td></tr>
<tr><td>ガスこんろ</td><td colspan="3">有・無</td></tr>
<tr><td>冷暖房設備</td><td colspan="3">有・無
有・無
有・無
有・無</td></tr>
<tr><td>使用可能電気容量</td><td colspan="3">（　　　　　）アンペア</td></tr>
<tr><td>ガス</td><td colspan="3">有（都市ガス・プロパンガス）・無</td></tr>
<tr><td>上水道
下水道</td><td colspan="3">水道本管より直結・受水槽・井戸水
有（公共下水道・浄化槽）・無</td></tr>
<tr><td rowspan="4">附属施設</td><td colspan="2">駐車場
自転車置場
物置
専用庭</td><td colspan="3">含む・含まない
含む・含まない
含む・含まない
含む・含まない
含む・含まない
含む・含まない</td></tr>
</table>

(2) 賃貸借条件

賃　料	月額（　　　　　　　）円	共益費	月額（　　　　　　　）円
敷　金	賃料の（　　　　）か月分相当額 （　　　　　　　　　）円	その他 一時金	（　　　　　　　　　）円
附属施設	種　類		その他
	使用料　　　　　円		

(3) 賃貸借媒介報酬

賃貸借媒介報酬	頭書（2）に記載する賃料の_____か月分相当額に消費税額を合計した額

(4) 有効期間

始　期	年　　月　　日	1か月
終　期	年　　月　　日	

（賃貸借媒介報酬の支払い）
第1条　乙の賃貸借媒介によって目的物件の賃貸借契約が成立したときは、甲は、乙に対して、頭書（3）に記載する報酬（以下「賃貸借媒介報酬」といいます。）を支払わなければなりません。
2　乙は、宅地建物取引業法第37条に定める書面を作成し、これを賃貸借契約の当事者に交付した後でなければ、賃貸借媒介報酬を受領することができません。

（直接取引）
第2条　この契約の有効期間内又は有効期間の満了後3か月以内に、甲が乙を排除して目的物件の貸主と賃貸借契約を締結したときは、乙は、甲に対して、契約の成立に寄与した割合に応じた相当額の報酬を請求することができます。

（依頼者の通知義務）
第3条　甲は、この契約の有効期間内に、他の物件の賃貸借契約の締結その他の事由により、この契約を継続する必要がなくなったときは、直ちに、その旨を乙に通知しなければなりません。
2　甲が前項の通知を怠った場合において、乙が当該賃貸借契約の成立後善意で甲のために賃貸借媒介業務に要する費用を支出したときは、乙は、甲に対して、その費用の償還を請求することができます。

（賃貸借契約成立以前の金員の受領の禁止）
第4条　乙は、目的物件の賃貸借契約が成立する以前に、いかなる名義をもってするかを問わず、甲に対して、金員を預けるよう要請することができません。
2　乙は、目的物件の賃貸借契約が成立する以前に、甲の依頼により甲から金員を預かった場合には、契約の成立のいかんにかかわらず、当該金員を甲に返還しなければなりません。

（個人情報の保護）
第5条　乙は、賃貸借媒介業務上取り扱ったことについて知り得た甲の個人情報は、甲の承諾がない限り、賃貸借媒介業務の目的以外に使用することができません。

（有効期間）
第6条　この契約の有効期間は、頭書（4）に記載するとおりとします。

（契約の解除）
第7条　甲又は乙がこの契約に定める義務の履行に関してその本旨に従った履行をしない場合には、その相手方は、相当の期間を定めて履行を催告し、その期間内に履行がないときは、この契約を解除することができます。
2　次の各号のいずれかに該当する場合には、甲は、この契約を解除することができます。
　一　乙がこの契約に係る重要な事項について故意若しくは重過失により事実を告げず、又は不実のことを告げる行為をしたとき。
　二　乙が宅地建物取引業に関して著しく不当な行為をしたとき。

（特約）

(別表)

賃貸借媒介業務

業務内容	業務実施要領
(1) 貸主等との連絡調整	目的物件の貸主又は貸主の依頼を受けた業者と連絡を取り、賃貸借契約の成立に向けて尽力する。
(2) 重要事項の説明	イ 権利関係、設備関係、賃貸借条件等の必要な事項を確認し、重要事項説明書を作成する。 ロ 重要事項説明書に基づき、甲に対し、重要事項の説明を行う。
(3) 賃貸借契約の締結の補助	イ 賃貸借契約書の作成を補助する。 ロ 賃貸借契約書に甲と貸主の双方の署（記）名押印を取り、双方に賃貸借契約書を交付する。

[様式11-1]

_____御中

(申込日)　　年　　月　　日

入　居　申　込　書（個人用）

フリガナ
（契約名義人）　　　　　　　　　　　　　　　　　　　㊞

下記の内容にて申込みいたします。
記載内容に虚偽ある場合は、賃貸借契約締結後といえども、契約を解除されても異議ありません。

賃借人	（現住所）〒			
	（自宅TEL）　　（　　）		（連絡先TEL）　　（　　）	
	（性別）男・女	（生年月日）M・T・S・H　　年　　月　　日生（　　歳）		
	勤務先等	（名称）		TEL　　（　　）
		（所在地）〒		
		（業種）	（年収税込）　　万円	（勤続年数）　　年
		（備考）		

連帯保証人	フリガナ（氏名）		（自宅TEL）　　（　　）	
			（勤務先TEL）　　（　　）	
	（現住所）〒			
	（性別）男・女	（生年月日）M・T・S・H　　年　　月　　日生（　　歳）		
	勤務先等	（名称）		TEL　　（　　）
		（所在地）〒		
		（業種）	（年収税込）　　万円	（勤続年数）　　年
		（契約名義人との間柄）		
		（備考）		

（裏面へ）

入居者	(契約名義人と世帯主の間柄) ［本人・( ) ］		
^	入居予定者氏名	続柄・年齢		職業・勤務先または学校名
^	フリガナ (氏名)	世帯主	(M・T・S・H) 　年　月　日生 （　　　歳）	 TEL　　　（　　　）
^	フリガナ (氏名)		(M・T・S・H) 　年　月　日生 （　　　歳）	 TEL　　　（　　　）
^	フリガナ (氏名)		(M・T・S・H) 　年　月　日生 （　　　歳）	 TEL　　　（　　　）
^	フリガナ (氏名)		(M・T・S・H) 　年　月　日生 （　　　歳）	 TEL　　　（　　　）
^	フリガナ (氏名)		(M・T・S・H) 　年　月　日生 （　　　歳）	 TEL　　　（　　　）

賃貸借条件	(建物名称)			号室	駐車場NO.
^	(所在地) 〒				
^	(賃　料)　　　　　円			毎月　　日までに [①貸主・②貸主の代理する業者・ ③指定口座]に [当月分・翌月分]を支払う（振込む）	
^	(共益費)　　　　　円	(消費税)　　　　円	^	^	
^	(駐車場料金)　　　円	(消費税)　　　　円	^	^	
^	(敷　金) 賃料　　か月相当分または　　　　　　円				賃貸借契約締結日までに [①貸主・②貸主の代理する業者・ ③指定口座]に支払う（振込む）
^	(その他一時金) [　　　　　　　　　]　　　　　　　円				^
^	[　　　　　　　　　]　　　　　　　円				^
^	[　　　　　　　　　]　　　　　　　円				^
^	(その他)				
^	(媒介報酬額) 賃料　　か月相当分または　　　　円 　　　　　　　(消費税)　　　　　　　　　　　円				媒介業者に賃貸借契約締結時支払

[様式11-2]

_____御中

(申込日)　　　年　　月　　日

入　居　申　込　書（法人用）

（契約名義人）　［所在地］

［法人名］

［代表者］　　　　　　　　　　印

下記の内容にて申込みいたします。
記載内容に虚偽ある場合は、賃貸借契約締結後といえども、契約を解除されても異議ありません。

<table>
<tr><td rowspan="8">賃借人</td><td colspan="3">（契約担当部署名）</td></tr>
<tr><td colspan="3">（担当者名）　　　　　　TEL（　　）　　　　FAX（　　）</td></tr>
<tr><td colspan="3">（所在地）〒</td></tr>
<tr><td>（創立年）　M・T・S・H　　　年</td><td>（資本金）　　　　　万円</td><td>（従業員数）　　　　名</td></tr>
<tr><td colspan="2">（年商）　　年度実績　　　　　万円</td><td>（業種）</td></tr>
<tr><td>（　　）部上場・非上場</td><td colspan="2">（取引銀行）　　　　　銀行　　　　　支店</td></tr>
<tr><td colspan="3">（主な取引先）</td></tr>
<tr><td colspan="3">（備考）</td></tr>
</table>

<table>
<tr><td rowspan="6">入居者</td><td colspan="3">（契約名義人と世帯主の間柄）　　［本人・（　　　　　　　　）］</td></tr>
<tr><td>入居予定者氏名</td><td>続柄・年齢</td><td>職業・勤務先または学校名</td></tr>
<tr><td>フリガナ

（氏名）</td><td>世帯主</td><td>(M・T・S・H)
　　年　月　日生
　　（　　歳）　　TEL（　　）</td></tr>
<tr><td>フリガナ

（氏名）</td><td></td><td>(M・T・S・H)
　　年　月　日生
　　（　　歳）　　TEL（　　）</td></tr>
<tr><td>フリガナ

（氏名）</td><td></td><td>(M・T・S・H)
　　年　月　日生
　　（　　歳）　　TEL（　　）</td></tr>
<tr><td>フリガナ

（氏名）</td><td></td><td>(M・T・S・H)
　　年　月　日生
　　（　　歳）　　TEL（　　）</td></tr>
</table>

賃貸借条件	(建物名称)			号室	駐車場 NO.
	(所在地) 〒				
	(賃　料)　　　　　円			毎月　　　日までに [①貸主・②貸主の代理する業者・③指定口座]に [当月分・翌月分]を支払う（振込む）	
	(共益費)　　　　　円	(消費税)　　　　円			
	(駐車場料金)　　　円	(消費税)　　　　円			
	(敷　金)　賃料　　か月相当分または　　　　円			賃貸借契約締結日までに [①貸主・②貸主の代理する業者・③指定口座]に支払う（振込む）	
	(その他一時金) [　　　　　　　　　]　　　　　　　円				
	[　　　　　　　　　]　　　　　　　円				
	[　　　　　　　　　]　　　　　　　円				
	(その他)				
	(媒介報酬額)　賃料　　か月相当分または　　　円 　　　　　　　(消費税)　　　　　　　　　　円			媒介業者に賃貸借契約締結時支払	

［様式12］

平成　　年　　月　　日

（入居希望者）

_____殿

(事務所所在地)
(宅建業者商号等)
(電話番号)
(FAX番号)
(担当者氏名)　　　　　　　　　　㊞

賃貸借契約のご案内

拝啓　益々ご清栄のこととお慶び申し上げます。
　さて、この度は、(物件名)_____　[　　　　　号室]にご入居のお申込みを頂きまして、誠にありがとうございます。
　本日は、賃貸借契約に関する書類を［ご送付・お渡し］いたしますので、契約にお越しの際には下記の書類（〇印のあるもの）を契約者ご本人がご持参下さいますようお願い申し上げます。

記

1. 本日同封の書類
   - ☐　賃貸借契約書　　　　　　　　　　2通
   - ☐　連帯保証人の保証引受承諾書　　　1通
   - ☐　契約に係る金銭内訳書　　　　　　1通
   - ☐　　　　　　　　　　　　　　　　　　通

2. 賃貸借契約の締結日及び契約場所
   ①　契約日時
   　　平成　　年　　月　　日（　）　［午前・午後］　　時　　分より
   ②　契約場所
   　　_____

3. 契約当日に持参する書類
   ①　契約者本人に関するもの
   - ☐　住民票（謄本）　　　　　　　　1通（入居者全員の関係が分かるもの）
   - ☐　印鑑登録証明書　　　　　　　　1通（3か月以内のもの）
   - ☐　収入証明書　　　　　　　　　　1通（源泉徴収票または納税証明書）
   - ☐　賃貸借契約書　　　　　　　　　2通（事前に提示してある場合）
   - ☐　印鑑　　　　　　　　　　　　　　　［登録済印鑑（実印）］

   ②　連帯保証人に関するもの
   - ☐　印鑑登録証明書　　　　　　　　1通（3か月以内のもの）

   （契約に立会う場合）
   - ☐　印鑑　　　　　　　　　　　　　　　［登録済印鑑（実印）］

   （契約に立会わない場合）
   - ☐　賃貸借契約書の保証人欄
   　　　または保証引受承諾書（確約書）　　［署名のうえ押印（実印）］

   ③　法人契約の場合
   - ☐　会社謄本　　　　　　　　　　　1通（会社概要説明書でも可）
   - ☐　代表者印鑑登録証明書　　　　　1通（3か月以内のもの）
   - ☐　入居者の在職証明書　　　　　　1通（従業員証明書、保険証でも可）

   ④　学生の場合
   - ☐　在学証明書　　　　　　　　　　1通（学生証の写でも可）

[様式13]

部 外 秘

平成　年　月　日

（貸主）

_____殿

　　　　　　　　　　　　（事務所所在地）
　　　　　　　　　　　　（宅建業者商号等）
　　　　　　　　　　　　（電話番号）
　　　　　　　　　　　　（FAX番号）
　　　　　　　　　　　　（担当者氏名）　　　　　　　㊞

入居希望者の入居資格に関する参考資料

　拝啓　益々ご清栄のこととお慶び申し上げます。
　さて、この度は、(物件名)_____[　　号室]にご入居のお申込みを頂きました（入居希望者）_____様の入居申込書ならびに調査状況を下記のとおりご報告いたします。
　内容等をご確認のうえ、①入居の可否、②入居了承の場合は契約への立会いの有無、③契約希望日等について、平成　年　月　日までにご連絡下さいますようお願い申し上げます。
　　　　　　　　　　　　　　　　　　　　　　　　　　　　　　　　　　敬具

記

1. 添付書類
　　入居申込書

2. 調査状況

チェック項目	確認事項等	評価
① 人柄・応対態度など		
② 支払能力・勤務先状況など		
③ 連帯保証人の意思確認状況		
④ 希望条件		
⑤ その他		
総合評価		

[様式14]

平成　年　月　日

（入居希望者）

_____殿

　　　　　　　　　　　　　　　　　（事務所所在地）
　　　　　　　　　　　　　　　　　（宅建業者商号等）
　　　　　　　　　　　　　　　　　（電話番号）
　　　　　　　　　　　　　　　　　（FAX番号）
　　　　　　　　　　　　　　　　　（担当者氏名）　　　　　　㊞

入 居 可 否 通 知 書

　拝啓　益々ご清栄のこととお慶び申し上げます。
　　この度は、（物件名）_____［　　　　号室］にご入居のお申込みを頂きまして、誠にありがとうございます。
　　さて、貴殿よりご提出の入居申込書をもとに、審査した結果を下記のとおりご通知申し上げます。

記

（入居を了承する場合）
　　　　審査の結果、入居について了承しました。
　　　　つきましては、別紙『賃貸借契約のご案内』に記載の関係書類をご準備のうえ、
　　①　契約日［平成　　年　　月　　日（　）　　時　　分］までに、
　　②　契約場所［　　　　　　　　　　　　　　　　　　　　　　］
　　　　に、契約者ご本人がご持参下さいますようお願いします。

_____

（入居を拒否する場合）
　　　　貴意に沿えませんでした。
　　　　つきましては、お預かりの『入居申込書』を同封いたしますので、ご査収下さい。

[様式15-1]

賃 貸 住 宅 標 準 契 約 書

(1) 賃貸借の目的物

<table>
<tr><td rowspan="8">建物の名称・所在地等</td><td colspan="2">名　称</td><td colspan="5"></td></tr>
<tr><td colspan="2">所在地</td><td colspan="5"></td></tr>
<tr><td rowspan="4">建て方</td><td rowspan="4">共同建
長屋建
一戸建
その他</td><td rowspan="2">構造</td><td>木造　／　非木造</td><td rowspan="4">工事完了年
　　　　　年
［大修繕等を
（　　）年
　に実施　］</td></tr>
<tr><td rowspan="2">　　　　階建</td></tr>
<tr><td>戸数</td></tr>
<tr><td>　　　　戸</td></tr>
<tr><td colspan="2">住戸番号</td><td>　　　号室</td><td>間取り</td><td colspan="2">（　　）LDK・DK・K　／　ワンルーム　／</td></tr>
<tr><td colspan="2">面　積</td><td colspan="4">　　　　　㎡</td></tr>
</table>

<table>
<tr><td rowspan="11">住戸部分</td><td rowspan="6">設備等</td><td>トイレ</td><td>専用（水洗・非水洗）・共用（水洗・非水洗）</td></tr>
<tr><td>浴室</td><td>有・無</td></tr>
<tr><td>シャワー</td><td>有・無</td></tr>
<tr><td>給湯設備</td><td>有・無</td></tr>
<tr><td>ガスこんろ</td><td>有・無</td></tr>
<tr><td>冷暖房設備</td><td>有・無</td></tr>
<tr><td colspan="2">使用可能電気容量</td><td>（　　　　　）アンペア</td></tr>
<tr><td colspan="2">ガス</td><td>有（都市ガス・プロパンガス）・無</td></tr>
<tr><td colspan="2">上水道</td><td>水道本管より（直結・受水槽）・井戸水</td></tr>
<tr><td colspan="2">下水道</td><td>有（公共下水道・浄化槽）・無</td></tr>
</table>

<table>
<tr><td rowspan="5">附属施設</td><td>駐車場</td><td>含む・含まない</td><td></td></tr>
<tr><td>自転車置場</td><td>含む・含まない</td><td></td></tr>
<tr><td>物置</td><td>含む・含まない</td><td></td></tr>
<tr><td>専用庭</td><td>含む・含まない</td><td></td></tr>
<tr><td></td><td>含む・含まない</td><td></td></tr>
</table>

(2) 契約期間

始期	年　　月　　日から	年　　月間
終期	年　　月　　日まで	

(3) 賃料等

<table>
<tr><td colspan="2">賃料・共益費</td><td>支払期限</td><td colspan="2">支払方法</td></tr>
<tr><td>賃　料</td><td>　　　　円</td><td>当月分・翌月分を
毎月　　　日まで</td><td rowspan="2">振込又は持参</td><td>振込先金融機関名：
預金：普通・当座
口座番号：
口座名義人：
持参先：</td></tr>
<tr><td>共益費</td><td>　　　　円</td><td>当月分・翌月分を
毎月　　　日まで</td><td></td></tr>
<tr><td>敷　金</td><td colspan="2">賃料　　　　か月相当分
　　　　　　　　　　　円</td><td>その他一時金</td><td></td></tr>
<tr><td colspan="2">附属施設使用料</td><td colspan="3"></td></tr>
<tr><td colspan="2">そ　の　他</td><td colspan="3"></td></tr>
</table>

(4) 貸主及び管理人

貸　　主	氏名 住所　〒
管 理 人	氏名 住所　〒

※貸主と建物の所有者が異なる場合は、次の欄も記載すること。

建物の所有者	氏名 住所　〒

(5) 借主及び同居人

	借　　主	同　居　人
氏　　名		
		合計　　　人
緊急時の連絡先	(住所)　〒 (氏名)　　　　　　　(電話番号)　　　　　　　(借主との関係)	

(契約の締結)
第１条　貸主(以下「甲」という。)及び借主(以下「乙」という。)は、頭書(1)に記載する賃貸借の目的物(以下「本物件」という。)について、以下の条項により賃貸借契約(以下「本契約」という。)を締結した。

(契約期間)
第２条　契約期間は、頭書(2)に記載するとおりとする。
２　甲及び乙は、協議の上、本契約を更新することができる。

(使用目的)
第３条　乙は、居住のみを目的として本物件を使用しなければならない。

(賃料)
第４条　乙は、頭書(3)の記載に従い、賃料を甲に支払わなければならない。
２　１か月に満たない期間の賃料は、１か月を30日として日割計算した額とする。
３　甲及び乙は、次の各号の一に該当する場合には、協議の上、賃料を改定することができる。
　一　土地又は建物に対する租税その他の負担の増減により賃料が不相当となった場合
　二　土地又は建物の価格の上昇又は低下その他の経済事情の変動により賃料が不相当となった場合
　三　近傍同種の建物の賃料に比較して賃料が不相当となった場合

(共益費)
第５条　乙は、階段、廊下等の共用部分の維持管理に必要な光熱費、上下水道使用料、清掃費等(以下この条において「維持管理費」という。)に充てるため、共益費を甲に支払うものとする。
２　前項の共益費は、頭書(3)の記載に従い、支払わなければならない。
３　１か月に満たない期間の共益費は、１か月を30日として日割計算した額とする。
４　甲及び乙は、維持管理費の増減により共益費が不相当となったときは、協議の上、共益費を改定することができる。

(敷金)
第６条　乙は、本契約から生じる債務の担保として、頭書(3)に記載する敷金を甲に預け入れるものとする。
２　乙は、本物件を明け渡すまでの間、敷金をもって賃料、共益費その他の債務と相殺をすることができない。
３　甲は、本物件の明渡しがあったときは、遅滞なく、敷金の全額を無利息で乙に返還しなければならない。ただし、甲は、本物件の明渡し時に、賃料の滞納、原状回復に要する費用の未払いその他の本契約から生じる乙の債務の不履行が存在する場合には、当該債務の額を敷金から差し引くことができる。

4 前項ただし書の場合には、甲は、敷金から差し引く債務の額の内訳を乙に明示しなければならない。

(禁止又は制限される行為)
第7条 乙は、甲の書面による承諾を得ることなく、本物件の全部又は一部につき、賃借権を譲渡し、又は転貸してはならない。
2 乙は、甲の書面による承諾を得ることなく、本物件の増築、改築、移転、改造若しくは模様替又は本物件の敷地内における工作物の設置を行ってはならない。
3 乙は、本物件の使用に当たり、別表第1に掲げる行為を行ってはならない。
4 乙は、本物件の使用に当たり、甲の書面による承諾を得ることなく、別表第2に掲げる行為を行ってはならない。
5 乙は、本物件の使用に当たり、別表第3に掲げる行為を行う場合には、甲に通知しなければならない。

(修繕)
第8条 甲は、別表第4に掲げる修繕を除き、乙が本物件を使用するために必要な修繕を行わなければならない。この場合において、乙の故意又は過失により必要となった修繕に要する費用は、乙が負担しなければならない。
2 前項の規定に基づき甲が修繕を行う場合は、甲は、あらかじめ、その旨を乙に通知しなければならない。この場合において、乙は、正当な理由がある場合を除き、当該修繕の実施を拒否することができない。
3 乙は、甲の承諾を得ることなく、別表第4に掲げる修繕を自らの負担において行うことができる。

(契約の解除)
第9条 甲は、乙が次に掲げる義務に違反した場合において、甲が相当の期間を定めて当該義務の履行を催告したにもかかわらず、その期間内に当該義務が履行されないときは、本契約を解除することができる。
 一 第4条第1項に規定する賃料支払義務
 二 第5条第2項に規定する共益費支払義務
 三 前条第1項後段に規定する費用負担義務
2 甲は、乙が次に掲げる義務に違反した場合において、当該義務違反により本契約を継続することが困難であると認められるに至ったときは、本契約を解除することができる。
 一 第3条に規定する本物件の使用目的遵守義務
 二 第7条各項に規定する義務
 三 その他本契約書に規定する乙の義務

(乙からの解約)
第10条 乙は、甲に対して少なくとも30日前に解約の申入れを行うことにより、本契約を解約することができる。
2 前項の規定にかかわらず、乙は、解約申入れの日から30日分の賃料(本契約の解約後の賃料相当額を含む。)を甲に支払うことにより、解約申入れの日から起算して30日を経過する日までの間、随時に本契約を解約することができる。

(明渡し)
第11条 乙は、本契約が終了する日までに(第9条の規定に基づき本契約が解除された場合にあっては、直ちに)、本物件を明け渡さなければならない。この場合において、乙は、通常の使用に伴い生じた本物件の損耗を除き、本物件を原状回復しなければならない。
2 乙は、前項前段の明渡しをするときには、明渡し日を事前に甲に通知しなければならない。
3 甲及び乙は、第1項後段の規定に基づき乙が行う原状回復の内容及び方法について協議するものとする。

(立入り)
第12条 甲は、本物件の防火、本物件の構造の保全その他の本物件の管理上特に必要があるときは、あらかじめ乙の承諾を得て、本物件内に立入ることができる。
2 乙は、正当な理由がある場合を除き、前項の規定に基づく甲の立入りを拒否することはできない。
3 本契約終了後において本物件を賃借しようとする者又は本物件を譲り受けようとする者が下見をするときは、甲及び下見をする者は、あらかじめ乙の承諾を得て、本物件内に立入ることができる。
4 甲は、火災による延焼を防止する必要がある場合その他の緊急の必要がある場合においては、あらかじめ乙の承諾を得ることなく、本物件内に立入ることができる。この場合において、甲は、乙の不在時に立入ったときは、立入り後その旨を乙に通知しなければならない。

(連帯保証人)
第13条 連帯保証人は、乙と連帯して、本契約から生じる乙の債務を負担するものとする。

(協議)
第14条 甲及び乙は、本契約書に定めがない事項及び本契約書の条項の解釈について疑義が生じた場合は、民法その

他の法令及び慣行に従い、誠意をもって協議し、解決するものとする。
(特約条項)
第15条　本契約の特約については、下記のとおりとする。

別表第1（第7条第3項関係）

一	銃砲、刀剣類又は爆発性、発火性を有する危険な物品等を製造又は保管すること。
二	大型の金庫その他の重量の大きな物品等を搬入し、又は備え付けること。
三	排水管を腐食させるおそれのある液体を流すこと。
四	大音量でテレビ、ステレオ等の操作、ピアノ等の演奏を行うこと。
五	猛獣、毒蛇等の明らかに近隣に迷惑をかける動物を飼育すること。

別表第2（第7条第4項関係）

一	階段、廊下等の共用部分に物品を置くこと。
二	階段、廊下等の共用部分に看板、ポスター等の広告物を掲示すること。
三	鑑賞用の小鳥、魚等であって明らかに近隣に迷惑をかけるおそれのない動物以外の犬、猫等の動物（別表第1第五号に掲げる動物を除く。）を飼育すること。

別表第3（第7条第5項関係）

一	頭書（5）に記載する同居人に新たな同居人を追加（出生を除く。）すること。
二	1か月以上継続して本物件を留守にすること。

別表第4（第8条関係）

畳表の取替え、裏返し	ヒューズの取替え
障子紙の張替え	給水栓の取替え
ふすま紙の張替え	排水栓の取替え
電球、蛍光灯の取替え	その他費用が軽微な修繕

下記貸主（甲）と借主（乙）は、本物件について上記のとおり賃貸借契約を締結したことを証するため、本契約書2通を作成し、記名押印の上、各自その1通を保有する。

　　　　　　　　年　　　月　　　日

貸　主（甲）　　住所

　　　　　　　　氏名　　　　　　　　　　　　　　　　　　　　　　㊞

借　主（乙）　　住所

　　　　　　　　氏名　　　　　　　　　　　　　　　　　　　　　　㊞

連帯保証人　　　住所

　　　　　　　　氏名　　　　　　　　　　　　　　　　　　　　　　㊞

媒介 ⎫
　　 ⎬業者　　免許証番号［　　　　　　］知事・国土交通大臣　　（　　　）第　　　号
代理 ⎭

　　　　　　　　事務所所在地

　　　　　　　　商　号　（名称）

　　　　　　　　代表者氏名　　　　　　　　　　　　　　　　　　　㊞

　　　　　　　　宅地建物取引主任者　　登録番号［　　　　　　］知事　第　　　　号

　　　　　　　　氏　名　　　　　　　　　　　　　　　　　　　　　㊞

[様式15-2]

定期賃貸住宅標準契約書

(1) 賃貸借の目的物

<table>
<tr><td rowspan="7">建物の名称・所在地等</td><td colspan="2">名　称</td><td colspan="5"></td></tr>
<tr><td colspan="2">所在地</td><td colspan="5"></td></tr>
<tr><td rowspan="4">建て方</td><td rowspan="4">共同建
長屋建
一戸建
その他</td><td rowspan="2">構造</td><td colspan="2">木造 ／ 非木造</td><td colspan="2" rowspan="2">工事完了年
　　　　　年
〔大修繕等を
（　）年
に 実 施〕</td></tr>
<tr><td colspan="2">　　　　階建</td></tr>
<tr><td>戸数</td><td colspan="2">　　　　戸</td></tr>
<tr><td colspan="2">住戸番号</td><td>号室</td><td>間取り</td><td colspan="2">（　）LDK・DK・K ／ ワンルーム ／</td></tr>
<tr><td colspan="2">面　積</td><td colspan="5">　　　　㎡</td></tr>
<tr><td rowspan="11">住戸部分</td><td rowspan="6">設備等</td><td>トイレ</td><td colspan="5">専用（水洗・非水洗）・共用（水洗・非水洗）</td></tr>
<tr><td>浴室</td><td colspan="5">有・無</td></tr>
<tr><td>シャワー</td><td colspan="5">有・無</td></tr>
<tr><td>給湯設備</td><td colspan="5">有・無</td></tr>
<tr><td>ガスコンロ</td><td colspan="5">有・無</td></tr>
<tr><td>冷暖房設備</td><td colspan="5">有・無</td></tr>
<tr><td colspan="2">使用可能電気容量</td><td colspan="5">（　　　　）アンペア</td></tr>
<tr><td colspan="2">ガス</td><td colspan="5">有（都市ガス・プロパンガス）・無</td></tr>
<tr><td colspan="2">上水道</td><td colspan="5">水道本管より直結・受水槽・井戸水</td></tr>
<tr><td colspan="2">下水道</td><td colspan="5">有（公共下水道・浄化槽）・無</td></tr>
<tr><td colspan="7"></td></tr>
<tr><td rowspan="6">附属施設</td><td colspan="2">駐車場</td><td colspan="5">含む・含まない</td></tr>
<tr><td colspan="2">自転車置場</td><td colspan="5">含む・含まない</td></tr>
<tr><td colspan="2">物置</td><td colspan="5">含む・含まない</td></tr>
<tr><td colspan="2">専用庭</td><td colspan="5">含む・含まない</td></tr>
<tr><td colspan="2"></td><td colspan="5">含む・含まない</td></tr>
<tr><td colspan="2"></td><td colspan="5">含む・含まない</td></tr>
</table>

(2) 契約期間

始期	年　　月　　日から	年　　月間
終期	年　　月　　日まで	

（契約終了の通知をすべき期間　　年　　月　　日から　　年　　月　　日まで）

(3) 賃料等

<table>
<tr><td colspan="2">賃料・共益費</td><td>支払期限</td><td colspan="2">支払方法</td></tr>
<tr><td>賃　料</td><td>　　　　円</td><td>当月分・翌月分を
毎月　　日まで</td><td rowspan="2">振込又は持参</td><td>振込先金融機関名：
預金：普通・当座
口座番号：
口座名義人：</td></tr>
<tr><td>共益費</td><td>　　　　円</td><td>当月分・翌月分を
毎月　　日まで</td><td>持参先：</td></tr>
<tr><td>敷　金</td><td colspan="4">賃料　　　か月相当分　　　　　　円</td></tr>
<tr><td>附属施設使用料</td><td colspan="4"></td></tr>
<tr><td>その他</td><td colspan="4"></td></tr>
</table>

(4) 貸主及び管理人

貸　主 （社名・代表者）	住所　〒	
	氏名	電話番号　　　（　　）
管 理 人 （社名・代表者）	住所　〒	
	氏名	電話番号　　　（　　）

※貸主と建物の所有者が異なる場合は、次の欄も記載すること。

建物の所有者	住所　〒	
	氏名	電話番号　　　（　　）

(5) 借主及び同居人

	借　　主	同 居 人
氏　　名		合計　　　人
緊急時の連絡先	住所　〒	
	氏名　　　　　　　　電話番号　（　）	借主との関係

(契約の締結)
第1条　貸主（以下「甲」という。）及び借主（以下「乙」という。）は、頭書(1)に記載する賃貸借の目的物（以下「本物件」という。）について、以下の条項により借地借家法（以下「法」という。）第38条に規定する定期建物賃貸借契約（以下「本契約」という。）を締結した。

(契約期間)
第2条　契約期間は、頭書(2)に記載するとおりとする。
2　本契約は、前項に規定する期間の満了により終了し、更新がない。ただし、甲及び乙は、協議の上、本契約の期間の満了の日の翌日を始期とする新たな賃貸借契約（以下「再契約」という。）をすることができる。
3　甲は、第1項に規定する期間の満了の1年前から6月前までの間（以下「通知期間」という。）に乙に対し、期間の満了により賃貸借が終了する旨を書面によって通知するものとする。
4　甲は、前項に規定する通知をしなければ、賃貸借の終了を乙に主張することができず、乙は、第1項に規定する期間の満了後においても、本物件を引き続き賃借することができる。ただし、甲が通知期間の経過後乙に対し期間の満了により賃貸借が終了する旨の通知をした場合においては、その通知の日から6月を経過した日に賃貸借は終了する。

(使用目的)
第3条　乙は、居住のみを目的として本物件を使用しなければならない。

(賃料)
第4条　乙は、頭書(3)の記載に従い、賃料を甲に支払わなければならない。
2　1か月に満たない期間の賃料は、1か月を30日として日割計算した額とする。
3　甲及び乙は、次の各号の一に該当する場合には、協議の上、賃料を改定することができる。
　一　土地又は建物に対する租税その他の負担の増減により賃料が不相当となった場合
　二　土地又は建物の価格の上昇又は低下その他の経済事情の変動により賃料が不相当となった場合
　三　近傍同種の建物の賃料に比較して賃料が不相当となった場合

(共益費)
第5条　乙は、階段、廊下等の共用部分の維持管理に必要な光熱費、上下水道使用料、清掃費等（以下この条において「維持管理費」という。）に充てるため、共益費を甲に支払うものとする。
2　前項の共益費は、頭書(3)の記載に従い、支払わなければならない。
3　1か月に満たない期間の共益費は、1か月を30日として日割計算した額とする。
4　甲及び乙は、維持管理費の増減により共益費が不相当となったときは、協議の上、共益費を改定することができる。

(敷金)
第6条　乙は、本契約から生じる債務の担保として、頭書(3)に記載する敷金を甲に預け入れるものとする。
2　乙は、本物件を明け渡すまでの間、敷金をもって賃料、共益費その他の債務と相殺をすることができない。

3　甲は、本物件の明渡しがあったときは、遅滞なく、敷金の全額を無利息で乙に返還しなければならない。ただし、甲は、本物件の明渡し時に、賃料の滞納、原状回復に要する費用の未払いその他の本契約から生じる乙の債務の不履行が存在する場合には、当該債務の額を敷金から差し引くことができる。
4　前項ただし書の場合には、甲は、敷金から差し引く債務の額の内訳を乙に明示しなければならない。

(禁止又は制限される行為)
第7条　乙は、甲の書面による承諾を得ることなく、本物件の全部又は一部につき、賃借権を譲渡し、又は転貸してはならない。
2　乙は、甲の書面による承諾を得ることなく、本物件の増築、改築、移転、改造若しくは模様替又は本物件の敷地内における工作物の設置を行ってはならない。
3　乙は、本物件の使用に当たり、別表第1に掲げる行為を行ってはならない。
4　乙は、本物件の使用に当たり、甲の書面による承諾を得ることなく、別表第2に掲げる行為を行ってはならない。
5　乙は、本物件の使用に当たり、別表第3に掲げる行為を行う場合には、甲に通知しなければならない。

(修繕)
第8条　甲は、別表第4に掲げる修繕を除き、乙が本物件を使用するために必要な修繕を行わなければならない。この場合において、乙の故意又は過失により必要となった修繕に要する費用は、乙が負担しなければならない。
2　前項の規定に基づき甲が修繕を行う場合は、甲は、あらかじめ、その旨を乙に通知しなければならない。この場合において、乙は、正当な理由がある場合を除き、当該修繕の実施を拒否することができない。
3　乙は、甲の承諾を得ることなく、別表第4に掲げる修繕を自らの負担において行うことができる。

(契約の解除)
第9条　甲は、乙が次に掲げる義務に違反した場合において、甲が相当の期間を定めて当該義務の履行を催告したにもかかわらず、その期間内に当該義務が履行されないときは、本契約を解除することができる。
　一　第4条第1項に規定する賃料支払義務
　二　第5条第2項に規定する共益費支払義務
　三　前条第1項後段に規定する費用負担義務
2　甲は、乙が次に掲げる義務に違反した場合において、当該義務違反により本契約を継続することが困難であると認められるに至ったときは、本契約を解除することができる。
　一　第3条に規定する本物件の使用目的遵守義務
　二　第7条各項に規定する義務
　三　その他本契約書に規定する乙の義務

(乙からの解約)
第10条　乙は、甲に対して少なくとも1月前に解約の申入れを行うことにより、本契約を解約することができる。
2　前項の規定にかかわらず、乙は、解約申入れの日から1月分の賃料(本契約の解約後の賃料相当額を含む。)を甲に支払うことにより、解約申入れの日から起算して1月を経過する日までの間、随時に本契約を解約することができる。

(明渡し)
第11条　乙は、本契約が終了する日(甲が第2条第3項に規定する通知をしなかった場合においては、同条第4項ただし書きに規定する通知をした日から6月を経過した日)までに(第9条の規定に基づき本契約が解除された場合にあっては、直ちに)、本物件を明け渡さなければならない。この場合において、乙は、通常の使用に伴い生じた本物件の損耗を除き、本物件を原状回復しなければならない。
2　乙は、前項前段の明渡しをするときには、明渡し日を事前に甲に通知しなければならない。
3　甲及び乙は、第1項後段の規定に基づき乙が行う原状回復の内容及び方法について協議するものとする。

(立入り)
第12条　甲は、本物件の防火、本物件の構造の保全その他の本物件の管理上特に必要があるときは、あらかじめ乙の承諾を得て、本物件内に立ち入ることができる。
2　乙は、正当な理由がある場合を除き、前項の規定に基づく甲の立入りを拒否することはできない。
3　本契約終了後において本物件を賃借しようとする者又は本物件を譲り受けようとする者が下見をするときは、甲及び下見をする者は、あらかじめ乙の承諾を得て、本物件内に立ち入ることができる。
4　甲は、火災による延焼を防止する必要がある場合その他の緊急の必要がある場合においては、あらかじめ乙の承諾を得ることなく、本物件内に立ち入ることができる。この場合において、甲は、乙の不在時に立ち入ったときは、立入り後その旨を乙に通知しなければならない。

(連帯保証人)
第13条　連帯保証人は、乙と連帯して、本契約から生じる乙の債務(甲が第2条第3項に規定する通知をしなかった

場合においては、同条第1項に規定する期間内のものに限る。）を負担するものとする。

（再契約）
第14条　甲は、再契約の意向があるときは、第2条第3項に規定する通知の書面に、その旨を付記するものとする。
2　再契約をした場合は、第11条の規定は適用しない。ただし、本契約における原状回復の債務の履行については、再契約に係る賃貸借が終了する日までに行うこととし、敷金の返還については、明け渡しがあったものとして第6条第3項に規定するところによる。

（協議）
第15条　甲及び乙は、本契約書に定めがない事項及び本契約書の条項の解釈について疑義が生じた場合は、民法その他の法令及び慣行に従い、誠意をもって協議し、解決するものとする。

（特約条項）
第16条　本契約の特約については、下記のとおりとする。

別表第1（第7条第3項関係）

一	銃砲、刀剣類又は爆発性、発火性を有する危険な物品等を製造又は保管すること。
二	大型の金庫その他の重量の大きな物品等を搬入し、又は備え付けること。
三	排水管を腐食させるおそれのある液体を流すこと。
四	大音量でテレビ、ステレオ等の操作、ピアノ等の演奏を行うこと。
五	猛獣、毒蛇等の明らかに近隣に迷惑をかける動物を飼育すること。

別表第2（第7条第4項関係）

一	階段、廊下等の共用部分に物品を置くこと。
二	階段、廊下等の共用部分に看板、ポスター等の広告物を掲示すること。
三	鑑賞用の小鳥、魚等であって明らかに近隣に迷惑をかけるおそれのない動物以外の犬、猫等の動物（別表第1第五号に掲げる動物を除く。）を飼育すること。

別表第3（第7条第5項関係）

一	頭書(5)に記載する同居人に新たな同居人を追加（出生を除く。）すること。
二	1か月以上継続して本物件を留守にすること。

別表第4（第8条関係）

畳表の取替え、裏返し	ヒューズの取替え
障子紙の張替え	給水栓の取替え
ふすま紙の張替え	排水栓の取替え
電球、蛍光灯の取替え	その他費用が軽微な修繕

下記貸主（甲）と借主（乙）は、本物件について上記のとおり賃貸借契約を締結したことを証するため、本契約書2通を作成し、記名押印の上、各自その1通を保有する。

　　　　　年　　月　　日

貸　主（甲）　　住所

　　　　　　　　氏名　　　　　　　　　　　　　　　　　　　　　　　　　　㊞

借　主（乙）　　住所

　　　　　　　　氏名　　　　　　　　　　　　　　　　　　　　　　　　　　㊞

連帯保証人　　　住所

　　　　　　　　氏名　　　　　　　　　　　　　　　　　　　　　　　　　　㊞

媒介 ⎫
　　 ⎬業者　　免許証番号〔　　　　　　〕知事・国土交通大臣　　（　　　）第　　　号
代理 ⎭

　　　　　　　　事務所所在地

　　　　　　　　商　号（名称）

　　　　　　　　代表者氏名　　　　　　　　　　　　　　　　　　　　　　　㊞

　　　　　　　　宅地建物取引主任者　　登録番号〔　　　　　〕知事　第　　　　　号

　　　　　　　　氏　名　　　　　　　　　　　　　　　　　　　　　　　　　㊞

［様式15-3］

　　　　　　　　　　　　　　　　　　　　　　　　　　平成　　年　　月　　日

定期賃貸住宅契約についての説明

　　　　　　　　　　　　　　貸　主（甲）住所

　　　　　　　　　　　　　　　　　　　　氏名　　　　　　　　　　　　　　㊞

　　　　　　　　　　　　　　代理人　　　住所

　　　　　　　　　　　　　　　　　　　　氏名　　　　　　　　　　　　　　㊞

　下記住宅について定期建物賃貸借契約を締結するに当たり、借地借家法第38条第2項に基づき、次のとおり説明します。
　下記住宅の賃貸借契約は、更新がなく、期間の満了により賃貸借は終了しますので、期間の満了の日の翌日を始期とする新たな賃貸借契約（再契約）を締結する場合を除き、期間の満了の日までに、下記住宅を明け渡さなければなりません。

　　　　　　　　　　　　　　　　　　記

(1) 住　宅	名　　称		
	所　在　地		
	住　戸　番　号		
(2) 契約期間	始期	年　　月　　日から	年　　月間
	終期	年　　月　　日まで	

　上記住宅につきまして、借地借家法第38条第2項に基づく説明を受けました。
　　　　年　　月　　日

　　　　　　　　借　主（乙）住所
　　　　　　　　　　　　　　氏名　　　　　　　　　　　　　　　　　　　　㊞

[様式15-4]

平成　　年　　月　　日

定期賃貸住宅契約終了についての通知

（賃借人）住所

　　　　　氏名　　　　　　　　　殿

（賃貸人）住所

　　　　　氏名　　　　　　　　　　　　　㊞

　私が賃貸している下記住宅については、　　年　　月　　日に期間の満了により賃貸借が終了します。
　［なお、本物件については、期間の満了の日の翌日を始期とする新たな賃貸借契約（再契約）を締結する意向があることを申し添えます。］

記

(1) 住　宅	
名　称	
所 在 地	
住戸番号	

(2) 契約期間		
始　期	年　月　日から	年　　月間
終　期	年　月　日まで	

(注) 1　再契約の意向がある場合には、［　　］書きを記載してください。
　　 2　(1) 及び (2) の欄は、それぞれ頭書 (1) 及び (2) を参考にして記載してください。

［様式15-5］

平成　年　月　日

賃借権譲渡の承諾についてのお願い

（賃貸人）　住所

　　　　　　氏名　　　　　　　　　　　殿

　　　　　　　　　　（賃借人）　住所

　　　　　　　　　　　　　　　　氏名　　　　　　　　　　　㊞

私が賃借している下記(1)の住宅の賃借権の{全部・一部}を下記(2)の者に譲渡したいので承諾願います。

記

(1) 住　宅	名　　称	
	所 在 地	
	住戸番号	
(2) 譲受人	住　　所	
	氏　　名	

承　諾　書

上記について承諾いたします。

　（なお、　　　　　　　　　　　　　　　　　　　　　　　　　　　　　　）

　　　　　　年　月　日

　　　　　　　　　　（賃貸人）住所

　　　　　　　　　　　　　　　氏名　　　　　　　　　　　㊞

（注）
1　賃借人は、本承諾書の点線から上の部分を記載し、賃貸人に2通提出してください。賃貸人は、承諾する場合には本承諾書の点線から下の部分を記載し、1通を賃借人に返還し、1通を保管してください。
2　「全部」又は「一部」の該当する方に〇を付してください。
3　(1)の欄は、契約書頭書(1)を参考にして記載してください。
4　一部譲渡の場合は、譲渡部分を明確にするため、図面等を添付する必要があります。
5　承諾に当たっての確認事項等があれば、「なお、」の後に記載してください。

[様式15-6]

　　　　　　　　　　　　　　　　　　　　　　　　平成　　年　　月　　日

転貸の承諾についてのお願い

(賃貸人) 住所
　　　　氏名　　　　　　　　　殿

　　　　　　　　　　　　　(賃借人) 住所
　　　　　　　　　　　　　　　　　氏名　　　　　　　　　　　　　　㊞

私が賃借している下記 (1) の住宅の賃借権の{全部・一部}を下記 (2) の者に譲渡したいので承諾願います。

　　　　　　　　　　　　　　　　　記

(1) 住宅	名　　称	
	所在地	
	住戸番号	
(2) 転借人	住　　所	
	氏　　名	

承　諾　書

　上記について承諾いたします。
(なお、　　　　　　　　　　　　　　　　　　　　　　　　　　　　　　)

　　　　　年　　月　　日
　　　　　　　　　　(賃貸人) 住所
　　　　　　　　　　　　　　氏名　　　　　　　　　　　　　　　　㊞

(注)
1　賃借人は、本承諾書の点線から上の部分を記載し、賃貸人に2通提出してください。賃貸人は、承諾する場合には本承諾書の点線から下の部分を記載し、1通を賃借人に返還し、1通を保管してください。
2　「全部」又は「一部」の該当する方に○を付けてください。
3　(1) の欄は、契約書頭書 (1) を参考にして記載してください。
4　一部転貸の場合は、転貸部分を明確にするため、図面等を添付する必要があります。
5　承諾に当たっての確認事項等があれば、「なお、」の後に記載してください。

[様式15-7]

平成　　年　　月　　日

増改築等の承諾についてのお願い

（賃貸人）住所
　　　　　氏名　　　　　　　　　殿

　　　　　　　　　　　（賃借人）住所
　　　　　　　　　　　　　　　　氏名　　　　　　　　　　　　　　　　㊞

　私が賃借している下記(1)の住宅の増改築等を、下記(2)のとおり行いたいので承諾願います。

記

(1) 住　宅	名　　称	
	所　在　地	
	住戸番号	
(2) 増改築等の概要	別紙のとおり	

承　諾　書

　上記について承諾いたします。
　（なお、　　　　　　　　　　　　　　　　　　　　　　　　　　　　　）

　　　　　年　　月　　日
　　　　　　　　　　　（賃貸人）住所
　　　　　　　　　　　　　　　　氏名　　　　　　　　　　　　　　　　㊞

（注）
1　賃借人は、本承諾書の点線から上の部分を記載し、賃貸人に2通提出してください。賃貸人は、承諾する場合には本承諾書の点線から下の部分を記載し、1通を賃貸人に返還し、1通を保管してください。
2　「増改築等」とは、契約書第7条第2項に規定する「増築、改築、移転、改造若しくは模様替又は本物件の敷地内における工作物の設置」をいいます。
3　(1)の欄は、契約書頭書(1)を参考にして記載してください。
4　増改築等の概要を示した別紙を添付する必要があります。
5　承諾に当たっての確認事項等があれば、「なお、」の後に記載してください。

[様式15-8]

平成　　年　　月　　日

契約書別表第2に掲げる行為の実施承諾についてのお願い

(賃貸人)　住所
　　　　　氏名　　　　　　　　殿

　　　　　　　　　　　　　　(賃借人)　住所
　　　　　　　　　　　　　　　　　　　氏名　　　　　　　　　　　　　　㊞

　私が賃借している下記(1)の住宅において、契約書別表第2第○号に当たる下記(2)の行為を行いたいので、承諾願います。

記

(1) 住宅	名　称	
	所在地	
	住戸番号	
(2) 行為の内容		

承　諾　書

　上記について承諾いたします。
　(なお、　　　　　　　　　　　　　　　　　　　　　　　　　　　　　　　　　　)

　　　　　　　　　　年　　月　　日
　　　　　　　　　　　　　　(賃貸人)　住所
　　　　　　　　　　　　　　　　　　　氏名　　　　　　　　　　　　　　㊞

(注)
1　賃借人は、本承諾書の点線から上の部分を記載し、賃貸人に2通提出してください。賃貸人は、承諾する場合には本承諾書の点線から下の部分を記載し、1通を賃借人に返還し、1通を保管してください。
2　「第○号」の○には、別表第2の該当する号を記載してください。
3　(1)の欄は、契約書頭書(1)を参考にして記載してください。
4　(2)の欄には、行為の内容を具体的に記載してください。
5　承諾に当たっての確認事項等があれば、「なお、」の後に記載してください。

[様式15-9]

終身建物賃貸借標準契約書

[家賃の毎月払いの場合（A）]

(1) 賃貸借の目的物

<table>
<tr><td rowspan="4">建物の名称・所在地等</td><td>名　称</td><td colspan="5"></td></tr>
<tr><td>所在地</td><td colspan="5"></td></tr>
<tr><td rowspan="2">建て方</td><td rowspan="2">共同建
長屋建
一戸建
その他</td><td rowspan="2">構　造</td><td>木造
非木造</td><td colspan="2">工事完了年</td></tr>
<tr><td>　　　　階建</td><td rowspan="2">戸　数</td><td rowspan="2">　　　戸</td></tr>
<tr><td rowspan="11">住戸部分</td><td>住戸番号</td><td colspan="2">　　　　　　　号室</td><td>間取り</td><td colspan="2">（　）LDK・DK・K ／ ワンルーム ／</td></tr>
<tr><td>面　積</td><td colspan="5">　　　　　　m²</td></tr>
</table>

<table>
<tr><td rowspan="2">建物の名称・所在地等（続）</td><td rowspan="2">建て方</td><td></td><td></td><td></td><td>年
大修繕等を（　）年に
実施</td></tr>
</table>

住戸部分	設備等	加齢対応構造等 トイレ 浴室 シャワー 給湯設備 こんろ 冷暖房設備	有 専用（水洗・非水洗） 有・無 有・無 有・無 有（電気・ガス）・無 有・無 有・無 有・無
		使用可能電気容量 ガス 上水道 下水道	（　　　）アンペア 有（都市ガス・プロパンガス）・無 水道本管より直結・受水槽・井戸水 有（公共下水道・浄化槽）・無
共用部分	設備等	談話室 食堂	有・無 有・無 有・無 有・無
	附属施設	駐車場 自転車置場 物置 専用庭	含む・含まない 含む・含まない 含む・含まない 含む・含まない 含む・含まない

(2) 契約の始期並びに契約の存続及び終了

始　期	年　　　月　　　日
存続及び終了	借主の死亡に至るまで存続し、かつ、借主が死亡した時に終了する。

(3) 賃料等

賃料の支払い方法	額	支払期限
毎月払い	円	当月分・翌月分を毎月　　　日まで

共益費	額	支払期限
	円	当月分・翌月分を毎月　　　日まで

敷金	賃料　　か月相当分　　　　　円
附属施設使用料	円
その他	

支払方法	振込・持参払いの別	振込先又は持参先
	振込の場合	振込先金融機関名： 預　　　金：普通・当座 口　座　番　号： 口　座　名　義　人：
	持参払いの場合	持参先：

(4) 貸主及び管理人

貸主 (社名・代表者)	住所 〒 氏名　　　　　　　　　　電話番号 事業の認可番号 〔　　　　　　　〕知事・国土交通大臣　第　　　　号
管理人 (社名・代表者)	住所 〒 氏名　　　　　　　　　　電話番号

※ 貸主と建物の所有者が異なる場合は、次の欄も記載すること。

建物の所有者	住所 〒 氏名　　　　　　　　　　電話番号

(5) 借主及び同居人

	借主	同居人
氏　　名 生年月日	 　　　年　　月　　日生	年　　月　　日生 借主との続柄 　　　　　　　　　　　年　　月　　日生 借主との続柄 　　　　　　　　　　　年　　月　　日生 借主との続柄 　　　　　　　　合計　　　　人
緊急時の連絡先	住所 〒 氏名　　　　　　　　電話番号　　　　借主との関係	

終身建物賃貸借標準契約書

[終身にわたる家賃の全部前払いの場合（B）]

(1) 賃貸借の目的物

<table>
<tr><td rowspan="4">建物の名称・所在地等</td><td>名　称</td><td colspan="5"></td></tr>
<tr><td>所在地</td><td colspan="5"></td></tr>
<tr><td rowspan="2">建て方</td><td rowspan="2">共同建
長屋建
一戸建
その他</td><td rowspan="2">構　造</td><td>木造
非木造</td><td colspan="2">工事完了年</td></tr>
<tr><td>　　　　階建</td><td colspan="2">　　　　　　　　年
大修繕等を（　）年に
実施</td></tr>
<tr><td rowspan="10">住戸部分</td><td colspan="2">住戸番号</td><td>　　　　　　　号室</td><td>間取り</td><td colspan="2">（　）LDK・DK・K　／　ワンルーム　／</td></tr>
<tr><td colspan="2">面　積</td><td colspan="4">　　　　　　㎡</td></tr>
<tr><td rowspan="8">設　備　等</td><td>加齢対応構造等
トイレ
浴室
シャワー
給湯設備
こんろ
冷暖房設備</td><td colspan="4">有
専用（水洗・非水洗）
有・無
有・無
有・無
有（電気・ガス）・無
有・無
有・無
有・無</td></tr>
<tr><td>使用可能電気容量
ガス
上水道
下水道</td><td colspan="4">（　　　　）アンペア
有（都市ガス・プロパンガス）・無
水道本管より直結・受水槽・井戸水
有（公共下水道・浄化槽）・無</td></tr>
<tr><td rowspan="2">共用部分</td><td rowspan="2">設　備　等</td><td>談話室
食堂</td><td colspan="4">有・無
有・無
有・無
有・無</td></tr>
<tr><td></td><td colspan="4"></td></tr>
<tr><td colspan="2">附属施設</td><td>駐車場
自転車置場
物置
専用庭</td><td colspan="4">含む・含まない
含む・含まない
含む・含まない
含む・含まない
含む・含まない</td></tr>
</table>

(2) 契約の始期並びに契約の存続及び終了

始　期	年　　　月　　　日
存続及び終了	借主の死亡に至るまで存続し、かつ、借主が死亡した時に終了する。

(3) 賃料等

賃料の支払い方法	額	支払期限
終身にわたる家賃の全部前払い	円	年　月　日まで
共益費	額	支払期限
	円	当月分・翌月分を毎月　　　日まで
敷金	賃料　　か月相当分　　　　円	
附属施設使用料	円	
その他		
支払方法	振込・持参払いの別	振込先又は持参先
	振込の場合	振込先金融機関名： 預　　金：普通・当座 口座番号： 口座名義人：
	持参払いの場合	持参先：

(4) 貸主及び管理人

貸主 (社名・代表者)	住所 〒 氏名　　　　　　　　　　　電話番号 事業の認可番号 〔　　　　　　　〕知事・国土交通大臣　　第　　　　号
管理人 (社名・代表者)	住所 〒 氏名　　　　　　　　　　　電話番号

※ 貸主と建物の所有者が異なる場合は、次の欄も記載すること。

建物の所有者	住所 〒 氏名　　　　　　　　　　　電話番号

(5) 借主及び同居人

	借主	同居人
氏名 生年月日	 　　　　　　　年　月　日生	年　月　日生 借主との続柄 　　　　　　　　　　年　月　日生 借主との続柄 　　　　　　　　　　年　月　日生 借主との続柄 合計　　　人
緊急時の連絡先	住所 〒 氏名　　　　　　　電話番号　　　　借主との関係	

終身建物賃貸借標準契約書

[終身にわたる家賃の一部前払いの場合（C）]

(1) 賃貸借の目的物

<table>
<tr><td rowspan="8">建物の名称・所在地等</td><td colspan="2">名　称</td><td colspan="4"></td></tr>
<tr><td colspan="2">所在地</td><td colspan="4"></td></tr>
<tr><td rowspan="3">建て方</td><td rowspan="3">共同建
長屋建
一戸建
その他</td><td rowspan="2">構　造</td><td>木造
非木造</td><td colspan="2">工事完了年</td></tr>
<tr><td>階建</td><td colspan="2" rowspan="2">　　　　　年
大修繕等を（　）年に
実施</td></tr>
<tr><td>戸　数</td><td>戸</td></tr>
<tr><td rowspan="3">住戸部分</td><td colspan="2">住戸番号</td><td>号室</td><td>間取り</td><td colspan="2">（　）LDK・DK・K　／　ワンルーム　／</td></tr>
<tr><td colspan="2">面　積</td><td colspan="4">m²</td></tr>
<tr><td rowspan="2">設備等</td><td>加齢対応構造等
トイレ
浴室
シャワー
給湯設備
こんろ
冷暖房設備</td><td colspan="4">有
専用（水洗・非水洗）
有・無
有・無
有・無
有（電気・ガス）・無
有・無
有・無
有・無</td></tr>
<tr><td>使用可能電気容量
ガス
上水道
下水道</td><td colspan="4">（　　　）アンペア
有（都市ガス・プロパンガス）・無
水道本管より直結・受水槽・井戸水
有（公共下水道・浄化槽）・無</td></tr>
<tr><td rowspan="1">共用部分</td><td colspan="2">設備等</td><td>談話室
食堂</td><td colspan="3">有・無
有・無
有・無
有・無</td></tr>
<tr><td colspan="3">附属施設</td><td>駐車場
自転車置場
物置
専用庭</td><td colspan="3">含む・含まない
含む・含まない
含む・含まない
含む・含まない
含む・含まない
含む・含まない</td></tr>
</table>

(2) 契約の始期並びに契約の存続及び終了

始　期	年　　月　　日
存続及び終了	借主の死亡に至るまで存続し、かつ、借主が死亡した時に終了する。

(3) 賃料等

賃料の支払い方法		額	支払期限
終身にわたる家賃の一部前払い及び毎月払い	前払い部分	円	年　月　日まで
	毎月払い	円	当月分・翌月分を毎月　　日まで
共益費		額	支払期限
		円	当月分・翌月分を毎月　　日まで
敷金	賃料　　か月相当分	円	
附属施設使用料		円	
そ の 他			
支払方法	振込・持参払いの別	振込先又は持参先	
	振込の場合	振込先金融機関名： 預　　　金：普通・当座 口 座 番 号： 口 座 名 義 人：	
	持参払いの場合	持参先：	

(4) 貸主及び管理人

貸　主 (社名・代表者)	住所　〒
	氏名　　　　　　　　　　　電話番号
	事業の認可番号 〔　　　　　　　〕知事・国土交通大臣　　第　　　　　号
管 理 人 (社名・代表者)	住所　〒
	氏名　　　　　　　　　　　電話番号

※ 貸主と建物の所有者が異なる場合は、次の欄も記載すること。

建物の所有者	住所　〒
	氏名　　　　　　　　　　　電話番号

(5) 借主及び同居人

	借　主	同 居 人
氏　　名 生 年 月 日		年　月　日生 借主との続柄
		年　月　日生 借主との続柄
		年　月　日生 借主との続柄
	年　月　日生	合　計　　　　人
緊急時の連絡先	住所　〒 氏名　　　　　　　電話番号　　　　借主との関係	

(契約の締結)
第1条　貸主(以下「甲」という。)及び借主(以下「乙」という。)は、頭書(1)に記載する賃貸借の目的物(以下「本物件」という。)について、以下の条項により高齢者の居住の安定確保に関する法律(以下「法」という。)第56条に規定する終身建物賃貸借契約(以下「本契約」という。)を締結した。

(契約の始期)
第2条　本契約の始期は、頭書(2)に記載するとおりとする。

(契約の存続及び終了)
第3条　本契約は、乙の死亡に至るまで存続し、かつ、乙が死亡した時に終了する。

(使用目的)
第4条　乙は、居住のみを目的として本物件を使用しなければならない。

(賃料)
第5条(A)　乙は、頭書(3)の記載に従い、賃料を甲に支払わなければならない。
2　1か月に満たない期間の賃料は、1か月を30日として日割計算した額とする。
3　甲及び乙は、次の各号のいずれかに該当する場合には、協議の上、賃料を改定することができる。
　一　土地又は建物に対する租税その他の負担の増減により賃料が不相当となった場合
　二　土地又は建物の価格の上昇又は低下その他の経済事情の変動により賃料が不相当となった場合
　三　近傍同種の建物の賃料に比較して賃料が不相当となった場合

第5条(B)　乙は、頭書(3)の記載に従い、賃料を甲に支払わなければならない。
2　頭書(3)の前払いに係る賃料は、終身にわたる家賃の全部として次の計算により算定して得た額とする。
　　1か月分の賃料　　　　円×乙の想定居住月数＋〔想定居住月数を超えて契約が継続する場合に備えて甲が受領する額〕
3　甲は、前項に規定する想定居住月数を経過するより前に乙の死亡があったとき又は当該居住月数を経過するより前に本契約の解除若しくは解約があったときは、遅滞なく、次の算式により算定して得た額を乙に返還しなければならない。
　　1か月分の賃料　　　　円×(乙の想定居住月数－現に経過した月数＝　　か月)
4　甲は、法第58条第7号の規定に従い、前払家賃の返還債務を負うこととなる場合に備えて以下の保全措置を講じなければならない。
　＜具体的な保全措置＞
5　甲及び乙は、賃料の改定は行わないこととし、借地借家法第32条の適用はないものとする。

第5条(C)　乙は、頭書(3)の記載に従い、賃料を甲に支払わなければならない。
2　1か月に満たない期間の賃料は、1か月を30日として日割計算した額とする。
3　甲及び乙は、次の各号のいずれかに該当する場合には、協議の上、賃料を改定することができる。
　一　土地又は建物に対する租税その他の負担の増減により賃料が不相当となった場合
　二　土地又は建物の価格の上昇又は低下その他の経済事情の変動により賃料が不相当となった場合
　三　近傍同種の建物の賃料に比較して賃料が不相当となった場合
4　頭書(3)の前払いに係る賃料は、終身にわたる家賃の一部として次の計算により算定して得た額とする。
　　1か月分の賃料　　　　円×乙の想定居住月数＋〔想定居住月数を超えて契約が継続する場合に備えて甲が受領する額〕
5　甲は、前項に規定する想定居住月数を経過するより前に乙の死亡があったとき又は当該居住月数を経過するより前に本契約の解除若しくは解約があったときは、遅滞なく、次の算式により算定して得た額を乙に返還しなければならない。
　　1か月分の賃料　　　　円×(乙の想定居住月数－現に経過した月数＝　　か月)
6　甲は、法第58条第7号の規定に従い、前払家賃の返還債務を負うこととなる場合に備えて以下の保全措置を講じなければならない。

＜具体的な保全措置＞
(共益費)
第6条　乙は、階段、廊下等の共用部分の維持管理に必要な光熱費、上下水道使用料、清掃費等(以下この条において「維持管理費」という。)に充てるため、共益費を甲に支払うものとする。
2　前項の共益費は、頭書(3)の記載に従い、支払わなければならない。
3　1か月に満たない期間の共益費は、1か月を30日として日割計算した額とする。

4　甲及び乙は、維持管理費の増減により共益費が不相当となったときは、協議の上、共益費を改定することができる。

(敷金)
第7条　乙は、本契約から生じる債務の担保として、頭書(3)の記載する敷金を甲に預けるものとする。
2　乙は、本物件を明け渡すまでの間、敷金をもって賃料、共益費その他の債務と相殺をすることができない。
3　甲は、本物件の明渡しがあったときは、遅滞なく、敷金の全額を無利息で乙に返還しなければならない。ただし、甲は、本物件の明渡し時に、賃料の滞納、原状回復に要する費用の未払いその他の本契約から生じる乙の債務の不履行が存在する場合には、当該債務の額を敷金から差し引くことができる。
4　前項ただし書の場合には、甲は、敷金から差し引く債務の額の内訳を乙に明示しなければならない。

(禁止又は制限される行為)
第8条　乙は、本物件の全部又は一部につき、賃借権を譲渡し、又は転貸してはならない。
2　乙は、甲の書面による承諾を得ることなく、本物件の増築、改築、移転、改造若しくは模様替又は本物件の敷地内における工作物の設置を行ってはならない。
3　乙は、本物件の使用に当たり、別表第1に掲げる行為を行ってはならない。
4　乙は、本物件の使用に当たり、甲の書面による承諾を得ることなく、別表第2に掲げる行為を行ってはならない。
5　乙は、本物件の使用に当たり、別表第3に掲げる行為を行う場合には、甲に通知しなければならない。

(修繕)
第9条　甲は、別表第4に掲げる修繕を除き、乙が本物件を使用するために必要な修繕を行わなければならない。この場合において、乙の故意又は過失により必要となった修繕に要する費用は、乙が負担しなければならない。
2　前項の規定に基づき甲が修繕を行う場合は、甲は、あらかじめ、その旨を乙に通知しなければならない。この場合において、乙は、正当な理由がある場合を除き、当該修繕の実施を拒否することができない。
3　乙は、甲の承諾を得ることなく、別表第4に掲げる修繕を自らの負担において行うことができる。

(契約の解除)
第10条　甲は、乙が次に掲げる義務に違反した場合において、甲が相当の期間を定めて当該義務の履行を催告したにもかかわらず、その期間内に当該義務が履行されないときは、本契約を解除することができる。
　一　第5条第1項に規定する賃料支払義務
　二　第6条第2項に規定する共益費支払義務
　三　前条第1項後段に規定する費用負担義務
2　甲は、乙が次に掲げる義務に違反した場合において、当該義務違反により本契約を継続することが困難であると認められるに至ったときは、本契約を解除することができる。
　一　第4条に規定する本物件の使用目的遵守義務
　二　第8条各項に規定する義務
　三　その他本契約書に規定する乙の義務
3　甲は、乙が年齢を偽って入居資格を有すると誤認させるなどの不正の行為によって本物件に入居したときは、本契約を解除することができる。

(甲からの解約)
第11条　甲は、次のいずれかに該当する場合に限り、都道府県知事の承認を受けて、乙に対して少なくとも6月前に解約の申入れを行うことにより、本契約を解約することができる。
　一　本物件の老朽、損傷、一部の滅失その他の事由により、家賃の価額その他の事情に照らし、本物件を法第58条第2号に掲げる基準等を勘案して適切な規模、構造及び設備を有する賃貸住宅として維持し、又は当該賃貸住宅に回復するのに過分の費用を要するに至ったとき。
　二　乙が本物件に長期間にわたって居住せず、かつ、当面居住する見込みがないことにより、本物件を適正に管理することが困難となったとき。

(乙からの解約)
第12条　乙は、次のいずれかに該当する場合には、甲に対して少なくとも1月前に解約の申入れを行うことにより、本契約を解約することができる。
　一　療養、老人ホームへの入所その他のやむを得ない事情により、乙が本物件に居住することが困難となったとき。
　二　親族と同居するため、乙が本物件に居住する必要がなくなったとき。

三　甲が法第72条の規定による命令に違反したとき。
2　乙は、前項各号に該当しない場合にあっては、甲に対して少なくとも6月前に解約の申入れを行うことにより、本契約を解約することができる。
3　前2項の規定にかかわらず、乙は、第1項の場合にあっては解約申入れの日から1か月分の賃料（本契約の解約後の賃料相当額を含む。以下この項において同じ。）を甲に支払うことにより解約申入れの日から起算して1月を経過する日までの間、前項の場合にあっては解約申入れの日から6月分の賃料を甲に支払うことにより解約申入れの日から起算して6月を経過する日までの間、随時に本契約を解約することができる。

（明渡し）
第13条　乙は、第10条の規定に基づき本契約が解除された場合にあっては直ちに、第11条又は前条の規定に基づき本契約が解約された場合にあっては本契約が終了する日までに、乙の死亡があった場合にあっては乙の同居人のうち乙の配偶者又は60歳以上の親族（本物件の借主である者を除く。以下「同居配偶者等」という。）が本物件に引き続き居住することに反対の意思を表示したとき又は同居配偶者等が第18条第1項本文に規定する期間内に同項本文に規定する申出を行わなかったときから1月を経過する日までに、本物件を明け渡さなければならない。この場合において、乙は、通常の使用に伴い生じた本物件の損耗を除き、本物件を原状回復しなければならない。
2　乙は、前項前段の明渡しをするときには、明渡し日を事前に甲に通知しなければならない。
3　甲及び乙は、第1項後段の規定に基づき乙が行う原状回復の内容及び方法（次条に規定するものを除く。）について協議するものとする。
4　乙の死亡があった場合であって、同居配偶者等が第18条第1項本文に規定する期間内に同項本文に規定する申出を行ったときは、乙は、本物件の明渡しを行うことを要しない。ただし、敷金の返還については、明渡しがあったものとして第7条第3項に規定するところによる。

（残置物の引取り等）
第14条　乙は、乙の死亡により本契約が終了した後に乙の残置物がある場合に備えて、あらかじめ、当該残置物の引取人（以下「残置物引取人」という。）を定めることができる。
2　前項の規定により残置物引取人を定めた場合にあっては、甲は、乙の死亡により本契約が終了した後遅滞なく、乙又は残置物引取人に本契約が終了した旨を連絡するものとする。
3　乙又は残置物引取人は、同居配偶者等が本物件に引き続き居住することに反対の意思を表示したとき又は同居配偶者等が第18条第1項本文に規定する期間内に同項本文に規定する申出を行わなかったときから1月を経過する日までに、当該残置物を引き取らなければならない。
4　甲は、乙又は残置物引取人が、同居配偶者等が本物件に引き続き居住することに反対の意思を表示したとき又は同居配偶者等が第18条第1項本文に規定する期間内に同項本文に規定する申出を行わなかったときから1月を経過する日までに当該残置物を引き取らない場合にあっては、当該残置物を乙又は残置物引取人に引き渡すものとする。この場合においては、当該引渡しの費用を敷金から差し引くことができる。
5　甲は、乙が残置物引取人を定めない場合にあっては、同居配偶者等が本物件に引き続き居住することに反対の意思を表示したとき又は同居配偶者等が第18条第1項本文に規定する期間内に同項本文に規定する申出を行わなかったときから1月を経過したときは、当該残置物を処分することができるものとする。この場合においては、当該処分の費用を敷金から差し引くことができる。

（立入り）
第15条　甲は、本物件の防火、本物件の構造の保全その他の本物件の管理上特に必要があるときは、あらかじめ乙の承諾を得て、本物件内に立ち入ることができる。
2　乙は、正当な理由がある場合を除き、前項の規定に基づく甲の立入りを拒否することはできない。
3　本契約終了後において本物件を賃借しようとする者又は本物件を譲り受けようとする者が下見をするときは、甲及び下見をする者は、あらかじめ乙の承諾を得て、本物件内に立ち入ることができる。
4　甲は、火災による延焼を防止する必要がある場合その他の緊急の必要がある場合においては、あらかじめ乙の承諾を得ることなく、本物件内に立ち入ることができる。この場合において、甲は乙の不在時に立ち入ったときは、立入り後その旨を乙に通知しなければならない。

（債務の保証）
第16条（A）　乙は、別に定めるところにより、高齢者居住支援センターに自らの家賃に係る債務を保証させるものとする。
第16条（B）　連帯保証人は、乙と連帯して、本契約から生じる乙の債務を負担するものとする。

(同居人の一時居住)
第17条　甲は、乙の死亡があった場合においては、乙の死亡があった時から乙の同居人（本物件の借主である者を除く。以下この条において同じ。）がそれを知った日から1月を経過する日までの間（同居配偶者等が次条第1項本文に規定する期間内に同項本文に規定する申出を行った場合は、乙の死亡があったときから同項本文の規定による契約を締結するまでの間）は、乙の同居人を引き続き本物件に居住させなければならない。ただし、当該期間内に、乙の同居人が死亡し、又は甲に反対の意思を表示したときは、この限りでない。
2　前項の場合においては、乙の同居人は、甲に対し、本契約と同一の家賃を支払わなければならない。

(同居配偶者等の継続居住)
第18条　甲は、乙の死亡があった場合において、同居配偶者等が乙の死亡があったことを知った日から1月を経過する日までの間に甲に対し本物件に引き続き居住する旨の申出を行ったときは、同居配偶者等と法第56条に規定する終身建物賃貸借契約を締結しなければならない。ただし、この申出に併せて法第61条の規定による申出があったときは、同居配偶者等と法第61条の規定による期間付死亡時終了建物賃貸借の契約を締結しなければならない。
2　前項の建物賃貸借契約の条件は、本契約と同一のものとする。

(協議)
第19条　甲及び乙は、本契約書に定めがない事項及び本契約書の条項の解釈について疑義が生じた場合は、民法、借地借家法その他の法令及び慣行に従い、誠意をもって協議し、解決するものとする。

(特約条項)
第20条　本契約の特約については、下記のとおりとする。

※　特約事項例
　①　賃料の増減額にスライドさせて敷金などを増減額させる場合、その内容
　②　駐車場、自転車置場、庭などがある場合、その使用方法など
　③　契約終了後の乙の不法な居住の継続に対し違約金を課す場合、その内容

別表第1（第8条第3項関係）

一　銃砲、刀剣類又は爆発性、発火性を有する危険な物品等を製造又は保管すること。
二　大型の金庫その他の重量の大きな物品等を搬入し、又は備え付けること。
三　排水管を腐食させるおそれのある液体を流すこと。
四　大音量でテレビ、ステレオ等の操作、ピアノ等の演奏を行うこと。
五　猛獣、毒蛇等の明らかに近隣に迷惑をかける動物を飼育すること。

別表第2（第8条第4項関係）

一　階段、廊下等の共用部分に物品を置くこと。
二　階段、廊下等の共用部分に看板、ポスター等の広告物を掲示すること。
三　観賞用の小鳥、魚等であって明らかに近隣に迷惑をかけるおそれのない動物以外の犬、猫等の動物（別表第1第五号に掲げる動物を除く。）を飼育すること。
四　頭書(5)に記載する同居人に新たな同居人を追加すること（別表第3第一号又は第二号に規定する場合を除く。）。

別表第3（第8条第5項関係）

一　頭書(5)に記載する同居人に新たな同居人として介護者を追加すること。
二　頭書(5)に記載する同居人に出生により新たな同居人を追加すること。
三　1か月以上継続して本物件を留守にすること。

別表第4（第9条関係）

畳表の取替え、裏返し	ヒューズの取替え
障子紙の張替え	給水栓の取替え
ふすま紙の張替え	排水栓の取替え
電球、蛍光灯の取替え	その他費用が軽微な修繕

下記貸主（甲）と借主（乙）は、本物件について上記のとおり賃貸借契約を締結したことを証するため、本契約書2通を作成し、記名押印の上、各自その1通を保有する。

　　　年　　月　　日

　　貸主（甲）　　住所

　　　　　　　　　氏名　　　　　　　　　　　　　　　　㊞

　　借主（乙）　　住所

　　　　　　　　　氏名　　　　　　　　　　　　　　　　㊞

　　　　　※　残置物引取人を定める場合

　残置物引取人　　住所

　　　　　　　　　氏名　　　　　　　　　　　　　　　　㊞

　　　　　※　連帯保証人をたてる場合

　連帯保証人　　　住所

　　　　　　　　　氏名　　　　　　　　　　　　　　　　㊞

媒介 ｝業者　　免許証番号〔　　　　　　　　〕知事・国土交通大臣（　　）第　　　　　号
代理

　　　　　　　　事務所所在地

　　　　　　　　商号（名称）　　　　　　　　　　　　　㊞

　　　　　　　　代表者氏名　　　　　　　　　　　　　　㊞

　　　　　　　　宅地建物取引主任者　登録番号〔　　　　〕知事　第　　　　　号

　　　　　　　　　　　　氏名　　　　　　　　　　　　　㊞

[様式16]

　　　　　　　　　　　　　　　　　　　　　　　　　平成　　年　　月　　日

(貸主)

_____殿

　　　　　　(連帯保証人)
　　　　　　　　　　　　住所
　　　　　　　　　　　　氏名　　　　　　　　　　　　　　　　　(実印)
　　　　　　　　　　　　電話番号　　　　　(　　　)

連 帯 保 証 人 承 諾 書

　私は、借主　　　　　　　　　が契約する別紙『賃貸借契約書』に記載の借主が負担する一切の債務につき、連帯保証人として、契約更新後を含む全期間、借主と連帯して履行することを承諾いたします。

```
(印鑑登録証明書貼付欄)　　発行後3か月以内のもの



```

[様式17]

平成　　年　　月　　日

(宅建業者商号等)

(宅建業者名)

　　　　　　　　　　　　　　　　殿

　　　　　　　　　　　　　　　　　　　　(住　所)

　　　　　　　　　　　　　　　　　　　　(氏　名)　　　　　　　　　　　　　㊞

　　　　　　　　　　　　　　　　　　　　(電話番号)　　　　　(　　)

賃貸借契約締結に係る代行処理依頼書

　拝啓　益々ご清栄のこととお慶び申し上げます。
　さて、次の契約については、所用により出席できません。
　つきましては、署名押印した賃貸借契約書並びに領収書を貴殿あてにご送付いたしますので、下記事項の処理の代行を依頼いたします。
　契約に際して、借主に対して、同書面を提示し、立場と責任範囲を明確にしたうえで、代行処理をお願いします。

　　　[契約物件]
　　　　① 契約日　平成　　年　　月　　日（　）
　　　　② 建物名　　　　　　　　　　［　　号室］
　　　　③ 契約者

　　　　　　　　　　　　　　　　　　　　　　　　　　　　敬具

記

　　　[賃貸借契約締結に伴う依頼事項]
　　　　① 賃貸借契約書の交付
　　　　② 契約に伴う金銭の受領
　　　　③ 金銭の受領に伴う領収書の交付
　　　　④ 鍵の引渡し
　　　　⑤ 鍵の引渡しに伴う『鍵受領書』の受領

　　　　　　　　　　　　　　　　　　　　　　　　　　　　以上

[様式18]

平成　　年　　月　　日

(貸主)

　_____殿

　　　　　　　　　　　(事務所所在地)
　　　　　　　　　　　(宅建業者商号等)
　　　　　　　　　　　(代表者名)　　　　　　　　　　　　　　　　　㊞
　　　　　　　　　　　(電話番号)
　　　　　　　　　　　(FAX番号)
　　　　　　　　　　　(担当者氏名)

入居申込撤回に関する報告

拝啓　益々ご清栄のこととお慶び申し上げます。
さて、下記のとおり、入居申込の撤回申出がありましたので、処理内容をご報告いたします。

　　　　　　　　　　　　　　　　　　　　　　　　　　　　　　敬具

記

1. 対象物件等
　　① 申込日　　　　平成　　年　　月　　日（　　）
　　② 建物名　　　　　　　　　　　　　　[　　号室]
　　③ 申込者
　　④ 撤回日　　　　平成　　年　　月　　日（　　）

2. 撤回理由

3. 撤回に対する評価

4. 処理対応
　　① 入居申込書　　　　→ [返還処理済・預かり・破棄・その他（　　　　　　　　）]
　　② その他
　　　預かり金　（有・無）→ [返還処理済・預かり・受領・その他（　　　　　　　　）]

　　　　　　　　　　　　　　　　　　　　　　　　　　　　　　　　以上

[様式19-1]

重要事項説明（建物の貸借）

　別添の重要事項説明書は、冒頭に記載の不動産について、当該不動産を借りようとする者があらかじめ知っておくべき最小限の事項を列記したものです。
　宅地建物取引業法第35条には、宅地建物取引業者の義務として、宅地建物取引主任者によって書面を交付して説明しなければならない一定の事項が掲げられており、重要事項説明書はこの義務に対応するものです。
　重要事項説明の内容は大別すると「Ⅰ 対象となる建物に直接関係する事項」と「Ⅱ 取引条件に関する事項」に分けられます。
　なお、宅地建物取引業法第35条以外に同法第34条第2項及び第35条の2で説明が義務付けられている事項を冒頭及び「Ⅲ その他の事項」で併せて説明いたします。

○取引の態様（宅地建物取引業法第34条第2項）

【Ⅰ】　対象となる建物に直接関係する事項
　1　登記記録に記録された事項
　2　法令に基づく制限の概要
　3　飲用水・電気・ガスの供給施設及び排水施設の整備状況
　4　建物建築の工事完了時における形状、構造等（未完成物件のとき）
　5　建物の設備の整備の状況（完成物件のとき）
　6　当該建物が造成宅地防災区域内か否か
　7　当該建物が土砂災害警戒区域内か否か
　8　石綿使用調査の内容
　9　耐震診断の内容

【Ⅱ】　取引条件に関する事項
　1　借賃以外に授受される金額
　2　契約の解除に関する事項
　3　損害賠償額の予定又は違約金に関する事項
　4　支払金又は預り金の保全措置の概要
　5　金銭の貸借のあっせん
　6　契約期間及び更新に関する事項
　7　用途その他の利用の制限に関する事項
　8　敷金等の精算に関する事項
　9　管理の委託先

【Ⅲ】　その他の事項
　1　供託所等に関する説明（宅地建物取引業法第35条の2）

　いずれも取引に当たっての判断に影響を与える重要な事項ですので、説明をよくお聞きいただき、十分御理解の上、意思決定をして下さるようお願いいたします。

[様式19-2]　標準重要事項説明書

重要事項説明書
（建物の貸借）

殿

年　月　日

下記の不動産について、宅地建物取引業法（以下「法」という。）第35条の規定に基づき、次のとおり説明します。この内容は重要ですから、十分理解されるようお願いします。

商号又は名称
代表者の氏名
主たる事務所
免許証番号
免許年月日

	氏　名		印
説明をする宅地建物取引主任者	登録番号	（　　）	
	業務に従事する事務所	電話番号（　　）　－	

取引の態様（法第34条第2項）　□代　理　・　□媒　介

建物	名　称	
	所　在　地	
	室　番　号	
	床　面　積	㎡（登記簿面積）
	種類及び構造	
	貸主氏名・住所	

I 対象となる建物に直接関係する事項

1 登記記録に記録された事項

所有権に関する事項 （権利部（甲区））	所有権以外の権利に関する事項 （権利部（乙区））
名義人 氏名 住所	

2 法令に基づく制限の概要

法　令　名	□ 新住宅市街地開発法　□ 新都市基盤整備法 □ 流通業務市街地整備法　□ 農　地　法
制限の概要	

3 飲用水・電気・ガスの供給施設及び排水施設の整備状況

	直ちに利用可能な施設	施設の整備予定	備　考
飲用水	公営・私営・井戸	公営・私営・井戸　年　月　日	
電気		年　月　日	
ガス	都市・プロパン	都市・プロパン　年　月　日	
排水		年　月　日	

4 建物建築の工事完了時における形状、構造等（未完成物件のとき）

建物の形状及び構造	
主要構造部、内装及び外装の構造・仕上げ	
設備の設置及び構造	

5 建物の設備の整備の状況（完成物件のとき）

建物の設備	有無	型式	その他
台　所			
便　所			
浴　室			
給湯設備			
ガスこんろ			
冷暖房設備			

6 当該建物が造成宅地防災区域内か否か

□ 造成宅地防災区域内　　□ 造成宅地防災区域外

7 当該建物が、土砂災害警戒区域内か否か

□ 土砂災害警戒区域内　　□ 土砂災害警戒区域外

8 石綿使用調査結果の記録の有無

石綿使用調査結果の記録の有無	石綿使用調査の内容
□ 無 □ 有	石綿使用調査結果の内容は以下のとおりです。（調査年月日　　年　月　日） ［照会先］ ●石綿使用調査の実施機関　[　　　] ●調査の範囲　[　　　] ●石綿使用の有無　□無　□有 《石綿が使用が有る場合》 ●石綿が使用されている箇所　[　　　]
備　考	

89

7 用途その他の利用に関する事項

	区分所有建物の場合における専有部分の利用に関する規約等	その他
用途制限		
利用の制限		

8 敷金等の精算に関する事項

9 管理の委託先

氏名(商号又は名称)
(マンションの管理の適正化の推進に関する法律による登録を受けているときはその登録番号)

住所(主たる事務所の所在地)

III その他の事項

1 供託所等に関する説明 (法第35条の2)

(1) 宅地建物取引業保証協会の社員でない場合

営業保証金を供託した供託所及びその所在地	

(2) 宅地建物取引業保証協会の社員の場合

宅地建物取引業保証協会	名称
	住所
	事務所の所在地
弁済業務保証金を供託した供託所及びその所在地	

記載要領

① Iの1について
「所有権に係る権利に関する事項」の欄においては、買戻しの特約、各種仮登記、差押え等登記識別情報（甲区）に記録された所有権に係る各種の登記識別事項を記載すること。

② Iの2について
「法令名」の欄には、下表から該当する法律名を、「制限の概要」の欄にはその法律に基づく制限の概要を記入する
こと。

| 新住宅市街地開発法 | 新都市基盤整備法 | 流通業務市街地整備法 | 農地法 |

③ Iの3について
「備考」の欄には、特に施設に関する負担金を求める場合にあっては、その金額を記入すること。

④ Iの5について
「建物の設備」の欄については、主に居住用の建物の場合を念頭においており、事業用の建物の場合にあっては、業種の別、取引の実態等を勘案して重要と考えられる設備について具体的に記入すること。（例：空調施設、昇降機）

⑤ IIの6について
「一般借家契約」、「定期借家契約」、「終身建物賃貸借契約」のいずれに該当するかを明示するとともに、該当部分を付しても明示すること。
「定期借家契約」、「終身建物賃貸借契約」の場合が多い事項に関しては、必要に応じて別紙に記入するとともに別紙を付してその旨を記すこと。

---

9 耐震診断の内容

耐震診断の有無	耐震診断の内容
□ 無	
□ 有	[照会先] 【建物の耐震診断について以下の書類を切添えします。】 □ 地方税法・租税特別措置法に定める「耐震基準適合証明書」の写し □ 住宅の品質確保の促進等に関する法律第6条第1項に規定する「住宅性能評価書」の写し(含その写し)及び平成13年国土交通省告示第1346号別表第2の1-1耐震等級に係る評価を受けたもの) □ 指定確認検査機関、建築士、登録住宅性能評価機関、地方公共団体が作成した耐震診断結果の写し
備考	

II 取引条件に関する事項

1 借賃以外に授受される金額

	金額	授受の目的
1	円	
2	円	
3	円	
4	円	

2 契約の解除に関する事項

3 損害賠償額の予定又は違約金に関する事項

4 支払金又は預り金の保全措置の概要

保全措置を講ずるかどうか	□ 講ずる ・ □ 講じない
保全措置を行う機関	

5 金銭の貸借のあっせん

業者による金銭貸借のあっせんの有無	□ 有 ・ □ 無
あっせんの内容	
金銭の貸借が成立しないときの措置	

6 契約期間及び更新に関する事項

契約期間	(始期) 年 月 日 (終期) 年 月 日	□ 一般借家契約 □ 定期借家契約 □ 終身建物賃貸借契約
更新に関する事項		

[様式20]

　　　　　　　　　　　　　　　　　　　　　　　　平成　　年　　月　　日

　　印紙

（借主）

　　　　＿＿＿＿＿＿＿＿＿＿＿＿＿＿＿＿殿

　　　　　　　　　貸　主（住　所）
　　　　　　　　　　　　（貸主名）　　　　　　　　　　　　　　　　　　㊞
　　　　　　　　　　　　（電話番号）

　　　　　　　　　代行者（住　所）
　　　　　　　　　　　　（宅建業者商号等）
　　　　　　　　　　　　（代表者名）　　　　　　　　　　　　　　　　　㊞
　　　　　　　　　　　　（電話番号）

領　収　書

　　　賃貸借契約の締結に伴う賃料等を、下記のとおり受領しました。

　　　　　　　　　　　　　　　記

1. 賃　料
　　　（前家賃として・当月家賃として）　　　　　　　　　　　　　　円

2. 共益費　　　　　　　　　　　　　　　　　　　　　　　　　　　　円

3. 駐車場料金　　　　　　　　　　　　　　　　　　　　　　　　　　円

4. 賃料に係る敷金
　　　（賃料の　　か月相当分）　　　　　　　　　　　　　　　　　　円

5. 駐車場に係る敷金
　　　（駐車場料金の　　か月相当分）　　　　　　　　　　　　　　　円

6. ＿＿＿＿＿＿＿＿＿
　　　（賃料の　　か月相当分）　　　　　　　　　　　　　　　　　　円

7. 消費税　　　　　　　　　　　　　　　　　　　　　　　　　　　　円
　　　　　　　　　　　―――――――――――――――――――――
　　　　　　　　　　合　　計　　　　　　　　　　　　　　　　　　　円

　　　　　　　　　　　　　　　　　　　　　　　　　　　　　　　以　上

[様式21]

平成　年　月　日

(貸主)

　　　　　　　　　　　　　　　　　殿

(代行する宅建業者商号等)

　　　　　　　　　　　　　　　　　殿

　　　　　　　　(建物名)　　　　　　　　　　　[　　　号室]

　　　　　　　(借　主)　　　　　　　　　　　　　　　　㊞

鍵　受　領　証

下記のとおり、鍵を受領しました。

記

鍵の種類	本　数	鍵　の　番　号
玄関扉		

以上

[様式22-1]

入居時

住宅内造作物等点検確認書

借主名		契約日	平成　年　月　日
アパート名		入居開始日	平成　年　月　日
住戸番号	住宅の型式	引越日	平成　年　月　日

①

場所	箇所	空家修繕の内容	不具合等の内容	判定	不具合等の処理内容
玄関・ホール・廊下	玄関ドア（鍵、錠前、防犯アイ、ドア・チェーン、ドア・チェック、ドア・ポスト）				
	天井				
	壁（コート掛け）				
	床				
	インターホーン子機（室外）				
	照明器具（蛍光管、電球）（天井）				
	スイッチ、コンセント				
	下駄箱				
台所	流し台、コンロ台、調理台（台下収納扉、棚板　枚）				
	つり戸棚（扉、棚板　枚、水切り棚）				
	天井				
	壁				
	床				
	間仕切り（扉、引き戸、襖等）				
	スイッチ、コンセント（電気）				
	湯沸器（給湯器）、水栓				
	コンセント（ガス）、ガス栓				
	照明器具（蛍光管、電球）（天井、棚下）				
	カーテンレール（ダブル、シングル）				
	〃　　ランナー（　個）				
	換気扇（換気フード）				
	外回り建具（クレセント、網戸、換気窓）				
洗面所	化粧台（水栓、鏡付き三面栓、鏡、照明付台下物入、鏡など）				
	洗濯機用防水パン（水栓）				
	天井				
	壁				
	床				
	照明器具（蛍光管、電球）（天井）				
	スイッチ、コンセント				
	窓（鍵類、網戸）				

②

場所	箇　　　所	空家修繕の内容	不具合等の内容	判　定	不具合等の処理内容
浴室	風呂釜（シャワーを含む）				
	浴槽（鎖付きゴム栓、浴槽ふた）				
	水栓（湯水混合水栓）				
	排水金物（目皿、ワン）				
	浴室内照明器具（電球）及びスイッチ				
	換気扇及びスイッチ、又は換気窓（鍵又はクレセント、網戸）				
	天井				
	壁（タオル掛け）				
	床（スノコを含む。）				
	ドア（空錠、把手）				
便所	便器（便座、便蓋）				
	手洗付きロータンク（止水栓、鎖付きゴム栓、ボール、レバー等）				
	便所内棚				
	トイレットペーパー・ホルダー				
	コンセント（便所内）				
	照明器具（電球）及びスイッチ				
	換気扇及びスイッチ、又は換気窓（鍵又はクレセント、網戸）				
	ドア（空錠又は間仕切錠、把手）				
	天井				
	壁（タオル掛け）				
	床				
居間兼食事室	照明器具（又は天井引っ掛けシーリング）				
	ガス・コンセント				
	スイッチ、コンセント（エアコン用含む。）				
	電話プレート				
	テレビ端子				
	インターホン（親機）				
	多目的スリーブ				
	カーテンレール（ランナー、個）				
	ドア又は間仕切り（引き戸、扉、襖等）				
	天井				
	壁（巾木）				
	床（カーペット、フローリング、クッションフロア）				
	外回り建具（鍵又はクレセント、換気窓、ガラス、網戸）				

94

③

場所	箇所	空家修繕の内容	不具合等の内容	判定	不具合等の処理内容
個室(1)和室又は洋室	照明器具（又は引っ掛けシーリング） スイッチ、コンセント ガス・コンセント 多目的スリーブ テレビ端子 カーテンレール（ランナー　個） 間仕切り（引き戸、扉、襖） 押入れ（襖、天袋（襖）） 障子（ガラス入り） 天井 壁（付け鴨居、欄間） 床（畳、フローリングなど） 外回り建具（鍵又はクレセント、換気窓、網戸）				
個室(2)和室又は洋室	照明器具（又は引っ掛けシーリング） スイッチ、コンセント ガス・コンセント 多目的スリーブ テレビ端子 カーテンレール（ランナー　個） 間仕切り（引き戸、扉、襖） 押入れ（襖、天袋（襖）） 障子（ガラス入り） 天井 壁（付け鴨居、欄間） 床（畳、フローリングなど） 外回り建具（鍵又はクレセント、換気窓、網戸）				
個室(3)和室又は洋室	照明器具（又は引っ掛けシーリング） スイッチ、コンセント ガス・コンセント 多目的スリーブ テレビ端子 カーテンレール（ランナー　個） 間仕切り（引き戸、扉、襖） 押入れ（襖、天袋（襖）） 障子（ガラス入り） 天井 壁（付け鴨居、欄間） 床（畳、フローリングなど） 外回り建具（鍵又はクレセント、換気窓、網戸）				

④

場所	箇所	空家修繕の内容	不具合等の内容	判定	不具合等の処理内容
ベランダ	手摺金物				
	物干し金具				
	クーラー等室外機取付金具				
	隣戸境板				
その他					

上記のとおり住宅内の造作物等を点検し、確認いたしました。

平成　年　月　日

借主　　　　　　　　㊞

管理業者の確認

平成　年　月　日

(管理業者名及び確認担当者名)

不具合箇所の修繕が「処理内容」欄記載のとおり完了したことを確認します。

平成　年　月　日

借主　　　　　　　　㊞

(管理業者処理欄)

(貸主、借主各1通ずつ保管)

(※本書は退去時まで大切に保管してください。)

[様式22-2]

入居時

住宅内造作物等点検確認書

借主名		
アパート名		
住戸番号		住宅の型式

契 約 日	平成 年 月 日
入居開始日	平成 年 月 日
引 越 日	平成 年 月 日

	点検箇所	空家修繕の内容	不具合等の内容	判定	不具合等の処理内容 ①
建築	床	畳（各和室） 板張 浴室床 玄関床 台所（兼食事室）床 居間（兼食事室）床 廊下床				
	壁	コンクリート部ペンキ塗 プラスター塗 タイル貼 石膏ボード部ペンキ塗 合板張合板貼 化粧合板張 クロス張				
	天井	塗（吹付け）天井 クロス張天井 板張天井 その他				
	物置（棚板付き） 押入・天袋					
	備品等	流し台（台下物入棚板付き） 吊戸棚（棚板付き） 水切り棚 窓カーテンレール（S・W） 洗面所カーテンレール 室名札 集合郵便受 ドアポスト 玄関扉防犯窓 玄関扉防犯鎖 その他				
	襖	部屋間仕切り襖 押入襖 天袋襖・らん襖				
	内廻り建具	便所扉 浴室扉 物置扉 台所（兼食事室）扉（又は引戸） その他住戸扉（又は引戸）				

97

②

	点 検 箇 所	空家修繕の内容	不具合等の内容	判 定	不具合等の処理内容
建具	外廻り建具: 玄関扉、玄関錠（鍵___本）、便所窓、浴室窓、台所（兼食事室）窓、各居室窓（居間兼食室含む）				
	ベランダ: 手摺金物、物干金物、隣戸間隔板、その他				
電気設備	玄関灯、便所灯、浴室灯、台所棚下灯、台所灯、洗面所灯、各居室灯（又は引掛けシーリング）、インターホン（又は訪問ブザー）、スイッチ、コンセント、電話プレート、テレビアンテナ端子、台所換気扇（又は換気フード）、戸別分電盤、その他				
衛生設備	洗面化粧台、同水栓、台所水栓、同予備水栓、便器・便座・便蓋、ロータンク、紙巻器、洗濯機用防水パン、洗濯機用水栓				
ガス設備	浴槽、釜、シャワーセット、浴室ガス栓、台所ガス栓、その他のガスコンセント				
その他					

上記のとおり、住宅内の造作物等を点検し確認いたしました。
　　　　　平成　　年　　月　　日　（借主）　　　　　　　　　　　㊞

不具合箇所の修繕が、「処理内容」欄記載のとおり完了したことを確認します。
　　　　　平成　　年　　月　　日　（借主）　　　　　　　　　　　㊞

管理業者の確認
平成　　年　　月　　日
（管理業者名及び確認担当者名）　　　　　　　　　　　㊞

（※本書は退去時まで大切に保管してください。）

[様式22-3]

入居時・退去時の物件状況確認リスト

物件名		住戸番号	
所在地		TEL（　　）　－	
借主氏名		貸主氏名	
契約日　　年　月　日	入居日　　年　月　日		退去日　　年　月　日
転居先住所		転居先TEL（　　）　－	

場所	箇所	入居時 損耗	入居時 具体的な状況	退去時 損耗	退去時 具体的な状況	修繕 要	修繕 不要	交換 要	交換 不要	負担 貸	負担 借
玄関・廊下	天井	有・無		有・無							
	壁	有・無		有・無							
	床	有・無		有・無							
	玄関ドア	有・無		有・無							
	鍵	有・無		有・無							
	チャイム	有・無		有・無							
	下駄箱	有・無		有・無							
	照明器具	有・無		有・無							
台所・食堂・居間	天井	有・無		有・無							
	壁	有・無		有・無							
	床	有・無		有・無							
	流し台	有・無		有・無							
	吊戸棚	有・無		有・無							
	換気扇	有・無		有・無							
	給湯機器	有・無		有・無							
	コンロ	有・無		有・無							
	照明器具	有・無		有・無							
	給排水	有・無		有・無							
浴室	天井・壁・床	有・無		有・無							
	ドア	有・無		有・無							
	風呂釜	有・無		有・無							
	浴槽	有・無		有・無							
	シャワー	有・無		有・無							
	給排水	有・無		有・無							
	照明・換気扇	有・無		有・無							
洗面所	天井・壁・床	有・無		有・無							
	ドア	有・無		有・無							
	洗面台	有・無		有・無							
	洗濯機置場	有・無		有・無							
	給排水	有・無		有・無							
	照明器具	有・無		有・無							
トイレ	天井・壁・床	有・無		有・無							
	ドア	有・無		有・無							
	便器	有・無		有・無							
	水洗タンク	有・無		有・無							
	照明・換気扇	有・無		有・無							

場所	箇所	入居時 損耗	入居時 具体的な状況	退去時 損耗	退去時 具体的な状況	修繕 要	修繕 不	交換 要	交換 不	負担 貸	負担 借
個室	天井	有・無		有・無							
	壁	有・無		有・無							
	床	有・無		有・無							
	間仕切り	有・無		有・無							
	押入・天袋	有・無		有・無							
	外回り建具	有・無		有・無							
	照明器具	有・無		有・無							
個室	天井	有・無		有・無							
	壁	有・無		有・無							
	床	有・無		有・無							
	間仕切り	有・無		有・無							
	押入・天袋	有・無		有・無							
	外回り建具	有・無		有・無							
	照明器具	有・無		有・無							
個室	天井	有・無		有・無							
	壁	有・無		有・無							
	床	有・無		有・無							
	間仕切り	有・無		有・無							
	押入・天袋	有・無		有・無							
	外回り建具	有・無		有・無							
	照明器具	有・無		有・無							
その他	エアコン	有・無		有・無							
	スイッチ・コンセント	有・無		有・無							
	カーテンレール	有・無		有・無							
	バルコニー	有・無		有・無							
	物干し金具	有・無		有・無							

(備考)

☆入居時　上記の通り物件各箇所の状況について点検し、確認しました。
　　　　　　　　　平成　年　月　日　　　　　　　　　　　　　　　平成　年　月　日

　　借主氏名　　　　　　　　　　　　　　印　　　貸主氏名　　　　　　　　　　　㊞

　　　　　　　　　　　　　　　　　　　　　　　　　　　　　　　　平成　年　月　日

　　管理業者名及び
　　確認担当者氏名　　　　　　　　　　　　　　　　　　　　　　　　　　　　㊞

☆退去時　上記の通り物件各箇所の状況について点検し、確認しました。
　　　　　　　　　平成　年　月　日　　　　　　　　　　　　　　　平成　年　月　日

　　借主氏名　　　　　　　　　　　　　　印　　　貸主氏名　　　　　　　　　　　㊞

　　　　　　　　　　　　　　　　　　　　　　　　　　　　　　　　平成　年　月　日

　　管理業者名及び
　　確認担当者氏名　　　　　　　　　　　　　　　　　　　　　　　　　　　　㊞

[様式23]

小修繕における負担区分一覧表

設備・造作等名称又は品名	耐用年数	修繕又は取替え時点の残存耐用年数													
		5年超		～5年		～4年		～3年		～2年		～1年		1年未満	
		貸主	借主	貸主	借主	貸主	借主	貸主	借主	貸主	借主	貸主	借主	貸主	借主

[様式24]

借主の修繕義務範囲にかかる入居期間別修繕費負担割合一覧表

設備・造作等名称又は品名	入居期間													
	～1か月		～3か月		～6か月		～1年		～1.5年		～2年		2年超	
	貸主	借主	貸主	借主	貸主	借主	貸主	借主	貸主	借主	貸主	借主	貸主	借主

[様式25] ①

預金口座振替依頼書

年　月　日

_____ 銀行　御中

　私は、下記の収納企業から請求された金額を私名義の下記預金口座から預金口座振替によって支払うこととしたいので、預金口座振替規定を確約のうえ依頼します。

収納企業名	

預金口座	（フリガナ） （預金者名）	銀行への届出印	銀　行 　　　　　　　支　店	
			銀行コード・支店コード	
			預金種類	1. 普　通　　2. 当　座
			口座番号	

振　替　日	収納企業の指定する日（銀行休業日の場合は翌営業日）

― 預金口座振替規定 ―
1
2　　（省　略）
3
4

銀行使用欄	（省　略）

検印

印鑑照合

受付印

（収納企業使用欄）

（フリガナ） 契約者名		（契約者印）	料金等の 収納依頼 企業名	
住　所	〒 　　　　　　TEL		料金等の 種　類	
契約者 番号等				

（注）1. 銀行が営業店において預金者から直接提出を受ける用紙には、不備返却事由の欄を設けなくてもさしつかえない。

　　　2. 収納企業が用紙を作成する場合には、収納企業使用欄の記載事項およびレイアウトを適宜変更してもさしつかえない。

[様式25]　②

預金口座振替申込書

年　　月　　日

(収納企業名)

_____ 御中

収納企業名	

預金口座	(フリガナ)	銀行への届出印	銀　行	
	(預金者名)		支　店	
			銀行コード・支店コード		
			預金種類	1.普通　2.当座
			口座番号	

振　替　日	収納企業の指定する日（銀行休業日の場合は翌営業日）

金融機関使用欄	(口座番号確認印)

　私は、下記の料金等を預金口座振替により支払うこととしたく、上記の内容を金融機関に対して依頼しましたので、請求書は上記の記入機関に送付して下さい。

(フリガナ)契約者名		(契約者印)	料金等の収納依頼企業名	
住　所	〒　　　　　　　TEL		料金等の種類	
契約者番号等				

[様式26 (銀行所定様式 一般例)]

(他行あて) 振込依頼書

ご依頼日	年 月 日
お振込先	銀行 支店

お受取人
- 預金種目: 1. 普通 2. 当座 4. 貯蓄 9. (○でお囲みください)
- 口座番号
- フリガナ
- おなまえ 様
- おところ
- 電話 ( ) —

ご依頼人
- フリガナ
- おなまえ 様
- おところ
- ご連絡先電話 ( ) —

店番号 / 科目 / 本支店別 / 普通当座

電信扱 (04)

お振込金額 (百万十万万千百十円)

消費税込手数料

受入金合計
- 現金
- 当店券 枚
- 他店券 枚
- 振替

手数料検印

6 現金領収
7 振替領収
3 一括契約

送信承認

出納印・振替印

備考

照合 / 処理 / 受付

振替科目: 当・普・本 定・別・通

お願い
- ○太線のなかだけボールペンで強くご記入ください。
- ○お受取人名等をカタカナ文字により送信しますから、必ず「フリガナ」をおつけください。
- ○振込先銀行へは、お受取人名のほか、「預金種目・口座番号」を通知しますから、正確にご記入ください。

○○○○銀行

(銀行窓口に備付けているもので、各銀行少しずつ様式が異なりますが、記載事項(内容)は同じです。なお、大きさは、B5版の半分程度です。)

105

[様式26]

振込金（兼 手数料）受取書

②

ご依頼日	年　月　日	
お振込先	銀行　　　　支店	電信扱 (04)

お振込先
- 預金種目: 1. 普通　2. 当座　4. 貯蓄　9.（○でお囲みください）
- 口座番号

お受取
- フリガナ
- おなまえ　　　　　　　様
- おところ
- 電話（　　）　　－

ご依頼人
- フリガナ
- おなまえ　　　　　　　様
- おところ
- ご連絡先電話（　　）　　－

お振込金額：万 千 百 十 円
消費税込手数料
他店券金額

領収済	後日徴収

当行本支店への振込のために受入れた、上記他店券金額欄記入の小切手等が不渡りのときは、その金額の振込を取消し、その小切手等は権利保全の手続をしないで当店において返却します。

毎度ご利用いただきましてありがとうございます。
今後ともよろしくお願い申しあげます。

○○○○銀行

印紙（200円）
振込金＋手数料
3万円以上
貼付

○振込先銀行への通信は、電信扱の場合には、受取人名等をカナ文字により送信依頼します。
○振込依頼書に記載相違等があった場合には、照会等のために振込が遅延することがあります。
○やむを得ない事由による通信機器、回線の障害等によって振込が遅延することがあった場合はご容赦ください。

[様式27]

振込依頼書 (管理業者専用)

振込依頼書 (領収書)

依頼日	平成　年　月　日	振込指定	電信・文書	手数料	円

振込先	銀行　　　　支店	金額	
	預金科目	普通	◎ お願い
	口座番号	1－234－567	
	口座名	(カタカナ名　　　　) (漢字名　　　　　　)	

ご依頼人	〒　　　　　TEL 住　所 お名前	領 収 印

(アパート名　　　　　)　平成　年　月分賃料等

①ご依頼人控

入 金 通 知 書

依頼日	平成　年　月　日	振込指定	電信・文書	手数料	円

振込先	銀行　　　　支店	金額	
	預金科目	普通	
	口座番号	1－234－567	
	口座名	(カタカナ名　　　　) (漢字名　　　　　　)	

ご依頼人	〒　　　　　TEL 住　所 お名前	領 収 印

(アパート名　　　　　)　平成　年　月分賃料等

③受取人

[様式28]　賃　料　等　通　帳

賃　料　等　通　帳
（平成　年　月　～　平成　年　月）

(アパート名)
(住戸番号)　　　　号室
(借　主　)　　　　　様

(　管　理　業　者　名　)
TEL（　　　）

[様式28]

賃料等領収書
（平成　年　月～平成　年　月）

アパート名	（　　　　　　号室）
借主名	様

賃料	円
共益費	円
賃料等月額	円

平成　年　月分	平成　年　月分	平成　年　月分
（領収印）　　.　円 支払期日（延利）	（領収印）　　.　円 支払期日（延利）	（領収印）　　.　円 支払期日（延利）

平成　年　月分	平成　年　月分	平成　年　月分
（領収印）　　.　円 支払期日（延利）	（領収印）　　.　円 支払期日（延利）	（領収印）　　.　円 支払期日（延利）

賃料等領収書
（平成　年　月～平成　年　月）

アパート名	（　　　　　　号室）
借主名	様

賃料	円
共益費	円
賃料等月額	円

平成　年　月分	平成　年　月分	平成　年　月分
（領収印）　　.　円 支払期日（延利）	（領収印）　　.　円 支払期日（延利）	（領収印）　　.　円 支払期日（延利）

平成　年　月分	平成　年　月分	平成　年　月分
（領収印）　　.　円 支払期日（延利）	（領収印）　　.　円 支払期日（延利）	（領収印）　　.　円 支払期日（延利）

[様式28]

賃料等収納票
（平成　年　月分）

アパート名							
住戸番号							号室
借主							様
賃料等	賃料						円
	共益費						円
	計						円
	延利						円
	合計						円

（支払期日：平成　年　月　日）
収納日：平成　年　月　日

領収印

（担当者名　　　　）

- - - - - キ・・・・・リ・・・・・ト・・・・・リ - - - - -

賃料等収納副票（平成　年　月分）

（アパート名・住戸番号）		賃料	円
		共益費	円
		計	円
		延利	円
（借主名）　　　　　様		合計	円

収納日：平成　年　月　日

3／3

[様式29]

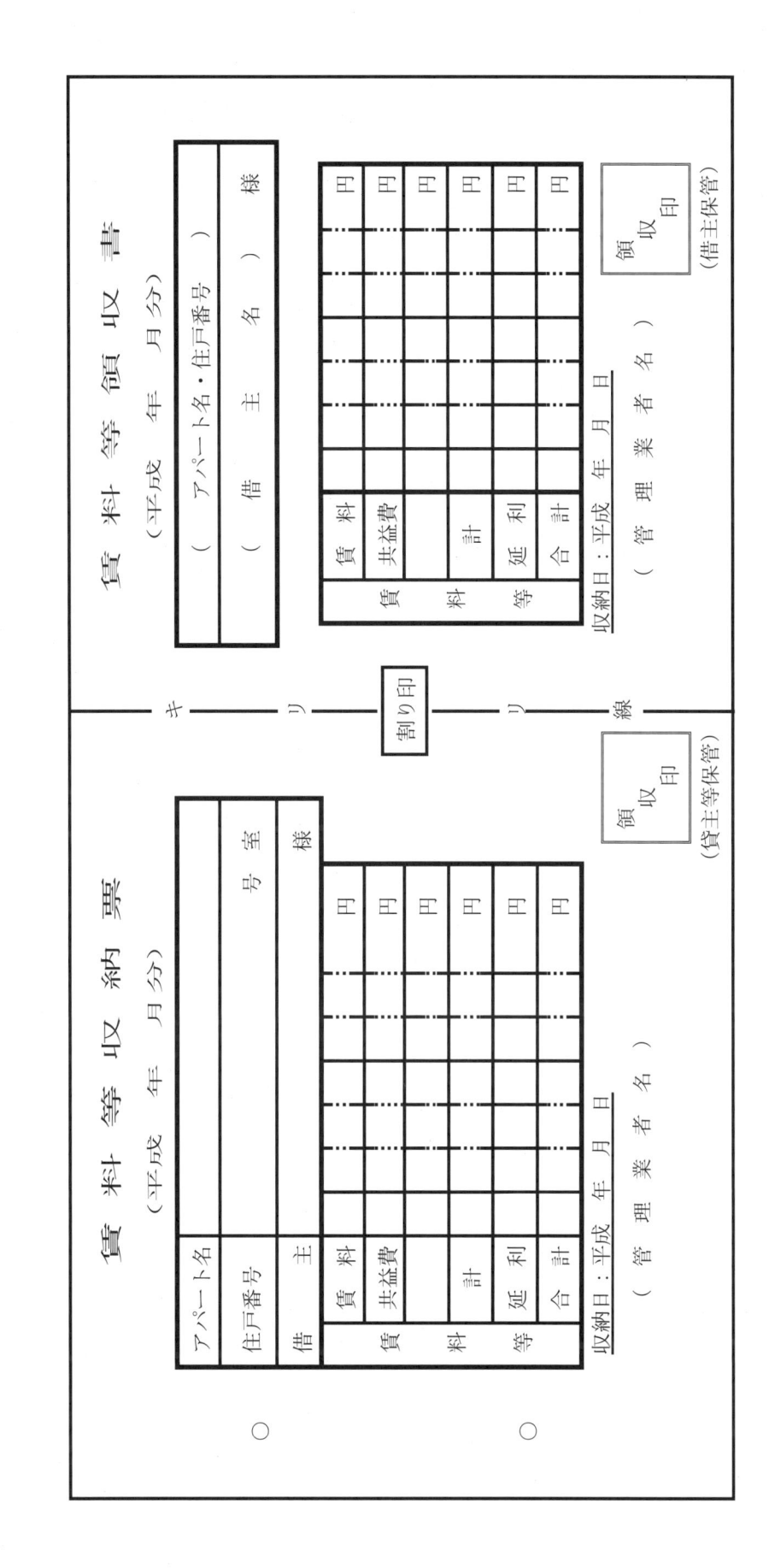

賃料等収納票・領収書

賃料等収納票
（平成　年　月分）

アパート名			
住戸番号			号室
借主			様
賃料等	賃料		円
	共益費		円
	計		円
	延利		円
	合計		円

収納日：平成　年　月　日
（管理業者名　　　　　）

領収印

（貸主等保管）

―――キリ―――　割り印　―――リ線―――

賃料等領収書
（平成　年　月分）

（アパート名・住戸番号　）
（借主名　　　　　）様

賃料等	賃料	円
	共益費	円
	計	円
	延利	円
	合計	円

収納日：平成　年　月　日
（管理業者名　　　　　）

領収印

（借主保管）

[様式30]

賃料等口座振替のお知らせ

拝啓　益々ご清栄のこととお慶び申し上げます。
　さて、来る　　年　　月　　日にあなた様ご指定の預金口座より

　　　平成　　年　　　月分の賃料等

を振替させていただきますので、振替日の前日までにご入金下さいますようお願いいたします。

敬具

平成　年　月　日
管理業務受託業者
（　管　理　業　者　名　）

借　　主　　各位

[様式31]　　　　　（銀行所定振込用紙による振込）

賃料等口座振込のお願い

拝啓　益々ご清栄のこととお慶び申し上げます。
　さて、来る　　月　　日は賃料等の支払期日です。
　つきましては、支払期日までに当社指定の預金口座（下記）宛

　　　平成　　年　　　月分の賃料等

をお振込くださいますようお願いいたします。

敬具

平成　年　月　日
管理業務受託業者
（　管　理　業　者　名　）

借　　主　　各位

振込先	銀行　　　支店	預金科目	
	口座番号	口座名	

[様式32]

(管理業者作成振込用紙による振込)

賃 料 等 口 座 振 込 の お 願 い

拝啓　益々ご清栄のこととお慶び申し上げます。
　さて、来る　　月　　日は賃料等の支払期日です。
　つきましては、支払期日までに必ず当社指定の振込書により

　　　　　平成　　年　　　月分の賃料等

をお振込くださいますようお願いいたします。

敬具

　　　　平成　年　月　日
　　　　　　　　　管理業務受託業者
　　　　　　　　　　　　（　管　理　業　者　名　）

　借　　　主　　　各位
(当社指定の振込書を紛失等してお持ちでない方は当社までご連絡下さい。)

[様式33]

賃 料 等 の お 支 払 い に つ い て　(ご案内)

拝啓　益々ご清栄のこととお慶び申し上げます。
　さて、来る　　月　　日は賃料等の支払期日です。
　つきましては、支払期日までに必ず当社にご持参のうえ、

　　　　　平成　　年　　　月分の賃料等

をお支払いくださいますようお願いいたします。

敬具

　　　　平成　年　月　日
　　　　　　　　　管理業務受託業者
　　　　　　　　　　　　（　管　理　業　者　名　）

　借　　　主　　　各位

[様式34]

アパート名	

平成　年　月　日作成
(平成　年　月　日現在)

賃料等収納状況表

棟・住戸番号	借　主　名	月　分	賃　料	共益費	合　計	収納年月日

(管理業者名)　_____

[様式35]

アパート名	

平成　年　月　日作成
（平成　年　月　日現在）

未収金一覧表

棟・住戸番号	借主名	月分	賃料	共益費	合計	収納年月日

（管理業者名）

[様式36]

賃 料 等 収 納 状 況

(借主名　　　　　　　)　　　　　　　　　　　　　　　　［借主Tel　　　(　　)　　　　］

アパート名		住戸番号		号室	契約日	年　月　日

同居者	氏　名	続柄	生年月日	勤　務　先　等
		本人	．．	
			．．	
			．．	
			．．	
			．．	

保証人	(氏　　名) (住所・電話番号) (勤　務　先　等)

年　月分	賃　料　等	収納年月日	年　月分	賃　料　等	収納年月日

(裏面へ)

[様式36（裏面）]

賃料等収納状況

年 月分	賃 料 等	収納年月日	年 月分	賃 料 等	収納年月日

[様式37]

平成　年　月　日

＿＿＿＿＿＿＿＿＿＿＿＿＿様

（管理業者名）

印

賃料等収納金の送金について

　拝啓　益々ご清栄のこととお慶び申し上げます。平素は当社の業務につきまして格別のご高配を賜り厚く御礼申し上げます。

　さて、平成　年　月分の賃料等の収納金につきまして、下記のとおりご送金致しますので、ご査収下さいます様ご通知申し上げます。

敬具

記

1　ご入金予定日　　平成　年　月　日

2　ご入金先　　　　　銀行　　支店　　　　預金　　口座番号＿＿＿＿＿＿＿＿
　　　　　　　　　　　　　　　　　　　　　　　　口座名義人＿＿＿＿＿＿＿＿

3　金　　額　　¥＿＿＿＿＿＿＿＿＿＿＿＿

4　内　　訳

項　　目	金　　額
収納金内訳　①　　年　月分賃料（当月分） ②　　年　月分賃料（前月分） ③　　年　月分賃料（前々月分） ④ ⑤ ⑥ ⑦ ⑧	円
当　月　収　納　金　合　計　a	円
振替支出内訳　① ② ③ ④ ⑤ ⑥	円
当　月　振　替　支　出　合　計　b	円

当　月　ご　送　金　額　（a−b）	円

以上

[様式38]

不　　在　　箋

平成　年　月　日

（アパート名・住戸番号）

（借主名）　　　　　　　　　　　様

（管理業者名）

Tel　　　（　　）

賃料等のお支払いについて

　本日午前・午後　　時頃平成　　年　　　月分の賃料等の集金に伺いましたが、ご不在でした。
　つきましては、平成　　年　　　月　　　日までに必ず当社にご持参のうえ、お支払いください。

以上

[様式39-1　督促状]

　　　　　　　　　　　　　　　　　　　　　　　　　　　平成　　年　　月　　日

(アパート名・住戸番号等)
(借　主　名)　　　　　　　　　　　　様

　　　　　　　　　　　　　　　　(貸　主　名)
　　　　　　　　　　　　　　　　(業務受託者名)　　　　　　　　　　㊞
　　　　　　　　　　　　　　　　(電　話　番　号)　　　　　(　　　)

賃料等のお支払について

　あなたは、貸主　　　　　　　　との間で賃貸借契約している（アパート名・住戸番号　　　　　　　）の住宅の平成　　年　　　月分の賃料等につきまして、平成　　年　　月　　日現在未だお支払いがありません。
　つきましては、平成　　年　　月　　日までに当社までご持参のうえお支払いくださいますようお願い申し上げます。
　万一、支払期限までにお支払いがないときは、不本意ながら連帯保証人に請求し、お支払いいただくこととなりますので、念のため申し添えます。
　なお、お支払の際は、本状を係員にご提示ください。
　本状と行き違いでお支払の節は、あしからずご了承願います。

　　　　　　　　　　　　　　　　　　　　　　　　　　　　　　　　　　　　　以上

［様式39−2　督促状］

　　　　　　　　　　　　　　　　　　　　　　　　　　　平成　　年　　月　　日

(アパート名・住戸番号等)
(借　主　名)　　　　　　　　　　　　　　　　様

　　　　　　　　　　　　　　　　　　(貸　主　名)
　　　　　　　　　　　　　　　　　　(業務受託者名)　　　　　　　　　　　㊞
　　　　　　　　　　　　　　　　　　(電話番号)　　　　　(　　)

滞納賃料等のお支払について

　あなたは、貸主　　　　　　　　との間で賃貸借契約している（アパート名・住戸番号　　　　　　）の住宅の賃料等を下記のとおり滞納されています。
　よって、これらの滞納賃料等及びそれに伴う遅延利息を本督促状の支払期限までに当社にご持参のうえ、お支払いください。
　万一、支払期限までにお支払いがないときは、不本意ながら連帯保証人に請求し、お支払いいただくこととなりますので、念のため申し添えます。
　なお、お支払の際は、本状を係員にご提示ください。
　本状と行き違いでお支払の節は、あしからずご了承願います。

　　　　　　　　　　　　　　　　　記

1　滞納賃料等明細表（平成　　年　　月　　日現在）

年　月　分	賃　　料	共　益　費	駐車料金	合　　計
平成　年　　月分	円	円	円	円
平成　年　　月分	円	円	円	円
合　　計	円	円	円	円

2　支　払　期　限　　平成　　年　　月　　日

　　　　　　　　　　　　　　　　　　　　　　　　　　　　　　　　　　以上

[様式39-3 督促状]

平成　　年　　月　　日

(アパート名・住戸番号等)
(借　主　名)　　　　　　　　　　　　　　　　　様

　　　　　　　　　　　　　　　　　(貸　主　名)
　　　　　　　　　　　　　　　　　(業務受託者名)　　　　　　　　　　　　㊞
　　　　　　　　　　　　　　　　　(電　話　番　号)　　　　　(　　)

滞納賃料等のお支払について（催告）

　あなたは、貸主　　　　　　との間で賃貸借契約している（アパート名・住戸番号　　　　　）の住宅の賃料等を下記のとおり滞納されています。
　よって、これらの滞納賃料等及びそれに伴う遅延利息を本催告状の支払期限までに当社にご持参のうえ、お支払いください。
　万一、支払期限までにお支払のない場合には、不本意ながら賃貸借契約を解除し、住宅の明渡しを請求する等の法的措置を取ることとなりますのでご承知おきください。
　なお、お支払の際は、本状を係員にご提示ください。
　本状と行き違いでお支払の節は、あしからずご了承願います。

記

1　滞納賃料等明細表（平成　　年　　月　　日現在）

年　月　分	賃　料	共　益　費	駐車料金	合　計
平成　年　月分	円	円	円	円
平成　年　月分	円	円	円	円
平成　年　月分	円	円	円	円
合　　計	円	円	円	円

2　支払期限　　平成　　年　　月　　日

以上

［様式39−4　督促状］

　　　　　　　　　　　　　　　　　　　　　　　　　　　　　平成　　年　　月　　日
（借　主　名）　　　　　　　　　　　　　様
　連帯保証人　　　　　　　　　　　　　　様

　　　　　　　　　　　　　　　　（貸　主　名）
　　　　　　　　　　　　　　　　（業務受託者名）　　　　　　　　　　　　　　　　㊞
　　　　　　　　　　　　　　　　（電　話　番　号）　　　　　（　　　）

滞納賃料等のお支払について

　あなたが連帯保証人となっている借主　　　　　　様と貸主　　　　　　　　との間で賃貸借契約している（アパート名・住戸番号　　　　　　　）の住宅の賃料等のお支払について　　　　　様に度々督促いたしましたが、平成　　年　　月　　日現在下記の賃料等を滞納されております。
　よって、これらの滞納賃料等及びそれに伴う遅延利息を本状の支払期限までに当社にご持参のうえ、お支払いください。
　なお、お支払の際は、本状を係員にご提示ください。
　本状と行き違いでお支払の節は、あしからずご了承願います。

　　　　　　　　　　　　　　　　　　　記

1　滞納賃料等明細表（平成　　年　　月　　日現在）

年　月　分	賃　料	共　益　費	駐車料金	合　計
平成　年　　月分	円	円	円	円
平成　年　　月分	円	円	円	円
平成　年　　月分	円	円	円	円
合　計	円	円	円	円

2　支　払　期　限　　　平成　　年　　月　　日

　　　　　　　　　　　　　　　　　　　　　　　　　　　　　　　　　　　　　　　以上

[様式40]

督 促 経 緯 調 書

借主名	

アパート名		住戸番号	号室	契約締結年月日	平成　年　月　日

借主電話番号	(自) TEL　(　　)	(勤) TEL　(　　)

連帯保証人名		(自) TEL　(　　)	(勤) TEL　(　　)

賃料	円/月	共益費	円/月	駐車料金	円/月
(その他)					

督促年月日　年　月　日	相 手 方	督 促 内 容 等

(裏　面　へ)

[様式40（裏面）]

督促年月日 年　月　日	相　手　方	督　促　内　容　等

［様式41−1　支払確約書］

　　　　　　　　　　　　　　　　　　　　　　　　　　　　平成　　年　　月　　日

(貸主又は管理業者名)

_____御中

　　　　　　　　　　　　　　　　　　(アパート名・住戸番号等)

　　　　　　　　　　　　　　　　　　(借　主　名)　　　　　　　　　　　　　　㊞

滞納賃料等の支払について（確約書）

　わたくしは、わたくしが滞納しております（アパート名・住戸番号　　　　　　　　　　　）にかかる平成　　年　　月分の賃料等につきましては、平成　　年　　月　　日までに<u>貴社の指定する方法により支払うこと</u>（※）を約束いたします。

　なお、本約束不履行の場合、貴社が当賃料等の支払について連帯保証人に通知しても一切異議は申し立てません。

　　　　　　　　　　　　　　　　　　　　　　　　　　　　　　　　　　　　　　　以上

（※）　①「<u>貴社指定の預金口座あて入金すること</u>」（を約束いたします。）
　　　　②「<u>貴社まで持参して支払うこと</u>」（を約束いたします。）

[様式41-2 支払確約書]

　　　　　　　　　　　　　　　　　　　　　　　　　　　　　平成　　年　　月　　日

(貸主又は管理業者名)

_____御中

　　　　　　　　　　　　　　　　　(アパート名・住戸番号等)

　　　　　　　　　　　　　　　　　(借　主　名)　　　　　　　　　　　　　　㊞

滞納賃料等の支払について（確約書）

　わたくしは、（アパート名・住戸番号　　　　　　　）にかかる滞納賃料等について、下記のとおり貴社の指定する方法により支払うこと（※）を約束いたします。
　なお、本約束不履行の場合、わたしに事前に通知することなく貴社が当滞納賃料等の支払を連帯保証人に請求しても一切異議は申し立てません。

　　　　　　　　　　　　　　　　　　　　　　　　　　　　　　　　　　　　以上

　　　　　　　　　　　　　　　　　　　記

1　滞納賃料等明細表（平成　　年　　月　　日現在）

年　月　分	賃　料	共　益　費	駐車料金	合　計
平成　　年　　月分	円	円	円	円
平成　　年　　月分	円	円	円	円
合　　　計	円	円	円	円

2　支払期限　　平成　　年　　月　　日

　　　　　　　　　　　　　　　　　　　　　　　　　　　　　　　　　　　　以上

　（※）　①「貴社指定の預金口座あて入金すること」（を約束いたします。）
　　　　　②「貴社まで持参して支払うこと」（を約束いたします。）

[様式41-3　支払確約書]

　　　　　　　　　　　　　　　　　　　　　　　　　　　　平成　　年　　月　　日

(貸主又は管理業者名)

_____御中
　　　　　　　　　　　　　　　　　(アパート名・住戸番号等)

　　　　　　　　　　　　　　　　借　　主　　　　　　　　　　　　　　　㊞

　　　　　　　　　　　　　　　　連帯保証人　　　　　　　　　　　　　　㊞

滞納賃料等の支払について (確約書)

　借主_____と連帯保証人_____は、(アパート名・住戸番号　　　　　　　　)
にかかる滞納賃料等について、下記のとおり支払うことを約束いたします。
　また、本約束不履行により貸主から賃貸借契約を解除された場合、異議を申し立てることなく直ちに
本住宅を明渡すことを約束いたします。

　　　　　　　　　　　　　　　　　記

1　滞納賃料等明細表 (平成　　年　　月　　日現在)

年　月　分	賃　　料	共　益　費	駐車料金	合　　計
平成　　年　　月分	円	円	円	円
平成　　年　　月分	円	円	円	円
平成　　年　　月分	円	円	円	円
合　　　計	円	円	円	円

(上記金額の他それぞれの支払期日の翌日から支払日までの期間にかかる遅延利息を支払うこと)

2　支　払　期　限　　　平成　　年　　月　　日　　　時まで

3　支　払　方　法　　　現金による持参払いとする。

　　　　　　　　　　　　　　　　　　　　　　　　　　　　　　　　　　　　以上

[様式42]

賃貸借契約解除届

(貸主又は管理業者)

_____御中

この度、次のとおり賃貸借契約を解除し、住宅を退去しますので、お届けします。

届出年月日	平成　　年　　月　　日	住宅の使用期間	年　　か月
物件の表示			
移転先	〒　－ 　　(アパート名)　　　号室　　電話　　（　　）		
昼間連絡先等 (勤務先等)	電話　　（　　）		
敷金返還先	銀行　　支店　　普通・当座	口座番号 _____ 口座名義 _____	
退去日（引越日）	平成　　年　　月　　日	氏　名	㊞

(太線内のみ記入してください。)

契約解除年月日	平成　　年　　月　　日	受　理　印　等
住宅修理査定日時	平成　　年　　月　　日　午前 　　　　　　　　　　　　　　午後　　時	平成　　年　　月　　日 (受理者名)　　　　　㊞

《ご注意とお願い》

① 契約解除日　　賃貸借契約書の契約解除の条項に基づき、届出日の翌日から_____の予告期間が必要です。

② 退去（明渡し）　退去は、住宅を明渡し、鍵を返還した時に完了したものと認定します。
　　　　　　　　なお、鍵の返還以降は、契約解除日以前でも住宅の使用はできません。

③ 賃料等　　　　契約解除日以前に住宅を退去されても、契約解除日まで頂きます。

④ 電気・ガス・　電気、ガス、水道及び電話は各供給機関に前もって連絡し、必ず退去日までの料金を
　　水道料金等　　精算してください。

⑤ 住宅の修繕　　退去されるに際し、居住者負担に係る修繕及び取替えを、当方に依頼される場合には、その工事に要する費用を負担していただくことになりますので、あらかじめご了承ください。
　　　　　　　　なお、退去者立会いのうえ、住宅の修繕箇所の確認及び修繕費負担額の算定をします。

⑥ 返還金の送金　敷金は、賃料及び修繕費等の支払債務が残っている場合には、その債務金額を控除した残額を平成　　年　　月　　日までに、ご指定の金融機関の預貯金口座に振込みます。

[① 借主控]
[② 貸主（管理業者）控]

[様式43]

修繕費負担額請求書

査定日　平成　年　月　日

査定物件名	
氏　名	殿

あなたが上記住宅を退去されるに際し、入居中における住宅等の損傷による修繕費負担額として、次のとおり算定し、請求します。

修繕費負担額　￥

契約解除年月日　平成　年　月　日

（貸主又は管理業者名）　　　　　　　　　　　㊞

（明　細）

内　　　等		容			修繕費負担額	
品　名	修繕内容及び修繕箇所	単位	数量	単価	金額	
畳	表替え	枚				
	裏返し	枚				
	取替え	枚				
ふすま 襖 等		枚				
		枚				
		枚				
		枚				
		枚				
		枚				
		枚				
壁	塗装(1)	m²				
	塗装(2)	m²				
	塗装(3)	m²				
	塗装(4)	m²				
	壁紙	m²				
	クロス	m²				
	ビニールクロス	m²				
	壁タイル	m²				

1/2

内　　　等		容			修繕費負担額	
品　名	修繕内容及び修繕箇所	単位	数量	単価	金額	
天井	吹付け	m²				
	塗装	m²				
	クロス	m²				
床	塗装	m²				
	フローリング					
	クッションフロア					
	樹脂系タイル					
シリンダー錠		個				
クリーニング						
その他						

合　計	
消費税相当額　合計 × 0.05	
総　合　計	

① 管理業者 → 借主

[様式44]

修繕費負担額承認書

査定日 平成　年　月　日

査定物件名	
氏　名	印

私が賃借していた上記住宅の退去に際し、入居中における住宅等の損傷による修繕費負担額として、次の金額認めて支払います。

修繕費負担額 ￥＿＿＿＿＿＿＿　　契約解除年月日 平成　年　月　日

(貸主又は管理業者名)＿＿＿＿＿＿＿＿ 御中

（明　細）

品名等		修繕内容及び修繕箇所	内容			修繕費負担額	
			単位	数量	単価	金額	
畳	表替え		枚				
	裏返し		枚				
	取替え		枚				
ふすま 等			枚				
			枚				
			枚				
			枚				
			枚				
			枚				
			枚				
壁	塗装(1)		m²				
	塗装(2)		m²				
	塗装(3)		m²				
	塗装(4)		m²				
	壁紙		m²				
	クロス		m²				
	ビニールクロス		m²				
	壁タイル		m²				

2/2

品名等		修繕内容及び修繕箇所	内容			修繕費負担額	
			単位	数量	単価	金額	
天井	吹付け		m²				
	塗装		m²				
	クロス		m²				
床	塗装		m²				
	フローリング						
	クッションフロア						
	樹脂系タイル						
シリンダー錠			個				
クリーニング							
その他							

合計	
消費税相当額	合計 × 0.05
総合計	

② 借主 → 管理業者

[様式45-1]

空家修繕工事見積依頼書

次の工事を実施したいので、工事金額の見積りを依頼します。

平成　年　月　日

　　　　　　　　御中

㊞

工事物件名（　　　　　　　　アパート　　　　号室）空家修繕工事

（明細）　　　　　　　　　　　　　　　　　　　　　　　　（単位：円）

品名等	内容及び箇所	貸主負担分 数量	貸主負担分 金額	借主負担分 数量	借主負担分 金額	合計 数量	合計 金額
畳	表替え						
	裏返し						
	取替え						
襖等							
壁	塗装(1)						
	塗装(2)						
	塗装(3)						
	塗装(4)						
	壁紙						
	クロス						
	ビニールクロス						
	壁タイル						
天井	吹付け						
	塗装						
	クロス						

品名等	内容及び箇所	貸主負担分 数量	貸主負担分 金額	借主負担分 数量	借主負担分 金額	合計 数量	合計 金額
床	塗装						
	フローリング						
	クッションフロア						
	樹脂系タイル						
鍵							
クリーニング							
その他							

小計	
消費税相当額	
総合計	
見積額	

① 管理業者 → 工事業者

[様式45-2]

空家修繕工事見積書

ご依頼のありました工事の見積額は ¥_____ 円です。

平成　年　月　日

_____ 御中

（明細）

工事物件名（　　　　　　　アパート　　　号室）空家修繕工事

(単位：円)

品名等	内容及び箇所	貸主負担分 数量	貸主負担分 金額	借主負担分 数量	借主負担分 金額	合計 数量	合計 金額
畳	表替え						
	裏返し						
	取替え						
襖							
等							
壁	塗装(1)						
	塗装(2)						
	塗装(3)						
	塗装(4)						
	壁紙						
	クロス						
	ビニールクロス						
	壁タイル						
天井	吹付け						
	塗装						
	クロス						

品名等	内容及び箇所	貸主負担分 数量	貸主負担分 金額	借主負担分 数量	借主負担分 金額	合計 数量	合計 金額
床	塗装						
	フローリング						
	クッションフロア						
	樹脂系タイル						
鍵							
クリーニング							
その他							

小計	
消費税相当額	
総合計	
見積額	

② 工事業者 → 管理業者

[様式46]

空家修繕工事発注書

工事の名称　　空　家　修　繕　工　事

工事の場所　　(アパート名・部屋番号等)

工事の内容　　別紙のとおり

工事の金額　　￥　　，　　　　，

工事の期間　　平成　年　月　日～平成　年　月　日

上記のとおり空家修繕工事を発注します。

　　　　　　　平成　　年　　月　　日

　　　　　　　（貸主名）

　　　　　　　（管理業務受託者）
　　　　　　　（住所）

　　　　　　　（名称）

　　　　　　　（電話番号）　　　　（　　）
　　　　　　　（氏名）
　　　　　　　　　　　　　　　　　　　　㊞

_____御中

[様式47（様式46、49の別紙）]

空家修繕工事明細

平成　年　月　日

工事物件名　[　　　]

上記物件の空家修繕工事の内容は次のとおりです。

（明細）

品名等	工事内容及び工事箇所	単位	数量	単価	金額
畳　表替え		枚			
畳　裏返し		枚			
畳　取替え		枚			
襖等　塗装(1)		枚			
襖等　塗装(2)		枚			
襖等　塗装(3)		枚			
襖等　塗装(4)		枚			
襖等　壁紙		枚			
襖等　クロス		枚			
襖等　ビニールクロス		枚			
壁　壁タイル		m²			
壁　吹付け		m²			
天井　塗装		m²			
天井　クロス		m²			
床　塗装		m²			
床　フローリング		m²			
床　クッションフロア		m²			
床　樹脂系タイル		m²			
シリンダー錠		個			
クリーニング					
その他					

合　計		
消費税相当額	合計 × 0.05	
総合計		

③ 管理業者　→　工事業者

135

[様式48]

空家修繕工事完了検査書

工事物件名：＿＿＿＿＿＿

下記工事が検査結果のとおり完了したことを確認します。

検査日　平成　　年　　月　　日

（検査者）＿＿＿＿＿＿　印

（明細）

品名等	内　容			検査結果
	工事内容及び工事箇所	単位	数量	
畳　表替え		枚		
裏返し		枚		
取替え		枚		
ふすま等		枚		
		枚		
		枚		
		枚		
		枚		
		枚		
		枚		
壁　塗装(1)		m²		
塗装(2)		m²		
塗装(3)		m²		
塗装(4)		m²		
壁紙		m²		
クロス		m²		
ビニールクロス		m²		
壁タイル		m²		

品名等	内　容			検査結果
	工事内容及び工事箇所	単位	数量	
天井　吹付け		m²		
塗装		m²		
クロス		m²		
井				
床　塗装				
フローリング				
クッションフロア				
樹脂系タイル				
シリンダー錠		個		
クリーニング				
その他				

（※工事業者に当該コピーを交付）

（コピーを管理業者が保管）

④　管理業者　→　貸主

[様式49]

空 家 修 繕 工 事 完 了 確 認 書

工事の名称　　　　空 家 修 繕 工 事

工事の場所　　　　（アパート名・部屋番号等）

工事の内容　　　　別紙のとおり

工事の期間　　　　平成　年　月　日～平成　年　月　日

上記工事については、検査の結果仕様のとおり工事が完了したことを確認します。

　　　　　平成　年　月　日

　　　　　　（貸主名）

　　　　　　（管理業務受託者）
　　　　　　　（住所）

　　　　　　　（名称）

　　　　　　　（電話番号）　　　　（　　　）
　　　　　　　（氏名）
　　　　　　　　　　　　　　　　　　　　㊞

_____御中

[様式50-1]

退去時修繕等工事明細表

平成　年　月　日

(アパート名・部屋番号)　　　　　　
借主　　　　　　　　　殿

退去にあたり貴殿が実施する修繕工事等は以下のとおりです。

(管理業者名)　　　　　　　㊞

(明細)

品名等		修繕内容及び修繕箇所	単位	数量	単価	金額
畳	表替え		枚			
	裏返し		枚			
	取替え		枚			
襖等			枚			
			枚			
			枚			
			枚			
			枚			
			枚			
			枚			
壁	塗装(1)		m²			
	塗装(2)		m²			
	塗装(3)		m²			
	塗装(4)		m²			
	壁紙		m²			
	クロス		m²			
	ビニールクロス		m²			
	壁タイル		m²			

品名等		修繕内容及び修繕箇所	単位	数量	単価	金額
天井	吹付け		m²			
	塗装		m²			
	クロス		m²			
床	塗装		m²			
	フローリング					
	クッションフロア					
	樹脂系タイル					
シリンダー錠			個			
クリーニング						
その他						

合計	
消費税相当額	合計 × 0.05
総合計	

お願い：修繕工事業者は、当方の指定する工事業者に依頼して行うこと。指定工事金額については、指定工事業者と協議してください。

① 管理業者 → 借主

[様式50-2]

退去時修繕等工事について
（承諾書兼修繕等完了検査書）

平成　年　月　日

管理業者殿

（アパート名・部屋番号）
借主：　　　　　　　　　㊞

下記記載の修繕等工事を平成　年　月　日までに実施します。

（明細）

内　容				検査結果
品名等	修繕内容及び修繕箇所	単位	数量	
畳	表替え		枚	
	裏返し		枚	
	取替え		枚	
ふすま・襖等			枚	
			枚	
			枚	
			枚	
			枚	
			枚	
			枚	
			枚	
壁	塗装(1)		m²	
	塗装(2)		m²	
	塗装(3)		m²	
	塗装(4)		m²	
	壁紙		m²	
	クロス		m²	
	ビニールクロス		m²	
	壁タイル		m²	

内　容				検査結果
品名等	修繕内容及び修繕箇所	単位	数量	
天井	吹付け		m²	
	塗装		m²	
	クロス		m²	
床	塗装		m²	
	フローリング			
	クッションフロア			
	樹脂系タイル			
	シリンダー錠		個	
	クリーニング			
その他				

② 借主 → 管理業者

[様式51]

敷 金 精 算 書

_____ 様

物件名及び所在地	

上記物件に係る敷金を下記のとおり相殺します。

平成　年　月　日

(貸主) _____
(管理業務受託者)
(住所)
(名称)
(電話番号)
(氏名) _____ ㊞

記

敷　金①　　　＿＿＿,＿＿＿,＿＿＿円

(控除額内訳)
家　　賃　　＿＿＿,＿＿＿,＿＿＿円
共 益 費　　＿＿＿,＿＿＿,＿＿＿円
修繕費負担額　＿＿＿,＿＿＿,＿＿＿円
そ の 他　　＿＿＿,＿＿＿,＿＿＿円
控除額計②　　＿＿＿,＿＿＿,＿＿＿円

(控除結果①－②)
返 還 額　　＿＿＿,＿＿＿,＿＿＿円
不 足 額　　＿＿＿,＿＿＿,＿＿＿円

《①－②がプラス(＋)のとき返還します。マイナス(－)のときは不足額をお支払いください。》

受 領 額　　＿＿＿,＿＿＿,＿＿＿円

精算結果(　　　) , 　　 , 　　円

[様式52]

退去時原状回復等に係る

修繕費負担額の支払いについて

　平成　　年　　月　　　日付で賃貸借契約を解除しました_____
アパート_____号室に係る原状回復等については、別紙「修繕費負担額請求書」記載の修繕内容及び修繕箇所につき、私がその費用を負担することを認めるとともに貴社指定の工事店が見積もった金額を、貴社の指定する方法によりお支払いすることを確約いたします。

以上

　　平成　　年　　月　　日

_____ ㊞

（管　理　業　者）

_____殿

[様式53]

平成　年　月　日

_____様
　　　　　　　　　　(管理業者名等)

　　　　　　　　　　　　　　　　_____㊞

退去時修繕費等
不足額のお支払いについて

　拝啓　益々ご清栄のこととお喜び申し上げます。
　さて、平成　年　月　日付で契約解除いたしました_____アパート_____号室のあなた様にご負担いただきました原状回復等工事の費用につきまして当社指定の工事店から別紙「修繕費負担額請求書」に記載のとおり回答がありましたので、ご通知申し上げます。
　修繕費負担額の確定に伴い、あなた様から入居時にお預かりいたしました敷金と精算いたしましたところ、下記のとおりの金額が不足することとなりました。
　つきましては、下記によりお支払い下さいますようお願い申し上げます。

敬　具

記

　1　お支払金額　　　　¥_____円

　2　お支払方法　　　　_____銀行_____支店

　　　　　　　　　　　　普通預金口座番号_____

　　　　　　　　　　　　口座名義_____

　3　お支払期日　　　　平成　年　月　日まで

　4　お送りする関係書類　①　敷金精算書　　　　　1通

　　　　　　　　　　　　②　修繕費負担額請求書　1通

以　上

[別紙1　東京都要請文]

平成4年6月29日
4住不指第　18号

業者団体の長
業者団体未加入業者　あて

東京都住宅局不動産業指導部長
松　田　充　弘

居住用建物賃貸借契約に係る媒介業務の適正化について

　最近、東京都においては、宅地建物取引業者（以下、『宅建業者』という。）が行う居住用建物賃貸借契約の媒介業務等に関連して、特に預り金の取扱いについて、借主等からの苦情、相談が増加する傾向にあります。
　貴団体におかれましても、宅地建物の取引業務の適正化については、日頃から特段の御配慮をいただいておりますが、特に下記事項に留意して業務を処理されるよう要請いたします。あわせて、会員各位に対するこの趣旨の周知徹底について格別の御協力をお願いします。

記

　居住用建物賃貸借の媒介時に、一部の宅建業者が、物件を確保するために、預り金と称して金銭を受領し、契約が成立しない場合に正当な理由なく返還しないため、紛争になる事例が跡をたたないので、預り金については、次のように取扱うものとする。

　居住用建物の賃借の媒介又は代理に際して、宅建業者は、その名目の如何にかかわらず預り金を受領してはならないものとする。

　ただし、借受け予定者が物件を特定し、特段の依頼により、やむを得ず預り金を受領したときは、成約の有無にかかわらず、いったん、借受け予定者に返還するものとする。

　なお、預り金を受領する場合においては、事前に当該預り金が物件を確保する目的のものであること、物件確保の有効期限及び必ず借受け予定者に返還されるものであることについて重要事項説明書を交付して説明するものとする。

[別紙1 つづき]

預 り 証

年　月　日

_____殿

3万円以上 収入印紙 200円貼付

物件の表示	所在地	
	種　類	マンション・アパート・貸家・貸間・事務所・店舗・工場・倉庫・
	構　造	木造・鉄骨造・鉄筋コンクリート造・鉄骨鉄筋コンクリート造・　　　　　　　　　　　階建
	名　称	階　　　　　号室
	面　積	m²（坪）
賃貸条件	賃料	（月）　　　円[うち消費税　　円]	権利金	（月）　　　円[うち消費税　　円]
	管理費	（月）　　　円[うち消費税　　円]	敷　金	円
	共益費	（月）　　　円[うち消費税　　円]	保証金	円
	雑　費	（月）　　　円[うち消費税　　円]	償　却	
	礼　金	円	契約期間	年
	更新料	（現・新）家賃の　　　か月分相当額		
備考				

預り金額	円
預り金の目的	上記物件を上記条件のもとに確保するため
預り金の有効期間	平成　　年　　月　　日限り
	上記有効期間を経過した場合、貴殿の申込の効力は失効します。
契約の締結予定日	平成　年　月　日（　）　　締結場所
預り金の返還	(1) 当該預り金は、契約の成立・不成立にかかわらず借受け予定者に全額返還します。 (2) 契約が成立した場合は、当該預り金は契約金の一部に充当することもできます。

上記条件のもとに本預り証を発行します。

（媒介業者）

免許証番号	国土交通大臣・　　　　知事（　　）第　　　　　号
免許年月日	年　　月　　日
主たる事務所	
商　号	
代表者	㊞
電話番号	FAX番号
取引主任者	（登録番号）

[別紙2]

媒介業務に係る法制度

	売買媒介（交換、代理）	賃貸媒介（代理）
取引態様の明示 （業法第34条）	宅建業者は、宅地、建物の広告をするときは、取引態様の別（売買の場合は、売主、代理、媒介、交換の場合は、売主、代理、媒介、貸借の場合は貸主、代理、媒介）を明示しなければならない。（第1項） 宅建業者は、注文を受けたときは遅滞なくその注文をした者に対し、取引態様の別を明らかにしなければならない。（第2項）	
媒介契約 （業法第34条の2） （業法第34条の3）	宅建業者は、媒介契約を締結したときは、遅滞なく、書面を作成して記名押印し、依頼者に交付しなければならない。 （媒介契約の類型） ① 一般媒介契約 ② 専任媒介契約 ③ 専属専任媒介契約 第34条の2の規定は、宅建業者に売買・交換の代理を依頼する契約について準用する。	業法上、義務付けられていない。 ただし、大臣告示で示された標準契約書がある。 ① 住宅の標準賃貸借媒介契約書（貸主用） ② 住宅の標準賃貸借代理契約書（貸主用） ③ 住宅の標準賃貸借代理及び管理委託契約書（一括委託型） ④ 住宅の標準賃貸借代理及び管理委託契約書（一部委託型） ⑤ 住宅の標準賃貸借媒介契約書（借主用）
買主の探索 （業法第34条の2・第5項） （施行規則第15条の8） （業法第34条の3）	宅建業者は、依頼者と専任媒介契約を締結したときは、契約の相手方を探索するために、国土交通省令で定める期間内［専任媒介契約の締結の日から7日以内※（休業日を除く。）、専属専任媒介契約にあっては5日以内］に指定流通機構に登録（施行規則第15条の8）しなければならない。 ※民法140条で、「期間を日、週、月、年をもって定めるときは期間の初日を算入しない」とする規定を受けての表現である。 （専任媒介契約約款第7条） 宅建業者は、依頼者と専任媒介契約を締結したときは、指定流通機構に契約締結の日の翌日から7日以内（宅建業者の休業日を除く。）に登録すること。 第34条の2の規定は、宅建業者に売買・交換の代理を依頼する契約について準用する。	業法上、義務付けられていない。 ただし、標準契約書を使用する場合は、約定に従った広告方法により、相手方を探索する義務を負うことになる。
業務処理報告 （業法第34条の2・第8項） （業法第34条の3）	宅建業者は、依頼者に対し、専任媒介契約に係る業務の処理状況を2週間に1回以上報告しなければならない。 （専属専任媒介契約に係る業務の処理状況は1週間に1回以上報告しなければならない。） 第34条の2の規定は、宅建業者に売買・交換の代理を依頼する契約について準用する。	業法上、義務付けられていない。 ただし、標準契約書を使用する場合は、約定に従い、業務処理報告をする義務を負うことになる。
重要事項説明 （業法第35条）	宅建業者は、各当事者に対して、契約が成立するまでの間に取引主任者をして、書面を交付して説明させなければならない。	
契約の書面交付 （業法第37条第1項、第2項） （業法第37条第3項）	宅建業者は、媒介（代理）により契約が成立した時は、各当事者に遅滞なく書面を交付しなければならない。 （業法第37条第1項） 宅建業者は、交付すべき書面を作成したときは、取引主任者をして、当該書面に記名押印をさせなければならない。	宅建業者は、媒介（代理）により契約が成立した時は、各当事者に書面を交付しなければならない。 （業法第37条第2項）
預り金等の扱い （東京都の要請文）		（東京都の要請文／H4.6.29） 貸借の媒介または代理に際して、宅建業者は、その名目の如何に係らず預り金を受領してはならないものとする。 ただし、借受け予定者が物件を特定し、特段の依頼により、やむを得ず預り金を受領したときは、成約の有無に係らず、一旦、借受け予定者に返還するものとする。 なお、預り金を受領する場合においては、事前に当該預り金が物件を確保する目的のものであること、物件確保の有効期限及び必ず借受け予定者に返還されるものであることについて重要事項説明書を交付して説明するものとする。
報酬 （業法第46条）	宅建業者が受けることのできる報酬の額は、国土交通大臣の定めるところによる。（第1項） 宅建業者は、前項の額をこえて報酬を受けてはならない。（第2項） 宅建業者は、事務所ごとに、公衆の見やすい場所に国土交通大臣が定めた報酬の額を掲示しなければならない。（第4項）	
報酬額の制限 （昭和45年10月23日 建設省告示第1552号） （最終改正平成16年2月18日 国土交通省告示第100号）	（売買・交換の媒介の場合） 課税事業者である宅建業者は、依頼者の一方につき、売買に係る消費税等相当額を含まない代金又は交換に係る消費税等相当額を含まない代金の額の［(3％＋6万円)×1.05］以内。 （売買・交換の代理の場合） 課税事業者である宅建業者は、依頼者から、売買に係る消費税等相当額を含まない代金又は交換に係る消費税等相当額を含まない代金の額の［(3％＋6万円)×1.05］以内の2倍以内。	（貸借の媒介の場合） 課税事業者である宅建業者は、依頼者の双方から受けることのできる報酬の額の合計は、消費税等相当額を含まない借賃（当該賃貸が使用貸借のものである場合においては、当該土地又は建物の通常の借賃をいう。以下同じ。）の［(1月分に相当する金額)×1.05］以内。 居住用に供する建物の賃貸借媒介に関して、依頼者一方から受けることのできる報酬の額は、依頼を受けるに当たり当該依頼者の承諾を得ている場合を除き消費税等相当額を含まない借賃の［(1月分の2分の1に相当する金額)×1.05］以内。 （貸借の代理） 消費税等相当額を含まない借賃の［(1月分に相当する金額)×1.05］以内。ただし、課税事業者である宅建業者が当該貸借の相手方から報酬を受ける場合は、その報酬額と代理の依頼者から受ける報酬額の合計が消費税等相当額を含まない借賃の［(1月分に相当する金額)×1.05］を超えてはならない。
	（その他） 宅建業者は、依頼者の依頼によって行う広告の料金に相当する額については、別途受領することができる。非課税事業者である宅建業者が受取ることができる報酬額は、上記算出額に、105分の100を乗じて得た額、代理または媒介における仕入に係る消費税額等相当額以内とする。	

[別紙3]　　　　　　　　『契約のしおり』の記載事項例

(1) 入居申込書の提出について
　　入居申込書は、お客様が入居希望物件を特定された段階で、当社に提出していただきます。
　　入居申込書は、当社にて、記載内容を確認、審査のうえ、貸主の承諾を得るための資料となりますので、全ての事項について、正確にお答え下さい。
　　記入内容が、不明な点については、後日、電話等でご連絡頂くことで対応しますので、確認でき次第、ご連絡下さい。
　　また、連帯保証人様に、当社より確認のご連絡をさせて頂きますので、必ず、事前にご了解を得ておいて下さい。
　　なお、当社にて確認の結果、事実と相違する場合は、入居申込みをお断りすることもございますのでご了承下さい。

(2) 入居の可否通知について
　　入居が可能な場合は、電話にてご連絡いたします。
　　なお、貸主様より承諾を得た後でのキャンセルはトラブルの原因になりますのでお断り申し上げます。万一、入居をお断りする場合は、郵便にてご連絡いたします。

(3) 重要事項の説明について
　　賃貸借契約を締結する前に、契約条件等に関する説明（重要事項説明）を行います。
　　この説明は、賃貸借契約を締結するまでの間に、宅建取引主任者が借主様に対して書面を交付して説明することが宅建業法により義務付けられておりますので、ご来店いただきご契約条件等のご確認をお願いいたします。

(4) 契約（賃貸借契約の締結）の方法について
　　賃貸借契約を行うためには、次のような書類が必要です。契約当日までに準備して下さい。
　　なお、契約者は、安定した収入のあることが最低条件です。学生や無職の方などの場合は、親族または保護者等安定した収入のある方に契約者になっていただいております。

　　　① 契約者本人に関するもの
　　　　□ 住民票（謄本）　1通・・・・入居者全員の関係が分かるもの
　　　　□ 印鑑登録証明書　1通・・・・3か月以内のもの
　　　　□ 収入証明書　　　1通・・・・源泉徴収票または納税証明書
　　　　□ 賃貸借契約書　　2通・・・・事前に提示してある場合
　　　　□ 印鑑　　　　　　　　　・・・・実印（銀行口座引落処理を求める場合は銀行届印）

　　　② 連帯保証人に関するもの
　　　　□ 印鑑登録証明書　1通・・・・3か月以内のもの
　　　　□ 収入証明書　　　1通・・・・源泉徴収票または納税証明書
　　　【契約に立会う場合】
　　　　□ 印鑑　　　　　　　　　・・・・実印
　　　【契約に立会わない場合】
　　　　□ 賃貸借契約書の保証人欄
　　　　　　または保証引受承諾書・・・本人の署名と押印（実印）

　　　③ 法人契約の場合
　　　　□ 会社謄本　　　　1通・・・・3か月以内のもの
　　　　□ 連帯保証人（会社代表者の個人保証・第三者の連帯保証）
　　　　　　賃貸借契約書の保証人欄
　　　　　　または保証引受承諾書・・・本人の署名と押印（実印）
　　　　□ 入居者リスト
　　　　□ 住民票（謄本）　1通・・・・入居者全員の関係が分かるもの

④　学生の場合【契約当事者は親族または保護者等】
　　　□　住民票（謄本）　１通・・・・入居者全員の関係が分かるもの
　　　□　印鑑登録証明書１通・・・・３か月以内のもの
　　　□　収入証明書　　１通・・・・源泉徴収票または納税証明書
　　　□　賃貸借契約書　２通・・・・事前に提示してある場合
　　　□　印鑑　　　　　　　・・・・実印
【学生からの提出物】
　　　□　在学証明書または入学許可書・合格通知書

（５）区分所有建物を賃貸する場合の誓約書の提出について
　　区分所有建物において、専有部分を第三者に貸与する場合は、中高層共同住宅標準管理規約第18条で、借主に、管理規約及び使用細則に定める事項を遵守する旨の誓約書を管理組合に提出することが規定されているため、誓約書の作成にご協力下さい。

（６）その他
① 　貸主様の要請により、暴力団、暴走族、暴力主義的破壊活動を行う団体などの構成員、及び、これらの者と密接に関係すると認められる者並びに、他の入居者に迷惑をかける者の本物件の使用、本物件への出入りをお断りしておりますので、ご了承下さい。

② 　ペット（犬、猫、鳩、大型爬虫類等）の飼育、危険物の製造・保管、重量物の搬入、共有部分への物品の放置、看板・ポスター等の掲示等、近隣に迷惑をかける恐れのある行為をお断りしておりますので、ご了承下さい。

③ 　賃料等の支払いは、前払いとなっておりますので、翌月分を当月○日までに、貸主の指定する口座に銀行振込みにて納入して下さい。
　　なお、支払時期を経過した未払家賃が生じた場合は、以降、物件を管理する宅建業者（または貸主）まで、持参払いして頂くことになります。
　　また、長期に家賃を滞納した場合は、連帯保証人に未払家賃の支払を請求することになりますので、家賃の支払及び支払期日の厳守をお願いします。

（７）契約更新
　　賃貸借契約期間は、２年間ですが、契約更新年次に、貸主様からの更新通知があった場合は、貸主様と協議のうえ、更新手続きを行うことになりますので、ご協力下さい。

（８）解約
　　借主様は、貸主様に対し、少なくとも１か月前に解約の申入れを行うことにより、賃貸借契約を解約することができます。
　　解約を予定の場合は、１か月前までに、当社までご連絡下さい。
　　当社が、解約に必要な手続きを行いますのでご安心下さい。
　　なお、解約時には、模様替え等をした場合は、入居時の状態に原状回復して頂くとともに、必ず清掃し、荷物は全部搬出して下さい。
　　また、退去時までに、電気、水道、ガス、電話等の使用料の精算を完了のうえ、完了した内容を当社に報告できる状態にしておいて頂くとともに、鍵は必ずお返し下さい。
　　さらに、退去時は、敷金等の精算処理がありますが、この処理を行うために室内点検を行いますので、お立会い下さるようお願いします。

（９）退去時における修繕費用の負担
　　重要事項説明書と賃貸借契約書のご説明でご理解頂いたとおり、借主様は、経年変化及び通常の使用による住宅の損耗等の復旧についてその費用の負担を要しませんが、借主様の故意・過失や通常の使用方法に反する使用など、借主様の責めに帰すべき事由による住宅の損耗等があれば、退去時に、その復旧費用をご負担頂くことになります。（特約がある場合）
　　なお、貸主様・借主様が合意した「○○」、「○○」、「○○」の費用（小規模な修繕）についても、借主様が退去する際にご負担いただくことになります。（特約がある場合）

[別紙4]　　　　　　　　『入居のしおり』の記載事項例

(1) 鍵の引渡し後の保管について
　　鍵は、借主様の生命、財産を保護し、プライバシーを守ってくれる大切なものです。
　　鍵を紛失した場合は、錠ごとの取替え費用を負担して頂きますので、ご注意下さい。
　　また、鍵に住戸番号や名前を書いたキーホルダー等を付けることは、紛失した時に危険ですので、注意して下さい。

(2) 入居時の室内点検の確認について
　　入居前または、入居○日以内に入居する室内点検を行って頂きますので、ご協力下さい。
　　この点検は、退去時の損壊・損傷状況を確認する際の基礎資料になるものですので、入居時の状況をご確認下さい。

(3) 入居に際しての留意事項について
　　お引越当日は、次の点にご留意下さいますようお願いいたします。
① 　お荷物の搬入にあたっては、共有部分（天井・床・壁・ドア・階段等）や住戸内・専用使用部分の損壊・損傷にご注意下さい。
② 　梱包材料その他引越に伴って発生する不要物その他粗大ゴミ等は、必ず、運送業者に持ち帰らせるか、ご自身で責任をもって処分されますようお願いいたします。
　　ご自身で行う場合は、有料処理となりますが、市（区町村）役所に処理日を確認し、対応することになります。

(4) 電気・水道・ガスの受給手続き及び電話のお申込みについて
① 　電気
　　お客様のご入居時にはすでに通電されておりますので、室内備え付けのブレーカーのスイッチを入れる（上方に押し上げる）ことによってご利用いただけます。
　　電気容量は、○○Aの契約になります。
　　希望により、○○Aまで変更可能ですが、変更する場合は、貸主（当社）に届出のうえ、必要な手続きは、電力会社と行って下さい。
　　また、ブレーカーに付いているハガキに必要事項をご記入のうえ、投函して下さい。
　　なお、電気に関する細部のご照会先は
　　　　○○電力㈱　　○○営業所　　TEL　○○○○○○○○
　　　　（住所）　○○○○○○○○○○○○○○○

② 　水道
　　ご使用開始前に必ず管轄水道局に電話でご連絡下さいますようお願いいたします。
　　なお、水道に関する細部のご照会先は
　　　　○○水道局　　○○営業所　　TEL　○○○○○○○○
　　　　（住所）　○○○○○○○○○○○○○○○

③ 　ガス
　　この地域のガス熱量は、○○A（6A・12A・13A）です。
　　ご使用開始の2・3日前までに○○ガス管轄営業所へご連絡下さい。
　　○○ガスの係員がご指定の日に開栓に伺います。
　　なお、ガスの開栓時には、お客様の立会いが条件となっておりますので、当日はご印鑑をご用意下さい。
　　また、お持ちのガス器具の安全点検を必ず受けて下さい。
　　　　○○ガス㈱　　○○営業所　　TEL　○○○○○○○○
　　　　（住所）　○○○○○○○○○○○○○○○

④ 　電話
　　各戸に配線済ですので、お客様ご自身でお申込み下さい。
　　なお、お部屋の電話番号が決まりましたら、当社までお届け願います。

電話の新規申込み、あるいは、移設につきましては、架設までの時間的な問題もございますので、
　　　なるべく早目に管轄電話局に細部をご照会下さい。
　　　　　　ＮＴＴ〇〇電話局　　　　　　　　℡　〇〇〇〇〇〇〇〇
　　　　（住所）　〇〇〇〇〇〇〇〇〇〇〇〇〇〇〇

(5) 区分所有建物の賃貸住宅への入居後の留意事項について
　　本物件は、区分所有建物を賃貸しているため、本物件に関する管理規約及び使用細則等に規定する
　事項を遵守し、他の所有者と円滑な共同生活を営んで頂くことになりますので、管理規約等を十分に
　ご理解し、ご協力願います。

(6) 入居後の公的な届出先等について
　① 住居の表示
　　　〒〇〇　　〇〇県〇〇市〇〇町〇〇丁目〇〇番〇〇号

　② 転入（転居）届　┐　　〇〇市役所
　　　印鑑登録　　　├　　（住所）　〇〇〇〇〇〇〇〇〇〇〇
　　　その他の手続き┘　　　　　　　℡　〇〇〇〇〇〇〇〇
　　　転入学手続き　　　　教育委員会
　　　　　　　　　　　　（住所）　〇〇〇〇〇〇〇〇〇〇〇
　　　　　　　　　　　　　　　　　℡　〇〇〇〇〇〇〇〇

　③ 郵便物について
　　　転居届に旧・新の住所を記載して郵便局に提出して下さい。（転居届のハガキは、お近くの郵便局で入
　　手できます。）
　　　届出することにより、旧住所への郵便物は、1年間、新住所に転送してくれます。
　　　　　〇〇郵便局　　　　　　　　　℡　〇〇〇〇〇〇〇〇
　　　　　　（住所）　〇〇〇〇〇〇〇〇〇〇〇

　④ 生活関連施設について
　　（公共施設）
　　　★〇〇警察署　　　〇〇〇〇〇〇〇〇〇　℡　〇〇〇〇〇〇〇〇
　　　★〇〇消防署（出張所）　〇〇〇〇〇〇〇〇〇　℡　〇〇〇〇〇〇〇〇
　　　★〇〇保健所　　　〇〇〇〇〇〇〇〇〇　℡　〇〇〇〇〇〇〇〇

　　（教育施設）
　　　★〇〇保育園　　　〇〇〇〇〇〇〇〇〇　℡　〇〇〇〇〇〇〇〇
　　　　　　　　　（当アパートより約〇〇〇m）
　　　★〇〇幼稚園　　　〇〇〇〇〇〇〇〇〇　℡　〇〇〇〇〇〇〇〇
　　　　　　　　　（当アパートより約〇〇〇m）
　　　★〇〇小学校　　　〇〇〇〇〇〇〇〇〇　℡　〇〇〇〇〇〇〇〇
　　　　　　　　　（当アパートより約〇〇〇m）
　　　★〇〇中学校　　　〇〇〇〇〇〇〇〇〇　℡　〇〇〇〇〇〇〇〇
　　　　　　　　　（当アパートより約〇〇〇m）

　　（医療施設）
　　　★〇〇病院（総合病院）　　　（当アパートより約〇〇〇m）
　　　★〇〇診療所（内・小児科）　（当アパートより約〇〇〇m）
　　　★〇〇クリニック（産婦人科）（当アパートより約〇〇〇m）
　　　★〇〇耳鼻科（耳鼻科・眼科）（当アパートより約〇〇〇m）
　　　★〇〇歯科医院（歯科）　　　（当アパートより約〇〇〇m）

　　（利便施設）
　　　★〇〇デパート　　　　　　　（当アパートより約〇〇〇m）
　　　★〇〇ストア　　　　　　　　（当アパートより約〇〇〇m）

★○○銀行　　　　　　　　　　　（当アパートより約○○○m）

(7) 日常のゴミの出し方について
　　ゴミ収集日は、○、○曜日が可燃ゴミ、○曜日は不燃ゴミ、第○、○曜日は粗大ゴミとなっております。
　　ゴミ置場への搬出は、当日朝○時○分までとなっており、前日や前夜の搬出は近隣に迷惑となりますので、搬出なさらないようご協力下さい。

(8) 賃料・共益費等の支払いについて
　　賃料等の支払いは、前払いとなっておりますので、翌月分を当月○日までに、貸主の指定する口座に銀行振込みにて納入して下さい。

(9) 室内等の原状変更について
　　室内諸造作の新設・付加・除去・模様替え等、室内の原状を変更する場合は、床・壁・天井・の荷重力、設備・容量等に制限がありますので、必ず、事前に、貸主様または、当社にお申出のうえ、承認を受けてから行って下さい。
　　また、室内の柱等に釘等を打つ場合も同様に、事前の了解を取ったうえで、なるべく傷が見えない部分に打つように心掛けて下さい。

(10) 生活音について
　　ピアノ・テレビ・ステレオ・カラオケ・各種楽器等の音は、近隣の迷惑になりますので音量には十分ご注意下さい。
　　特に、早朝及び夜遅くの音量は、十二分な配慮が必要です。
　　また、小さなお子さんのいらっしゃるお宅では、室内でのジャンプなどしないよう注意し、音の伝わりやすい板床にはカーペットを敷くなどして階下の方に音が響かないような工夫にご協力下さい。

(11) 室内の換気について
　　建物は、閉めっきりの状態ですと、外気との温度差や水蒸気の発生する鍋料理等により、室内に水滴ができ、放置しておきますと結露が生じやすくなり、壁・床・天井にカビが生えシミや剥れの原因となりますので、水滴が発生した場合は乾拭きするとともに天気のよい日は窓を開け風通しするよう心掛けて下さい。
　　押入れや収納などの内部は、結露しやすいので、戸を開け換気を、また、風呂を使用した後は、換気扇十分に回したり、窓を開けるなどして水蒸気の除去に努めるなど結露防止にご協力下さい。

(12) 洗濯機の排水・風呂の使用について
　　洗濯機の排水については、排水ホースの口を洗濯機専用の排水口に差し込んで、また、専用排水口がない場合は、排水溝に確実に流れるような工夫をしてご使用下さい。
　　万一、排水ホースが外れるなどして、水漏れしますと階下の方に迷惑をかけることになりますので注意して下さい。
　　また、風呂を使用する場合は、水やお湯の出しっ放しや浴室のドアを開けたままの使用により、階下に水漏れする恐れがありますので、注意して下さい。

(13) 室内での漏水について
　　室内は、防水工事を施していませんので、多量の水をこぼさないようご注意下さい。
　　万一、多量の水をこぼした場合は、階下の方に迷惑をかけることになりますので、注意して下さい。
　　（寒冷地の場合）
　　気温の低い冬場は、凍結防止のため水道管内の水抜きを行うか、蛇口をゆるめ少量の水を流す等して凍結による水道管の破裂防止にご協力下さい。

(14) 火の取扱いについて
　　火の始末には十分な注意をお願いします。
　　特に、タバコを吸う方は寝タバコ等、また、ガスコンロや石油ストーブ、電気ストーブ、調理中の場合、つけっ放しで長時間その場を離れること等は、火災の原因になりますのでご注意下さい。

(15) 台所の使用について
　台所は、毎日の炊事に使用され、流し台の水はね、調理による油はねや油煙の壁等への付着等により、最も汚れやすい場所です。
　しかしながら、こまめに掃除することによって、清潔感を保つことができますので、流し台、レンジ台、換気扇、周辺の戸棚、壁、床、天井等の汚れを落とすよう心掛けて下さい。
　なお、ステンレス製の流し台やレンジ台、換気扇は、中性洗剤で洗い落とすように心掛けて下さい。

(16) バルコニーの使用について
　バルコニーは、有事の際の避難通路となっておりますので、大型の荷物等は障害物となりますので置かないようにして下さい。
　また、手摺の外側には、植木鉢等を備え付けることのないようにして下さい。風等による落下や水滴等は、階下の方の迷惑となりますのでご協力下さい。
　さらに、幼児のいるご家庭では、木箱等踏み台となるような物を置きますと非常に危険ですから置かないよう十分に注意して下さい。

(17) トイレの使用について
　水洗トイレは、必ずトイレットペーパーをご使用下さい。
　脱脂綿、硬い紙、布切れ、生理用品、ゴム製品、ティッシュペーパー等を流しますと、排水管の詰まりの原因となり、汚水が逆流して使用不能になるなど、他の入居者にも迷惑となりますので、トイレットペーパー以外の使用は行わないようにして下さい。

(18) 自転車置場等の使用について
　自転車置場は、限られたスペースしかございませんので、必要最小限の自転車を置くようにお願いします。また、他の入居者の迷惑になるような放置はお止め下さい。
　また、駐車場以外に車を長期に駐停車することは、他の入居者及び近隣の住民に迷惑を掛けることになりますので、所定の駐車場にお入れ下さい。

(19) 設備等に不具合が生じた場合及び緊急事態発生時の連絡について
　風呂釜等の設備に異常を感じた場合は、管理事務所（管理業者）に申出て下さい。状況を確認のうえ、必要な措置を取る用意があります。
　また、室内で水漏れが発生した場合や、火災等緊急事態が発生した場合も、管理事務所（管理業者）に申出て下さい。

(20) 賃貸借契約の更新及び解約時の届出方法について
　賃貸借契約の更新は、〇か年ごとに行われますが、契約期間満了の〇週間（〇日）前に確認の通知をいたしますので、手続きにご協力下さい。
　また、賃貸借契約を解約する場合は、賃貸借契約書第〇条に規定しているとおり、〇日前に解約の申入れを行う必要がありますので、所定の日以前に管理事務所（管理業者）にご連絡下さい。
　なお、解約の申入れの日から〇日分の賃料を支払うことにより、解約の申入れの日から起算して〇日を経過する日までの間、随時に契約を解約することも可能です。

(21) 退去時における修繕費用の負担
　重要事項説明書と賃貸借契約書のご説明でご理解頂いたとおり、借主様は、経年変化及び通常の使用による住宅の損耗等の復旧についてその費用の負担を要しませんが、借主様の故意・過失や通常の使用方法に反する使用など、借主様の責めに帰すべき事由による住宅の損耗等があれば、退去時に、その復旧費用をご負担頂くことになります。（特約がある場合）
　なお、貸主様・借主様が合意した「〇〇」、「〇〇」、「〇〇」の費用（小規模な修繕）についても、借主様が退去する際にご負担いただくことになります。（特約がある場合）

[別紙5]　　　　　　　　　　『管理報』の記載事項例

〔1〕住まい方の知識
[通常生活に関するもの]

① ゴミ
A．＜ゴミの出し方＞

> 袋に入れて、しっかり結ぶ　収集日の朝、決められた場所へ
> 　　　　　生活にゴミはつきものです。ルールを守って清潔な環境を！

(1) ゴミは、収集日の朝（決められた時間まで）に出すこと。
　　前日または収集後に出すと犬猫に袋等を破損され、臭気で近隣に居住者に大変な迷惑を与えることになります。
(2) ゴミを搬出するときは、袋等に入れ、飛散しないようしっかりと紐等で結ぶこと。
(3) 可燃物と不燃物を区別して収集する地域については、これらのゴミを混入して出さないこと。
(4) 資源として再利用できる新聞紙、雑誌、衣類、ビンと缶等の金属類は資源回収日に出すこと。
(5) 台所のクズは、水分を十分に切ってから出すこと。
(6) コンテナで収集している地域は、ゴミ収集日以外でも利用できる状況にありますが、夏場は長時間ゴミがコンテナの中にありますと臭気が発生し、近隣の居住者に迷惑を与えることになりますので、収集日以外は、極力出さないこと。

B．＜ゴミの区分＞

> ゴミは区分して決められた日に、決められた場所に出しましょう！

(1) 燃やせるゴミ　　　　　［収集日　毎週○曜日と○曜日］
　　◇ 台所ゴミ（料理くず、残飯、貝殻など）
　　◇ 紙くず（紙くず、チリ紙など）
　　◇ 木くず（木の枝、板切れなど）
　　◇ 草、葉、繊維くず（化学繊維は除く）
(2) 燃やせないゴミ　　　　［収集日　毎週○曜日］
　　◇ プラスチック製品（飲料水、シャンプーの容器など）
　　◇ 発泡スチロール（魚のパック梱包材など）
　　◇ ゴム類（長靴、運動靴など）
(3) ビン、缶類　　　　　　［収集日　第○　○曜日］
　　◇ ビン・缶類（ガラス、金属類など）
　　◇ 磁器類（茶碗、皿など）
(4) 有害ゴミ　　　　　　　［収集日　第○　○曜日］
　　◇ 電池、蛍光灯など
(5) 粗大ゴミ　　　　　　　［申込先　Tel○○○○－○○○○］
　　担当の清掃事務所に電話で、住所・氏名・電話番号・粗大ゴミの種類を伝え、申込んで下さい。
　　◇ 燃やせるゴミ［木製家具類、木製建具類（机、椅子、襖、ドアなど）］
　　◇ 燃やせないゴミ［家庭電化製品、家具・寝具類、金属類（洗濯機、テレビ、スチール製机、鏡台、ジュータンカーペット、自転車など）］
(6) 収集できないゴミ
　　◇ 建築廃材（ブロック、コンクリートガラなど）
　　◇ 危険物等（タイヤ、プロパンガスボンベ、廃油、ペンキなど）

② 騒音
A．コンクリート造住宅の場合

> 室内での騒音

　当マンションは、コンクリートの壁に仕切られた集合住宅で、大勢の人々が毎日の生活を営むとこ

ろです。一戸建住宅と違い、集合住宅では、皆様のちょっとした不注意が、意外なトラブルのもとになったり、不快な思いをすることになりかねません。
　トラブルが起きた時は、当事者の皆様方の間で解決して頂くことになりますが、お互いに不快な思いをしないためにも、居住者の皆様が集合住宅における住まいのルールをよく認識し、特に以下のような点に十分注意して、楽しい共同生活を送りましょう。

> コンクリートは音を伝えます

　コンクリートの建物の床や壁面は、振動音をかなり敏感に伝えますから、床や壁を通じて伝わる『音』による上下階、隣同士のトラブルが少なくありません。
(1)　ドアの開閉音
(2)　階段の昇降音
(3)　子供の飛び跳ねる音
(4)　深夜のトイレ・入浴による流水音
(5)　テレビ・ステレオ・ピアノ・カラオケ等の音
　住宅内には、騒音源がたくさんあります。

> 下階の人、隣人への配慮を

　一般的に、上階からの物音は、音を出している本人は気付かなくても、下階の人にとっては大きな音となっていることが多いものです。上階の人は、下階の人にどの程度大きな音をさせているか知らないのではないでしょうか。特に小さい子供が走り回っても、子供のことだからといって見逃しがちです。物音に対する受止め方は、個々人により、非常に主観的な面が強いのですが、特に病気で寝込んでいる時や、朝、深夜などは、無用な騒音を出さないような配慮が必要です。

> 心遣いや工夫を忘れずに

　テレビ・ステレオなど音のでるものは、壁から少し離して置くように工夫してみて下さい。
　同時に、板の間は、カーペットを敷く、椅子の足にゴムキャップ等を付けるなどちょっとした心遣いで大分改善されます。物の引き摺りや、跳びはね等による衝撃音にも注意を払いたいものです。
　お互いに共同生活を営んでいる訳ですから、ある程度の生活音は仕方ないことと思いますので、我慢しあうことも必要になります。
　しかし、住まいは、安らぎの場ですから、相手の立場に立って、お互いが隣人に迷惑を掛けないよう努力することが重要です。

Ｂ．コンクリート造以外の住宅の場合

> 集合住宅の性格上、ドアの開閉音やトイレ・浴室の流水音が、ある程度聞こえることは避けられませんが、音に対するトラブルを予防するために、次のようなことに気を付けましょう。

　　◇　小さなお子さんのいらっしゃるお宅では、部屋にカーペットを敷くなどして、階下の住宅に音の響かぬようご配慮下さい。
　　◇　テレビ・ステレオ・楽器などは、近所の迷惑にならないような音量にご注意下さい。特に、朝や深夜の音量にはご配慮下さい。
　　◇　深夜、早朝のドア・窓などの開閉音や浴室の流水音には、特にご注意下さい。

③　水漏れ

> 水漏れ事故に注意を　　（例1）

> 完全防水は浴室のみ！　うっかりが招く思わぬ負担

当マンション（アパート）は、床に完全防水が施されているのは浴室だけで、その他の部分は防水されていません。何らかの原因で床に水をこぼすと、それが少しの量であっても下階へ漏水してしまいます。

もし、水漏れ事故が、あなたの不注意から起きた場合、あなた自身がその被害に応じて天井、壁、畳、建具などの補修費や敷物・家具類等の損害賠償の負担をしなければなりません。ちょっとした不注意が大変な負担となり、お互いに気まずいことにもなりますので、事故を未然に防ぐために、次のことにくれぐれも注意しましょう。

洗濯機のホースはしっかり固定

洗濯機のための防水パンが設置されていない場合は、洗濯機の排水は通常浴室に流しますが、ホースを浴室排水口近くまで延ばしたうえで、しっかりと紐等で結び付ける等固定してお使い下さい。

洗濯機は使用する水の量が多く、家事の片手間に目を離して使用するケースが多いため、万一の場合の被害が大きくなりがちです。十分気を付けてお使い下さい。

排水管の詰まりにご注意を

排水管の詰まりによる水漏れ事故をなくすため、次の点に注意して下さい。

(1) 台所の流しには、野菜くず、残り油などを流さないように注意し、一日に一度は目皿などに溜ったゴミを取り除くよう心掛けて下さい。
(2) トイレは、使用上の注意をよく守り、固い紙や布きれなど、流してはならないものは絶対に流さないで下さい。
(3) 水はけが悪いからといって、目皿、中皿、わん等を取り外して使用しないで下さい。かえって、管の詰まりの原因となります。

また、バルコニーの雨水排水管にも注意して下さい。雨水排水管が詰まって、バルコニーに雨水が溜るようなことになりますと、防水処理をしていませんから、水漏れ事故の原因となります。

バルコニーと排水口ドレンも忘れることなく、清掃願います。

水栓の締め忘れにご注意を

水栓の締め忘れによる漏水事故も意外に多く見受けられます。

水栓を開けた時に、もし、断水していたら、すぐに、水栓を締めておかないと、断水の解除後、水が流れ始め、放置状態のままになっている場合は下階に漏水する等大変な事故になります。

また、長期に留守する時は、メーターボックス内の給水元栓を締めるよう心掛けて下さい。

事故が起きてしまったら

十分注意を払っても起きるのが事故です。万一、事故が起きてしまった場合は、迅速に対処して被害を最小限に食い止めることが大切です。

まず、床に水をこぼした場合は、直ちに水栓を止め、雑巾などで水を吸い取るとともに、下階のお宅に連絡して、漏水しそうな場所の家具等を移動する用意をしてもらうなど、二次被害を食い止めるようにします。

逆に、上階の漏水に気付いた時は、すぐに、上階のお宅に知らせて、措置を取ってもらうようにします。

もし、上階の方が留守の場合は、メーターボックス内の給水元栓を締め、給水元栓を締めたことを玄関ドアに張紙等して知らせて下さい。

万一に備えて、保険に加入を

漏水事故も、被害がわずかならともかく、高額な家具など『うっかりしていたためにごめんなさい』では、済まないものになります。万一の事故に備えて、保険に加入しておくことも、共同生活を営む上のマナーの一つと言えます。

必要な補修費や損害賠償金を負担する以外に、償う方法がない訳ですから、起きてしまった事故に

ついては、自分が加害者の場合も、また、逆に被害者の場合でも、誠意をもって対処するようにしましょう。
　そのため、○○保険などに加入しておくことをお勧めします。

つい、うっかりが事故の元　（例2）

床の水洗いは禁物です

　コンクリート造の壁や床は、一見、水を通さないように見えますが、目に見えない細かい空隙が無数にあって、一定以上の水をこぼした場合、階下の住宅に水漏れすることになります。
　玄関や階段室、便所、バルコニーなどの床も、完全防水が施してありません。これらの場所を掃除する場合は、雑巾やモップで拭いたり、茶殻や濡らした新聞紙を細かく千切ったものを利用するなどして、絶対に水洗いしないようにしましょう。
　また、バルコニーにクーラーの排水をする場合は、長めのホースを利用して、直接、雨水のたて桶まで流すようにしないと水漏れの原因となりますので注意しましょう。

浴室のトラップの清掃を

　浴室の排水口のトラップは、長い間使用しているうちに油脂や毛髪が付着して排水の流れを悪くします。浴槽の水は、大量ですから流れが悪いと床の防止層を越えてあふれることがありますので、定期的にトラップを定期的に清掃するように心掛けましょう。
　まず、『目皿』を外して表裏を清掃し、次に『わん』を外して内外を清掃します。また、トラップ本体にも汚れが付着していますから取り除きます。
　ただし、目皿やわんを外した状態で使用しますと、かえって管の詰まりの原因となりますので注意しましょう。

洗濯機のホースを固定して使用を

　洗濯機の排水は、洗濯機のための防水パンが設置されていない場合、普通、浴室に流すことになりますが、ホースを浴室の排水口近くまで延ばし固定した状態で使用しましょう。敷居の上に載せただけでは、何かの拍子にホースが床へ落ちたり、敷居を伝わって漏水したりする事故につながるからです。

流し台のトラップの清掃を

　流し台では、野菜くずや茶殻などのゴミが多く、また油などの付着しやすいので、毎日一度はトラップを清掃するように心掛けましょう。
　時々、市販の洗浄用の洗剤を使ってパイプの掃除をするのも効果的です。

排水管に異物を流さない

　共同住宅では、各種の排水は上下の住宅全部で共用する縦管を通じて本管に放流されています。異物を流すと、共用縦管が詰まって排水管からあふれた水が、住宅に流れ出すことにもなり兼ねません。
　排水管に異物が流れ込まないように十分気を付けましょう。特に、オムツや生理用品、布類等をトイレで流さないようにしましょう。
　異物の詰まりによる事故の時は、それを流した住戸がわかった場合はその住戸の責任に、また、分からない時は共用管を使用する各住戸の共同責任となり、補修費や損害賠償の責めを共同で負って頂くことになりますので注意しましょう。

室内防水は浴室だけ　（例3）

ちょっとした油断が水漏れ事故に！

　住宅は、鉄筋コンクリートで壁や床が出来ているから、防水性があるという考えは誤りです。
　一見、水などを通さないように思われがちですが、コンクリートには目に見えないほどの細かい空隙が無数にあって、水の浸透を防ぐ力がありません。床に完全防水を施してある浴室を除いて、他の部分に水をこぼした場合は、階下の住宅に漏れるものと思って下さい。

排水管

　住宅の排水管は、上下階の住宅全部につながっていますから、うっかり物を流して詰まらせたりすると大変なことになります。階下の住宅への水漏れだけでなく、汚水が他の住宅へも逆流し、かつ、その住宅の階下へと二次、三次と被害が広がることになりますので注意しましょう。

断水

　工事や事故などで断水することがあります。水が出ないからと蛇口を開けたままにしておきますと、断水が解除された場合に、水が流れっ放しになります。蛇口を開けたままうっかり外出したり、何かに没頭していると、部屋中が水浸しになってしまうことになり、ひいては、階下の住宅に被害を及ぼすことになりますので、蛇口の締め忘れのないように注意しましょう。
　また、長期の留守や出掛ける場合は、ガスの元栓や電気関係だけでなく、水道の元栓を締めることにも心掛けたいものです。

洗濯機

　洗濯機に注水する場合や排水する場合は、注水ホースや排水ホースが水の勢いや何かの拍子で外れ、水が床等にこぼれないように細心の注意を払って使用するようにしましょう。
(1)　水道の蛇口から洗濯機に注水する場合は、ホースが蛇口から外れないようにしっかりと固定し、また、ホースは、余裕をもって洗濯機に届く長さに調整しましょう。
(2)　浴室の敷居にホースの先端を載せてた状態で排水しますと、水の勢いで床に流れ込んだり、飛び水などが敷居を伝わって漏水の原因になりますので、浴室の排水口に確実に流れ込むように固定して使用するようにしましょう。
(3)　洗濯機用の防水パンが設置されている場合、ホースを排水口に正しく差し込んでいなかったために水が床に流れ込み漏水の原因となりますので注意しましょう。
(4)　濯ぎの途中で、水を出しっ放しのまま外出したり、長話などで長時間離れることは、思わぬ水漏れにつながる恐れがありますので注意しましょう。

流し台・洗面台

　残飯や毛髪、ゴミ等が流し台や洗面台を通じて排水管に流し込むことは、詰まりの原因になりますので注意しましょう。
(1)　流し台では、野菜くずや残飯などのゴミが多く、油なども排水管に付着しやすいため放置しておきますと詰まりの原因になります。
　　調理をした後や定期的にトラップを掃除することを心掛けましょう。また、天ぷらなどの廃油は、絶対に流し台の排水口に流さないで、冷ました状態で布等に含ませゴミ処理するとか市販の廃油処理用品などを使うようにしましょう。
　　なお、油汚れのものを洗った後は、熱いお湯を流しておくと効果がありますのでお試し下さい。
(2)　洗面台を通じて、毛髪やゴミくず、小さくなった石鹸などが排水口や排水管に付着することが多いため放置しておきますと詰まりの原因になります。定期的に、パイプから水漏れや水漏れ跡がないか点検するようにしましょう。また、市販のパイプ洗浄剤などにより掃除することも詰まりの未然防止となります。

> バルコニー

　バルコニーは、コンクリート敷きとなっていたとしても、防水加工を施していない場合が多いため水まきや水遊びは止めましょう。
　掃除する場合は、雑巾やモップで拭くなどの方法で行って下さい。

> エアコン

　エアコンからの排水の垂れ流しは、漏水や階下への飛び水による被害を及ぼす原因になりますので、排水を垂れ流しすることなく排水口に届く長さのホースを使用するかバケツ等で受けてから水処理するようにしましょう。

> 浴室

　浴室の排水口のトラップは、油脂や毛髪が付着して排水の流れを悪くし、大量の水を排水する場合に床の防水層を越えて水漏れすることがありますので、定期的に排水口のトラップに付着している毛髪等を掃除するように心掛けましょう。なお、目皿やわんを外したままで使用しますと、かえって管の詰まりの原因となりますので注意して下さい。

> トイレ

　トイレでは、所定のトイレットペーパー以外の紙を使用しないようにしましょう。異物を流すことによって、排水管を詰まらせた場合は、修理費や損害賠償の責めを負って頂くことになりますので、オムツや生理用品、布類等を絶対に流さないようにしましょう。

④　犬猫飼育の禁止

> 泣き声、臭気などは近所迷惑です　（例1）

　犬、猫、爬虫類等の飼育は、賃貸借契約書に禁止事項として明記しております。（第〇条）
　最近、犬や猫をはじめとするペットの飼育に関する苦情が増えており、『泣き声』『抜け毛』『フン尿』等で、『うるさい、きたない、異臭がする』との声が後を絶ちません。飼育をしている方は、愛着をもっておられますが、人によっては動物を好む人もいますが、恐怖、嫌悪感をもっている人もおります。
　大勢の方と共同住宅で共同生活を営んでいくためには、ルールやマナーをお互いが守る必要があります。貸主からの禁止勧告の前に、自主的にお止め下さるようご協力下さい。

> 近所迷惑！！　（例2）

　当マンション（アパート）では、犬・猫等の飼育を禁止しています。
　飼育している方は愛着があるので案外気が付かれないと思いますが、泣き声による騒音、抜け毛による不潔感、フン尿による悪臭等、近隣の皆様は大変迷惑を受けています。
　共同生活のマナーを守り、他人の身になって、犬・猫等の飼育は止めて下さい。

⑤　廊下等への物の設定

> 廊下等に物を置かないで！

　過日、消防署立会いの消防施設等の安全点検が行われました。
　特に、廊下式の住宅では、消火栓、避難通路となる廊下、踊り場付近に物（自転車、三輪車等）を置かれているケースが見受けられ、消防署の指摘を受けました。
　こうした状態で火災等が発生した場合、

(1) 消火栓が使えない
(2) 廊下及びバルコニーの隣との隔壁板（非常時に破壊して隣に避難するための板）付近に物が置かれて避難に手間取る

　など、人命にかかわる大事に至るおそれがあります。

　　皆様の日常のちょっとした心掛けで、火災等による被害を最小限に食い止めることができます。
　　また、美観上からも好ましくありませんので、廊下等に物を置かないようご協力をお願いします。

　　バルコニーに物を置かないで！

　バルコニーの手摺りの上や窓際に植木鉢などが、風や何かのはずみで落下し、階下の住人や歩行者などに思い掛けない事故を起こすことがあります。
　小さいから、軽いからといって見過ごしがちになりますが、落下物の瞬間的衝撃力は相当なものです。
(1) 植木鉢などはバルコニーの内側に置くこと
(2) 物干し竿は、飛ばないように紐等で固定すること
(3) 洗濯物及び布団等は、飛ばないように金具等で固定すること
(4) 窓やバルコニーから物を投げないこと

　など、ちょっとした不注意が大きな事故につながるおそれがありますので、共同生活のマナーをみんなで守るようお願いします。

　　表札はかかっていますか！？

　お宅に届く大切なお手紙・小包などは、郵便受箱に居住者のお名前と部屋の表札がありませんと、お住いかどうかわかりませんので、配達できない場合があるそうです。
　また、棟・部屋番号が出ていないために配達出来ないものもあるとのことですから、表札を出し、郵便物を差し出す時は、部屋番号まで必ず書くようにしましょう。

⑥ 家賃等滞納に注意

　家賃等滞納にご注意を！・・・最悪時は強制執行も

　家賃は、皆様と貸主との間で締結した賃貸借契約書に記載されておりますように、翌月分（または当月分）を毎月〇日までに納めて頂くことになっております。
　ところで、家賃を〇か月分以上滞納されますと賃貸借契約を解除し、住宅を明渡して頂く旨を契約書に明記されています。家賃を滞納されている方は、事情があると思いますが、当社の担当者まで出向かれるか、電話連絡により、差し支えのない範囲でご説明頂くとともに、今後の支払い方法等を誠意をもって明示し、実行されますようお願いします。
　なお、家賃を滞納されている方に対しては、
(1) 郵便物による督促
(2) 住宅及び勤務先に訪問、電話等による督促
　などの連絡をしております。
　このような督促を行ってもなお、誠意が見られなく、家賃等の滞納が続く場合は、連帯保証人に債務履行するよう連絡をとる予定です。それでも進展が見られない場合は、内容証明郵便により期限付契約解除通知を行って、法的措置に訴えていくことになります。
　その内容は、契約書の条項に基づき、
(1) 滞納家賃等を全額支払うこと
(2) 住宅を明渡すこと
(3) 契約を解除した場合は契約解除日から住宅の明渡すまでの間は、家賃の〇倍の損害額を支払うこと
　などとなっております。裁判に訴えられた方は、裁判による和解が成立しない限り、家主側の訴えどおりの判決が言い渡されています。

和解が成立した方、判決が言い渡され方は、それぞれ和解条項または判決文どおり実行して頂くことになります。もし、実行されない場合は、滞納家賃の取り立てと住宅の明渡しの強制執行を実施することになります。このような事態に立ち至ることのないよう、家賃は決められた期限内に納めて頂くようお願いします。

⑦　エレベーターの利用マナー

> 11月10日は、エレベーターの日です

　"エレベーター　安全利用7つのマナー"

　皆様が毎日の足として利用されているエレベーターは、お年寄りや子供でも安心して使えるよう、安全性や耐久性を十分に配慮し、簡単な操作で動くように設計された乗物です。
　でも注意して下さい。エレベーターは、利用する人たちを安全に運ぶために、ほんのわずかな異常が起こっても、すかさずキャッチし危険が回避されるまで停止します。エレベーターの中で缶詰になったということにならないように、正しい乗り方、使い方が必要です。
　また、子供たちがエレベーターで遊んでいたり、イタズラをしている場合は、注意するようにご協力をお願いします。

(1)　定員、積載重量を必ず守ること
　　通常、エレベーターは、定格積載重量以上になると、警報ベルが鳴り動かなくなります。
　　定員、積載重量をオーバーした場合、後から乗った人から順に降りて下さい。
(2)　ドアの溝に物を詰めないこと
　　ドアの溝に、ゴミ・ガム・小石などが挟まると、ドアが閉まらなくなり、途中で止まったりして缶詰事故の原因となります。
(3)　幼児には必ず保護者が同伴すること
　　エレベーターの操作や注意書などが理解できない年少者のひとり乗りは、缶詰になったりしたときのことなどを考えると非常に危険です。
(4)　ドアには手を触れないこと
　　エレベーターのドアにもたれかかったり、手を触れるのは厳禁です。
　　ドアが開く時は、戸袋に引き込まれたりして危険です。また、荷物をドアに当てたりすると、エレベーターが途中で止まる原因ともなります。
(5)　乗っている間は静粛にすること
　　エレベーター内で飛びはねたり、揺すったりすると、エレベーターが急にストップしたり、思い掛けない事故を起こす原因となります。
(6)　地震・火災時は絶対に乗らないこと
　　地震や火災などの時は、停電などによりエレベーターが停止する恐れがあります。エレベーターによる避難は絶対に避けましょう。
　　もし、エレベーターに乗っていて地震を感じた場合は、すべての階のスイッチを押し、最寄りの開いた階で直ちにエレベーターから降りるようにします。
(7)　エレベーターに閉じ込められたらインターホンで連絡をとること
　　万一、エレベーターの中に閉じ込められた時は、無理にドアをこじ開けたりして外に出ようとするのは大変危険です。まず、インターホンで管理者に連絡を取るようにして下さい。
　　缶詰になっても窒息の心配はありません。落ち着いて管理者の指示に従って下さい。

⑧　放置自転車

> 自転車置場に、不使用自転車がのさばっています

　自転車や子供の三輪車等が、自転車置場以外に散乱しており、通行の邪魔となっているばかりか美観的にもよくありません。

所有者各自の責任において、所定の自転車置場内に整理するようにしましょう。また、不使用自転車は、各自が責任をもって処分し、限られたスペースを有効に活用できるようにご協力下さい。

⑨ 不法駐車

> 路上駐車禁止！

　当マンション（アパート）周辺の路上での不法駐車は、依然として減っておりません。居住者の方や近隣の方から迷惑を受けて困っているという苦情が寄せられております。また、市役所や警察署、消防署からも居住者の皆様方へ不法駐車排除に協力するよう強い要望とともに注意を受けております。
　路上駐車は、周辺の渋滞を招くばかりか、歩行者の往来に支障をきたしております。また、救急車や消防車などの緊急車、ゴミ収集車等の通行の阻害要因となっておりますので、駐車場以外の場所に不法駐車しないようご協力下さい。

⑩ 届出事項

> 手続を忘れていませんか？　（例1）

　いろいろの事情から入居当初と家族構成や入居資格などに変更が生じてきます。これらの変更に関する届出について、ご説明いたします。なお、詳しいことをご確認したい方は、管理業者（管理事務所）までご連絡下さい。
（1）不在届
　　家族全員が、長期に（○日以上）住宅を明ける時に届出て頂くものです。
　　家賃さえ支払っていれば、居住しなくてもよいのではないかというお考えの方もいると思いますが、緊急事故が発生した時に連絡が取れないために迅速な措置が取れず思わぬ大事故になったこともあり、また、不在届を出さなかったために、無断退去とみなされた事例があります。
　　不在期間が長期にわたる場合は、不在理由、不在期間、不在期間中の連絡先などをご連絡下さい。
（2）同居届
　　入居時に届出のあった家族以外の方を同居させようとする時に、届出て頂くものです。
　　同居が認められるのは、親族（六親等内の血族、配偶者及び三親等内の姻族）に限られます。知人や友人などの同居は一切認めません。
　　新たに同居者が増える予定がある場合は、事前に、同居者氏名、同居理由、及び契約者と同居者の親族関係が証明できる戸籍謄本などをご提示のうえ事前の了承を得るようにして下さい。

[親等図]
○印は、血族とその親等［六親等内］　　（　）印は、姻族とその親等［三親等内］

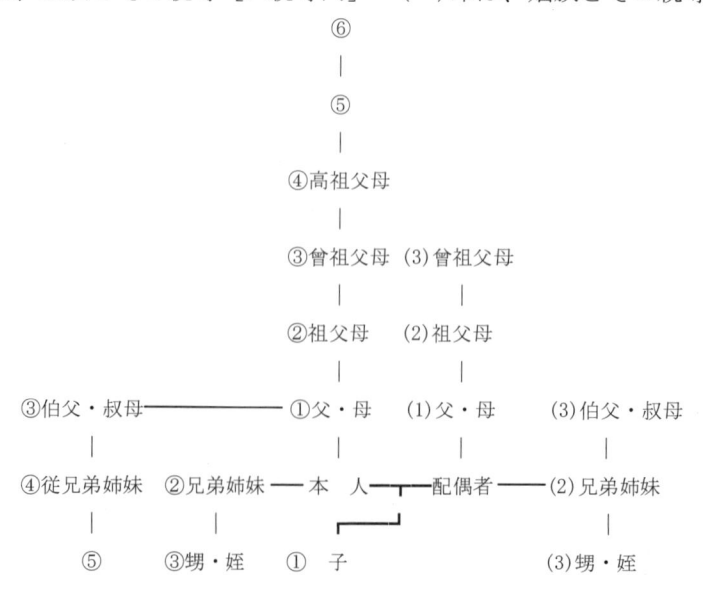

```
                        ⑥
                        │
                        ⑤
                        │
                      ④高祖父母
                        │
                      ③曾祖父母　(3)曾祖父母
                        │         │
                      ②祖父母　  (2)祖父母
                        │
③伯父・叔母────①父・母　(1)父・母　　(3)伯父・叔母
    │              │          │              │
④従兄弟姉妹　②兄弟姉妹──本　人──配偶者──(2)兄弟姉妹
    │         │              │                  │
    ⑤       ③甥・姪        ①子               (3)甥・姪
```

```
        ―             ―
   ⑥          ② 孫
                 ―
              ③曾孫
                 ―
              ④玄孫
                 ―
                ⑤
                 ―
                ⑥
```

(3) 氏名変更届

　　契約名義人が、結婚したり、養子縁組などにより氏名が変わった時に届出て頂くものです。この届出が出ていない場合は、他人が住んでいるなどと誤った通報がなされることがあります。また、氏名が変更されたことを証明する戸籍謄本などをご提示のうえ変更確認手続をお願いします。

(4) 名義承継願

　　契約名義人が離婚や死亡により、その家族が引続き居住する場合に届出て頂くものです。

　　賃貸借契約では、住宅の一部または全部を転貸したり、住宅の賃借権を譲渡したりすることを禁止しています。これは、親族の方であっても同様の扱いとなりますので、手続をお願いします。

(5) その他

　　次に該当する場合も届出をお願いします。

　◇　家族の一部が転出するとき
　◇　勤務先や緊急連絡先が変更になるとき
　◇　結婚・出生の理由により家族構成に変更が生じたとき
　◇　住宅の模様替えをするとき（事前了承が必要です）
　　　エアコン等の取付けも該当します。また、退去される際、入居者側の負担で原状回復して頂くことを承認の条件としています。
　◇　住宅を退去するとき

家族構成などに変動が生じた場合は、届出をお忘れなく！　（例2）

　入居の時に届出された家族構成に、次のような変更が生じた時は、必要書類等を添付のうえ、管理業者（管理事務所）に変更内容を届出て下さい。

　なお、同居が出来る方は、親族（六親等内の血族、配偶者及び三親等内の姻族）に限られます。知人や友人の同居は一切認めません。

(1) 契約名義人が結婚や養子縁組などにより姓が変わったとき
(2) 契約名義人の勤務先が変わったとき
(3) 緊急連絡先が変わったとき
(4) 子供が生まれたとき
(5) 親と同居することになったとき
(6) 子供が大きくなって転居することになったとき
(7) ご家族の方が亡くなられたとき
(8) 家族全員が長期間（○日以上）にわたり不在となるとき
　など

緊急時の連絡先の届出を　（例3）

　　大切な財産を守るため、勤務先や連絡先が変わったら変更手続を！

　最近、共稼ぎの方が増え、留守がちな住宅が多くなっております。こんな時、留守宅内から火災や

水漏れ事故などが発生した場合、留守宅の居住者にも緊急連絡をしますが、管理業者（管理事務所）に、お届け頂いている緊急時の連絡先や勤務先が変わっても、変更手続をされていない時は緊急連絡が取れず、大変困ることがあります。

　万一、事故等が発生しても速やかに連絡が取れ、被害も最小限に止められるよう、入居時に、入居者名簿に記載された緊急時の連絡先や勤務先が変更になっている方及び、今後、変更があった場合は、速やかに管理業者（管理事務所）までお届け下さいますようご協力下さい。

⑪　無断転貸の禁止

　入居時に締結された賃貸借契約には、書面での承諾を得ることなく、住宅の全部または一部を転貸したり、住宅の賃借権を譲渡したりすることを禁止しています。これは、親族の方であっても同様の扱いとなりますので、手続が必要となります。（たとえ、親子や兄弟関係でも入れ代わり入居の場合は、転貸となります。）

　承諾を得ることなく転貸や賃借権を譲渡した場合は、契約違反であり速やかに退去して頂くことになりますので、ご注意下さい。

　契約名義人が、入居開始可能日から引続き同居している家族の一部を残して、転居したり、離婚や死亡あるいは契約名義人が直系親族によって扶養されるに至った場合、その扶養義務者が同居することとなった時などに対しては、名義承継は可能ですので、その関係が証明できる書類等を提示し所定の手続きをされ承諾を得て下さい。

⑫　災害時への心掛け

> 地震発生！　いざという時　被害を少なくするには　　（例1）

　大きな地震が発生した場合、住宅での地震の被害として考えられるのは、火災や家具等が倒れたり、何かが落下することによるケガなどです。

　もし、地震が起きたら、火災を引き起こさないよう火元を始末し、家の中の最も安全な場所で揺れがおさまるまでじっとしていることです。あわてて外に飛び出すと思わぬ危険にあうことがあります。

　また、地震が起きたときの被害を最小限にくい止めるには、日頃の備えをおろそかにしてはなりません。もし、地震が起きたらどうするかを家族全体で話合い、地震に対する備えをしておきましょう。

> 家具等はしっかり固定しておく

(1) タンス、食器棚、本棚などの家具は、揺れても倒れないように止め金具等で固定しておくようにしましょう。
　なお、壁に、取付け横木がある個所は問題ありませんが、所定の横木がない個所での固定作業については、退去時の原状回復との関係から、事前に、管理業者（管理事務所）に相談をして下さい。
(2) 落下してケガをするようなものは高い所に置かないようにしましょう。
(3) 地震が起きたら家の中のどこが安全かを確認しておきましょう。
　一般的には、四方が柱で囲まれたトイレや浴室などが安全と思われます。
(4) 地震が起きた時の役割分担を家族で話合って決めておきましょう。
　（火元の始末とか、ドアの開放、子供の世話、重要なものの搬出など）

> エレベーターは利用しない

高層住宅などエレベーターが設置されている住宅の場合は、
(1) 避難する場合のエレベーターの使用は絶対にやめましょう。
(2) エレベーターに乗っている時に、地震を感じたら、各階ボタンを全部押して、素早く扉を開けるようにし、開いた階にただちに降りるようにしましょう。

台風シーズン！　集中豪雨や強風雨への対策を　（例2）

　梅雨があけると暑い夏がやってきますが、梅雨時から初夏にかけては毎年、全国各地が集中豪雨に襲われるシーズンでもあります。
　また、夏も終わりに近付いた頃には台風シーズンの到来と、雨と風が心配な季節が続きます。
　豪雨や台風の時には、飛んできた物で窓ガラスが割れたり、雨水が窓から吹き込むなど思わぬ損害を受けないとも限りません。台風シーズンの到来に備えて、窓やバルコニーの点検などを今から心掛けて、台風時には、ラジオやテレビなどのニュースをよく聞き次の点に注意しましょう。
(1)　風が強くなる前に、バルコニーの植木鉢や空箱などは住宅内に入れるとともに、物干し竿は紐で結ぶなどして固定しましょう。
(2)　窓や出入口の戸締まりを厳重にして、必要に応じ、隙間をビニールテープやタオル、雑巾などで塞ぐようにしましょう。
(3)　台風時に外出する場合は、特に戸締まりを厳重にしましょう。
(4)　バルコニーの排水口が詰まらないよう、予め掃除しておきましょう。
(5)　停電、断水に備えて飲料水や懐中電灯などを準備しましょう。

出火元にならないよう　火の元にご注意を　（例3）

　出火原因の第一位は、タバコの火の不始末となっております。寝タバコは、布団に火が落ちたりして、思わぬ出火を招くことがありますので日頃から十分な注意をしましょう。
　万一、出火した時は、直ちに次の措置を取って下さい。
(1)　ご近所で、火事が発生した場合は、バルコニーにある可燃物を室内に移動し、窓や出入口の戸を閉めて、火や煙が室内に入らないようにして下さい。
(2)　自ら出火元となり、消化が不可能と思った時は、直ちに119番へ通報して下さい。
　火事を出しますと、あなた自身の財産を失うことになるばかりでなく、近隣の人々にも迷惑をかけ、また、住宅の損傷についても出火の原因が故意または重大な過失によるものと認められる場合は、すべてその損害を賠償しなくてはなりません。
　なお、火災が発生した場合は、大小に関わらず管理業者（管理事務所）に届出て下さい。

ガス漏れ　（例4）

　最近の住宅は、鉄筋コンクリート造に限らず、気密性が高くなっております。このため、換気が十分に行われないと不完全燃焼を起こすことになり、ガス中毒やガス爆発の原因ともなり兼ねません。
　次のような事項に十分注意して、事故を起こさないようにし、事故を未然に防ぐには一刻も早く発見することが大切です。『ガス臭い』と気付いたら、すぐ、所轄のガス会社へ連絡するようにして下さい。
(1)　火を取扱う場合は、室内の換気を十分に行うこと
(2)　ガス器具のコックや元栓の開閉を確実に行うこと
(3)　お休み前にガスの元栓を閉めるよう心掛けること
(4)　ゴム管は、十分差し込み、安全バンドで固く閉めること
(5)　古いゴム管を使用し続けると、外れたりしてガス漏れの原因となるので、2〜3年を目安として早目に取替えること
(6)　ガス器具やゴム管は、ガス会社の点検済の優良品を使用すること
(7)　ガス器具は、こまめに手入れし、ガス穴はよく掃除すること
(8)　都市ガスは、地域によって供給カロリーが異なるので、ガス器具はガスの種類に合ったものを使用すること
(9)　長期間留守にする時は、メーターボックスの元栓を閉めること

備えておきたい非常持出品リスト

　いざという時に持出せるように、予め『非常持出袋』などに用意しておくと役立ちます。

また、日頃から持出袋に入れておくと日常困るものについては、保管場所を確認しておきましょう。
(1) 金銭関係・・・・通帳、印鑑、現金
(2) 飲料水・・・・・水筒
(3) 電灯関係・・・・懐中電灯、ロウソク、ライター（マッチ）
(4) 情報収集関係・・携帯ラジオ
(5) 食料関係・・・・缶詰、缶切、非常食、ラーメン、鍋、ナイフ
(6) その他・・・・・手袋、防火頭巾、ビニール袋、ロープ、救急箱

⑬ ダニ

> 住まいのダニ退治・・・6～9月はダニの繁殖期　（例1）

換気と掃除と洗濯が防除の決め手

　じめじめと雨の降り続く季節となりました。これから更に、高温・高湿度となる夏季期間中は、住まい方次第でダニの異常発生を招きかねません。最近の住宅は、気密性が高くなっているため、住む人が意識して換気や清掃を心掛けなければダニにとって最高の生息環境となります。
　ダニは、ゼンソクなどのアレルギー症状を引き起こし、夜ごと人を刺し、食品を汚染するなど住まいに発生して人に害を与えます。その三悪ダニを中心に対策を考えてみましょう。

住まいに中で生息するダニ

　住まいの中から見付かるダニは、およそ百種類ぐらいです。一世帯にすべて生息しているということではなく、何世帯かを調査した結果の合計です。
　これらのダニもすべての住まいの中で生息しているわけではありません。その多くは、ペットや野鳥、ネズミなどによって住まいの中に運び込まれたダニ、あるいは戸外の植物や土壌などから風や何かに付着して入り込んだダニで、住まいの中で生息するダニは、50種以下です。
　住居固有のダニのうち最近多く検出されているのは、
(1) コナヒョウヒダニとケヒョウダニ（チリダニ科）
(2) イエササラダニ（ササラダニ科）
(3) ミナミツメダニ（ツメダニ科）
(4) ケナガコナダニ（コナダニ科）
(5) イエニクダニ（ニクダニ科）
など、これらが快適な生活に便乗してのさばっているダニの代表格といえます。

ダニ繁殖の条件

　住まいに固有のダニが繁殖する条件は、ダニの種類に関係なく共通しています。繁殖するのは、次の3つの条件が揃った時といえます。
(1) 温度が20～30℃、湿度が60～80%ある時で
(2) 私たちが『チリ』と呼んでいるエサがあること
(3) また、潜って卵を産める場所があること
　建物の中、特にコンクリート造の住宅の場合は、かなりの水分が含んでおり、乾燥するまでには何年もかかります。また、気密性が高いので水分の逃げる場がなく、水分のほとんどを畳やじゅうたんが吸い込んでしまうことになります。
　さらに、冬季は、暖房機器、加湿器の普及など、気密性の高い密閉された住宅の中では年中を通じて温度差がなく、快適な環境が、ダニにとっても生存のための絶好の条件を備えているということになります。

畳の上にじゅうたんは、ダニの温床

　畳のワラは、吸湿性が高く、しかも一度水分を吸い込むとなかなか放出しません。こんな性質をもった畳に、じゅうたんをかぶせれば、畳はいつまでも湿った状態のままとなります。ダニの多くは、暗く湿った場所を好み、しかも表面よりも内部を好みます。
　ダニの発生を防ぐには、このダニの好む環境を住み心地の悪い状態にしてやることが必要です。

ダニによる被害と防除・・・風を通して室内換気を！

　住まいのダニのうち、我々に直接被害を与える三悪ダニといえば、ゼンソクや鼻アレルギーを起こす『チリダニ』であり、人を刺す『ツメダニ』であり、家の中に大量に発生し、不快感を与え、食品を汚染する『コナダニ』や『ニクダニ』です。
　それぞれの被害とその防除法について簡単に述べてみましょう。

ゼンソクや鼻炎の原因『チリダニ』

　人間のフケやアカ、カビなどをエサにしており、じゅうたんや畳、布団、ソファーなどいろいろな場所にいます。
　チリダニ科のコナヒョウヒダニやケヒョウダニは、気管支ゼンソクや鼻炎、眼アレルギー、アトピー性湿疹をアレルギー体質の人に発症させます。原因はこれらのダニやその死骸、糞が、アレルゲン（アレルギーを引き起こす物質）となり、アレルギー反応を起こすのです。
　ダニアレルゲンをなくすためには、ダニの生態ばかりでなく、糞や死骸も取り除かねばなりません。その方法としては、
(1) 掃除機でこまめに取り除くこと
　　チリダニは、じゅうたんや畳などの表面近くに生息しているため、掃除機による除去を徹底することです。エサとなるフケやアカなどを取り除くとともに、吸引の衝撃でダニの体が傷み生存率も低くなります。糞も50～90％は捕集できますので繰り返し掃除機をかけることは有効です。ただ、化繊のじゅうたんは、静電気が起き安く、ダニがパイルに密着して取れにくくなります。むしろ、叩出して吸い取るといった工夫が必要です。
(2) 衣類や寝具を水で洗浄すること
　　例えば、最近流行している布団丸洗いは、前処理→シミ抜き→洗浄・乾燥・復元→仕上げの工程を通過しますが、これにより布団表面のダニアルゲン量は平均で30分の1程度まで減らせます。これは布団側地と綿とを別々に洗ってもほぼ同じです。
　　衣類、シーツ、寝具カバーなどは、こまめに洗うことです。
　　ゼンソクなどの症状がひどい場合は、衣類や寝具類を未使用のものに取替えましょう。
(3) 衣類や寝具類を未使用のものに取替えること
　　です。

人を刺す『ツメダニ』

　ツメダニは、湿度70％以上の環境を好み、特に、温度が25℃以上になる夏季には大繁殖します。主に、畳やじゅうたんに住み付いて、チリダニやコナダニなどをエサにしています。ツメで相手を挟み、鋏角と呼ばれる鋭い口器で刺します。このときツメダニの唾液が麻酔薬の働きをするため、相手のダニや虫は動けなくなり体液を吸い取られてしまいます。この刺して吸うという習性は、人にも発揮します。ツメダニの唾液はアレルゲンのため、刺された人はアレルギー反応を起こし、かゆくなったり赤く腫れるなどの皮疹を起こします。

エサ（ツリダニ等）の発生を断つこと

　ツメダニの発生条件を断つには、エサとなるチリダニやコナダニなどが発生出来ないよう部屋をよく乾燥させ、たえず掃除機をかけ清潔にしておくことです。
　ダニは、高熱・乾燥に弱いので、主な発生源である畳やじゅうたんを過熱処理して内部のダニを殺せば解消します。また、畳のうえに防虫紙や大きな紙を部屋の隅々まで敷き、ツメダニが人に接触で

きないよう遮断する方法は安価で有効です。

> 食品を汚染する『コナダニ』と『ニクダニ』

カビや食品、たとえば、お茶、お米、チーズ、チョコレート、味噌などを住家としています。人に直接被害は与えませんが、時々大量発生し、人の目につき不愉快な感じを与えます。

> カビを発生させない

発生の予防は、年間を通じて換気をよくすることです。結露のでやすい北側の部屋などは、ダニの発生で初めて家具の裏一面がカビだらけなのに気が付くこともありますので、畳の部屋、家具と壁の間、押入れの中など、十分に風を通して下さい。また、冬季に加湿器を使用した場合、翌春から秋にダニが異常発生し安いので、特に窓を開け時間を長めに取って下さい。

> 食品の保管に注意

食品に付いたダニは、煮沸したり、蒸したり、オーブンや電子レンジなどによる加熱、あるいは水洗いなどで処理できます。また、乾燥に弱いので、容器に乾燥剤を入れて密閉しておけば退治できます。いずれにしても、食品を置く場所の清掃を心掛け、ダニが食品に侵入できないよう保管するなどの気配りが必要です。

⑭ 結露

> 結露に気を付けましょう！

> 風通しをよくし室内を開放的に・・カビやダニの追放にも効果的

毎年、春先から梅雨にかけて、皆様からの苦情が持込まれています。快適で健康な生活を送るには、日頃の注意が必要です。

> 住宅の寿命を縮める

壁などに水滴が出来て付着することを『結露』といいます。これは、湿度の高い空気中の水蒸気が、室内の温度の低い壁やガラス、押入れの中の壁などに触れ水滴となって付着することから起こります。
　室内の壁の結露は、ペンキやクロスをはがしたり、カビ等の発生を招き、住宅そのものの寿命を縮める原因にもなります。

> 結露が発生しやすいところ

結露が発生しやすい場所は、
(1) 冷たい外気に接する妻側住宅の妻側壁面
(2) 北側居室の壁や押入れの壁
(3) 浴室の壁
(4) 便所の壁
(5) 玄関の壁
　など
　とりわけ、押入れは、外気によって壁が冷やされるうえに、収納物によって空気がふさがれるため、空気の流れが悪くなり、より結露が生じがちです。押入れに物を収納する際は、壁面との間にできるだけ空間を作るようにし、常時、襖を少し開けておくことが大切です。
　また、浴室や台所、食事室は、使用中は常に水蒸気を発生させていますから、換気が悪いと結露を生じますので、換気には十分な注意が必要です。

結露の発生を防ぐには

結露の発生を防ぐには次のことに注意しましょう。
(1) 風通しをよくすること
　　湿度の高い空気は、結露を発生しやすいため、乾燥した外気と入れ代えるように心掛けましょう。
(2) 水蒸気の発生を少なくすること
　　炊事、風呂、シャワーを使用する時は、窓を開けたり、換気扇などを通じて空気の入れ代えを行いましょう。
(3) 家具の配置に注意すること
　　乾燥した空気が部屋全体に流れれば、空気中の湿度を抑えることができます。空気がスムーズに流れるよう家具の配置に工夫をしてみましょう。
(4) 室内を開放的に使うこと
　　各部屋の温度差をなくすため、扉や襖を開けて密封状態を避け、出来るだけ開放的に使うように心掛けましょう。

結露が発生したら

結露をそのまま放置しておきますと、水滴にホコリやゴミが付いてカビが発生しやすくなり、さらに放置しておきますと壁面がカビと汚れで黒ずみます。
(1) 結露が発生した時は、乾いた雑巾等で水滴を取り除き乾燥させることです。
(2) カビが発生した時は、水拭きが出来る壁の場合は水で薄めた塩素系漂白剤をスプレーし、ゴム手袋をはめて念入りに拭き落として下さい。また、エチルアルコールを使えばほとんど死滅します。
　スプレーする時は、必ず窓を開け、漂白剤を吸い込んだり、目に入らないよう気を付けて下さい。また、漂白剤は、壁の色を変色させることもありますので、少なめに全体にスプレーするのがコツです。カビや汚れが落ちたら、十分に乾燥させて、ペンキを塗るなどして処理します。なお、ペンキを塗る場合は、材料、品質、色等に指定がありますので、管理業者（管理事務所）にお問い合わせ下さい。

⑮ カビ

カビ対策に工夫を！‥‥決め手は　"換気と天日干し"

水回りの湿気はカビの温床

住まいの中で最もカビが発生しやすい場所は、浴室、洗面所、台所といった水回りです。
(1) 特に、浴室は、石鹸液やアカなどの栄養分や水が豊富にあり、ほんのわずかなホコリでも栄養として繁殖するカビによっては最上の場所です。
　　入浴後は、壁面の水滴を乾いた雑巾などでふき取り、換気窓を開放して浴室の水蒸気が居室などに流れ込まないようにドアを閉め、浴槽には必ず蓋をしておきましょう。
(2) 台所は、食事の準備や食事中に大量の水蒸気が発生します。換気の小窓はできるだけ開放し、同時に、換気扇を回して室内の水蒸気を戸外に出すようにしましょう。
(3) 押入れや天袋の中などは、外気の温度差による結露現象が現れやすい場所です。知らない間に、壁や天井に水滴が付着し、寝具を湿らせてしまいます。カビの発生で、初めて気が付くことにならないよう、押入れの壁面や床面には木製のすのこを置き、収納物との間に隙間を作っておくなどの工夫をして、こまめに風を通し乾燥するように心掛けましょう。
(4) じゅうたんや畳、寝具などは、機会あるごとに天日に当て、風にさらして乾燥させるようにしましょう。カビは、直接紫外線に当たれば、ほとんど死滅します。畳の虫干しなど面倒ですが、年に1度、太陽に当てるだけでも十分効果は現れます。また、畳を上げて、室内に立て掛けて置くだけでもカビの発生やダニの繁殖を食い止めることができます。

なお、衣類や布団から出る繊維や人間のフケ、髪の毛、食べ物のくずなど室内のゴミやホコリはダニのエサとなり、放っておけば湿気を呼びカビを発生させます。

室内は、物を片付けて整理整頓し、隅々まで丁寧に、特にじゅうたんや畳は、毎日こまめに掃除をしておきましょう。

> カビが生えたら・・・

カビは、エチルアルコールを使えばほとんど死滅します。ただし、アルコールは揮発性があるため持続性はありません。壁や天井などのカビは、カビ取り剤や塩素系漂白剤を水で薄めて拭き取ります。その際は、皮膚を痛めないようゴム手袋などをして、必ず、窓を開け、風通しをよくしてから行いましょう。

〔2〕連絡・協力事項
＜年末・年始＞

> 年末・年始のお知らせとお願い　　（例1）

当社は、年末年始12月○日から1月○日まで業務を休ませて頂きます。この間、緊急事故等が発生した場合の連絡先は、次のとおりとなっております。
(1)　漏水、排水管の詰まり等
　　　　㈱○○○○　　　　　　　　　　　TEL○○○－○○○○
(2)　電気故障
　　　　○○電力㈱　　　　　　　　　　　TEL○○○－○○○○
(3)　ガス漏れ等
　　　　○○○○瓦斯㈱　　　　　　　　　TEL○○○－○○○○
　　　　㈱○○○○ガス　　　　　　　　　TEL○○○－○○○○
(4)　給湯暖房
　　　　㈱○○○○　　　　　　　　　　　TEL○○○－○○○○
(5)　エレベーターの故障等
　　　　㈱○○○○サービス　　　　　　　TEL○○○－○○○○

> ゴミ処理は確実に！・・年末年始の収集日の確認を！　　（例2）

年末年始は、清掃車も一週間近く休みとなります。特に年末には、どこの家庭でも大掃除や不用品の整理をするため、一度に多量のゴミが出ます。毎年、集積所には、ゴミが山と積まれたままで年を越すことになり、正月もすがすがしい気分になれません。

また、犬や猫などがゴミ袋を破り、中身を道路に散乱させ、悪臭をまき散らす光景が見られますが、新年から、心無い居住者のために、付近の人たちが不愉快な思いにさせられます。

> 収集日以外は家庭で保管を

年末年始のゴミ収集スケジュールについては、地域によって異なりますが、各自治会の広報等により、年末最終及び年始最初の収集日を確認して下さい。

どうか、年末の大掃除は早目に、そして、ゴミ最終収集日のゴミ出し時間内に、また、収集の休み中は、持ち出しせずに各家庭で保管のうえ、年始の収集日に出すようにご協力をお願いします。

> お出かけは、鍵かけて！　　（例3）

> ほんの近くでも・・・

年末年始は、空き巣などの窃盗犯、押入強盗、居直り強盗などの凶悪犯罪が多発する季節です。くれぐれも次の点に気を付けて下さい。
(1)　外出時は、たとえ短期間でも必ず施錠しましょう。
(2)　長時間または一泊以上の留守には、火の元確認、戸締りをして、できるかぎり隣り近所に留守を

頼むようにしましょう。
(3) 新聞や牛乳、郵便物等が溜っているのは、空き巣に目印を与えているようなものです。長期の留守には、配達を断るか、ご近所にその始末を依頼するなどの措置を取りましょう。
(4) 安全鎖、のぞき穴を活用して訪問者を確認のうえ応対しましょう。
凶悪犯防止のためにも、安全鎖をかけたまま、扉を小開きして用件等を確認し、安全を見極めてから改めて開扉といった順序を面倒がらずに習慣付けましょう。
(5) 帰省や旅行で長期間留守にする場合は、ガスの元栓やバルコニーなどの確認のうえ、お出かけ下さい。

〔3〕地域の行事紹介

今月は、町内で（当地域を対象とした）○○が催されます。興味をお持ちの方、あまり興味のない方でも一度、足を運んで見ませんか。
(1) ○○祭り
日時　○月○日〜○月○日
場所　○○○○○○○
特長　○○○○○○○○○○○○○○○○○○○○○
(2) ○○コンサート
日時　○月○日〜○月○日
場所　○○○○○○
内容　○○○○○○○○○○○（入場無料）
(3) ○○○教室
日時　○月○日
申込方法　○月○日までに往復ハガキで○○○○○までお申込み下さい。
Tel △△△−△△△△

〔4〕地域の史跡紹介

当マンション（アパート）の周辺やちょっと足を延ばせば、古寺や史跡などがあります。気分転換を兼ねて、出かけて見ませんか。

○○界隈

△△△線▽▽駅下車。駅前の繁華街を抜けると、なだらかな坂が続く。その坂道の両脇には、紫陽花が咲き、その途中に○○寺がある。境内は、丁寧に掃き清められており、とても清々しい光景である。この寺は、○○年に建立され、○○○として由緒ある寺である。
また、この寺の脇の小道を下り、バス通りを右折して、少し歩くと左手に▽▽▽がある。・・

〔5〕地域の商店街紹介

当マンション（アパート）の周辺には、○○○商店街や△△△通り、▽▽▽マーケットなどがある。
日常の食料品は、○○○商店街で、ほとんど買い揃えられる。特に、野菜関係は、○○商店が新鮮で安く、肉類や揚げ物関係は、○○精肉店が評判である。○○酒店は、少量でも配達をしてくれ、愛想のよいのが気持いい。・・・・・・・・
たまに、銭湯に浸かりたい方は、○○湯がある。『おかみさん！時間ですよ。と森光子さんや堺正章さんがでてきそうな、そんな感じ』の銭湯である。

〔6〕地域の公共施設等紹介

当マンション（アパート）の周辺には、公共施設などがあり、散策に、スポーツに、文学にと利用客が多い。皆さんは、もう利用されましたか。
(1) 市営テニスコート
○○○を除き、年中、利用可能。利用を希望される方は、○○市役所○○課が窓口となってお

ります。(℡○○○－○○○○)
　　○○面あり、全天候型。利用料金は、2時間で○○○円。
(2) 市営グラウンド
　　○○○を除き、利用可能。利用を希望される方は、○○市役所○○課が窓口となっております。(℡○○○－○○○○)
　　利用料金は、2時間で○○○円。ナイター利用は、ほかに○○○円
(3) 小学校・中学校グラウンド及び体育館
　　○○○公民館が申込み窓口。使用料無料。ただし、利用団体名を年度初めに登録し、毎月○日に、抽選による。
(4) 図書館
　　毎週○曜日は閉館。○時～○時まで開館。蔵書○○冊と内容も充実しており、○曜日は特に入館者も比較的少なく、くつろげる。
(5) 公園
　　広さ○○○平方メートル。四季折々の草花が楽しめ、全体は、○○の木を中心に、レイアウトされた公園である。

〔7〕まめ知識

手軽に出来る補修　　（例1）

　ドライバー1本あれば！

　　快適なお住いでしょうか

　住宅の中をもう一度見渡してみませんか。住宅は、数百にも及ぶ部材や部品で構成されています。これらは、年月の経過とともに破損や摩耗したり、緩んだりして、具合が悪くなってくる場合があります。
　こんなとき、必ずしも専門家にすべて依頼しなくても、身の回りの道具で、比較的簡単に修理が可能です。ちょっと手を加えることで生活の快適さも増すものと考えます。
　今回は、ドライバーセットがあれば可能な修理の一部をご紹介します。
　"網戸の張り替え"
(1) 網を押さえているゴムのビートを外し、古い網を取ります。（このゴムのビートは、最初に釘型ドライバーで突き刺すようにして持ち上げると比較的簡単に外せます。）
(2) 網戸枠より大きめの新しい網を枠の上にのせ、網がたるまないように（ガムテープで枠に止めるのもよい）端から順にビートをはめる。
　　（この時のビートのはめ＜押さえ＞込みは、ビートに傷付けないためにプラスドライバーをやや傾きめに使用する。）
(3) しっかりビートが納まってから周辺にはみ出た網をゆっくり切ります。（この時、カッターを使用する場合、枠に傷付けないように注意しましょう。）

　堅木にモクネジをねじ込むときに

　堅い材質の木に直接的にモクネジを使うと、スムーズにねじ込めずにネジ頭が崩れてしまいます。こんな時は、釘型ドライバーで予め適度なネジ穴を開けてから、モクネジをねじ込むと楽にできます。（予め開ける穴はモクネジの大きさより必ず小さくしましょう。）

　台所、浴室の壁のタイル目地の汚れ落とし

　水回りのタイル目地にはカビがこびり付くことが多く、そのまま放置すると非衛生的で汚いものです。こんな時は、プラスまたはマイナスドライバーの先端に洗剤等を浸した布を巻き付け、タイル目地を傷めないようにして擦ることで汚れを落とします。

大根おろしで障子のメイクアップ

障子の黄ばみが気になるけど張り替えるには手間が大変!?こんな時は、大根おろしのしぼり汁を障子に塗ってみてください。見違えるほど白く、その上とても丈夫になります。

黄ばんだ畳のメイクアップ

畳が黄ばんでいる。こんな時には、お湯で溶かした『抹茶』に雑巾をひたし、固く絞って拭きます。畳が元通りの緑になり、おまけにお茶の香りが部屋中に漂ってさわやかです。また、『お酢』をぬるま湯に少し入れて、雑巾をひたし絞ってから畳を拭くと、日に焼けて赤茶色になった畳がきれいになります。

古い牛乳で床の雑巾がけ

古くなった牛乳は捨てる前に、ワックスとして利用してみてはどうでしょう。フローリングの床などを雑巾がけすると驚くほどツヤがでます。

油性インキの汚れ落としにミカン！

油性インキによる落書きは、ミカンの皮を絞りながらインキ部分をこすると落とすことができます。

手軽に出来る補修　（例2）

今回は、へこみ、反り、はがれの部分補修の一部をご紹介します。

木質系床（フローリング等）にへこみや傷が生じたとき

へこみや傷の生じた直後に、その部分にスチームアイロンを当てるか、濡れたタオルの上からアイロンをかけます。なお、じゅうたんに家具等の跡がついた場合も同様の方法で行い、最後にブラッシングすると、ある程度回復します。

襖が反ったとき

湿度の差によって、襖が反ることがあります。反りに気付いたら、裏返しにはめておくと直る場合があります。

ビニールクロスが部分的にはがれたとき

下地の汚れ（ホコリ）を取り、市販の接着剤を表面にはみ出さないように付け（接着剤がはみ出したら、乾かない内にふき取ります。）クロスが乾燥して固くなっている場合は、予め水で湿らせて、生乾き状態になった頃を見計らって接着剤を付けます。

なお、接着剤が乾くまでの押さえ付けは、テープ（ガムテープやビニールテープ）または、板状のものを当てがうと効果的です。

タイルが部分的にはがれたとき

(1) タイルを割らないように、そっと取り外します。
(2) タイル下地の汚れやゴミを取り、よく乾燥させます。
(3) 市販の接着剤（エポキシ系）をタイルの裏に塗り、押込むように面を合わせ貼りつけます。（接着剤の使い方は説明書読んで対応して下さい。）
(4) テープ（ガムテープやビニールテープ）で止め付け、乾燥養生させます。
(5) 乾燥したら、テープをはがし、目地部にシリキンシーリングを充填します。（シーリングは極力防カビ入りが好ましい。）

[別紙6]

外国人向け住まいのしおり（賃貸住宅用）
[住宅・都市整備公団〔現：都市再生機構〕作成（抜粋）]

２．住宅をご利用になる時の手続

1. 住宅の鍵の受取
　入居する団地の管理事務所または管理連絡員に、前もって鍵の受取日時について連絡して下さい。

2. 電気、ガス、水道の使用申込
　電気、ガス、水道の使用にあたっては、入居時に管理事務所で別途お渡しする『入居のご案内』に記載のそれぞれの供給事業者に対し各々の『使用申込』の手続が必要です。

3. 電気、ガス、水道の開通・開栓
　① 電気（100Ｖ）については、ご自身で『ブレーカー』（後述の電気のページを参照）のスイッチを入れて使用し、後日『使用申込』をして下さい。
　② 水道については、ご自身でメーターボックス内（下ページの設備案内図参照）の元栓を開けて使用し、後日『使用申込』をして下さい。
　③ ガスについては、管轄のガス会社に必ず事前に電話等により『使用申込』をして下さい。
　事前連絡を忘れると引越してもガスが使えません。
　④ 電気、ガス、水道それぞれ使用した量に応じて、各事業者から料金が請求されてきたら、決められた日までに支払わなくてはなりません。

4. 電話の設置
　電話を住宅内に設置したい方は、所轄の電話会社へお申込み下さい。

5. ガス器具の取扱等
　供給ガスの熱量は、地域によって異なりますので、現在使用中のガス器具または購入予定のガス器具については、ガス会社にご相談し、熱量に合わせて使用して下さい。
　また、ガス会社の担当者がガスの使用開始手続に来た時に、住宅内のガスの設備機器の取扱の説明及びお手持ちのガス器具の安全点検を必ず受けて下さい。

6. 電気器具
　50Hzと60Hzがありますので、使用電気器具については調整が必要です。

7. その他
　公団の住宅は、家財道具等は揃えていませんので、ご入居に際し、家財道具等は、あなたご自身で取り揃えて下さい。
　また、照明器具は、取り付けていませんので、照明器具を用意して下さい。

電気メーター（写真）	ガスメーター（写真）	水道メーター（写真）

Procedures Necessary Upon Moving Into Your Residence

2

1. Receiving the key to your unit
住宅の鍵の受取 *(Kagi no uketori)*

Please contact the kanri jimusho (on-site management office) or kanri renrakuin (management liaison person) at your danchi in advance and arrange the day and time for picking up your key.

2. Applying for electricity, gas, and water
電気、ガス、水道の使用申込
(Denki・gasu・suidō no shiyō mōshikomi)

Your management office will provide you with a pamphlet entitled "Nyukyo no Go-annai" (information for new residents) when you move into your unit. The utility companies are listed in the pamphlet. Each has its own set of required procedures for applying for service.

3. Having electricity, gas, and water turned on
電気、ガス、水道の開通・開栓 *(Denki・gasu・suidō no kaisen)*

① For electricity, turn on the circuit breaker yourself (see diagram on page 17) and go through the application procedures within the next few days. Note: electricity is 100 volts.

② For water, turn on the main in the meter box yourself (see diagram below) and go through the application procedures within the next few days.

③ For gas, be sure to contact the gas company for your area by phone or other means and go through the application procedures before moving in. Should you forget to contact them in advance you won't be able to use your gas upon moving in.

④ The electric, gas, and water companies calculate your utility fees based on the amount of electricity, gas, and water you have used. You must pay the amount you are billed for by the date set.

4. Having a telephone installed
電話の設置 *(Denwa no setchi)*

If you wish to have a telephone installed, apply at the telephone company office in your area.

5. Gas appliances
ガス器具の取扱等 *(Gasu-kigu no toriatsukai)*

Gas heat capacity varies from district to district. Please consult the gas company about the gas appliances you now use or those you plan to purchase, and make sure that they match the gas heat capacity at your new residence.

Also, when the gas company representative comes to turn on your gas, please be sure to have him explain the use of the gas equipment in your unit and safety-check your gas appliances.

6. Electric appliances 電気器具 *(Denki-kigu)*

Depending on region, electrical outlets are either 50Hz or 60Hz, and it may be necessary to adjust the settings on your appliances.

7. Miscellaneous その他 *(Sonota)*

As furniture is not provided for Kohdan residences, please make arrangements for furniture on your own.

Also, as lightning equipment is not furnished, please arrange for what lighting you will need.

Electricity meter 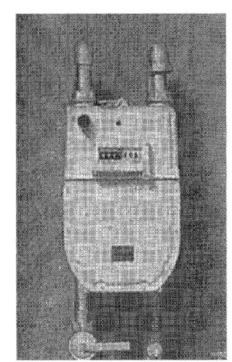   *Gas meter*    *Water meter*

３．住宅を退去する時の手続

1．退去の申出

住宅を退去しようとする時は、予め、退去日の14日以前に公団所定の『契約解除届（退去届）』用紙に必要事項を記入のうえ、管理主任または、管理連絡員に申出て下さい。

2．住宅の明渡し

公団は、あなたからの『退去届』を受理したら、この住宅に入居して頂くために、直ちに、次の入居者と契約の手続を始めますので、契約解除日までに必ず住宅を明渡して下さい。『退去届』提出後は、契約解除の取消しや契約解除日の変更は一切できませんので、ご注意下さい。

3．電気・ガス・水道・電話等の精算

住宅からの退去に際し、電気・ガス・水道・電話の使用停止の手続を行って下さい。

この場合、それぞれの事業所に電話等で契約解除と退去日を連絡するとそれぞれの担当者があなたの住宅まで使用停止の手続に来ます。

4．家賃等の精算

その他退去に際し、あなたに負担して頂く住宅内の修理費や契約解除月の家賃等をお支払い下さい。

入居の時に頂いた敷金は、修理費用などと精算し、残額がある場合は後日返金します。

※　契約書第19条（契約解除等）参照。
　（関連条項）
　　契約書第６条第３項及び第４項（敷金）
　　第８条第３項（家賃等の支払義務）
　　第９条（家賃等の支払期日）
　　第12条第３項（あなたの修理義務）

Procedures Necessary Upon Vacating Your Residence
3

1. Giving notice 退去の申し出 *(Taikyo no mōshide)*

Once you have decided to move out of your residence, it is required that you fill out the pertinent sections of the Kohdan form "keiyaku kaijo todoke" (notification of intention to vacate) at least 14 days prior to leaving. Also, please notify the kanri shunin (on-site manager) or kanri renrakuin (management liaison person) just as far in advance.

Note: Departing residents are required to pay rent for 14 days from the day they submit written notification of departure to Kohdan, even if they move out earlier.

2. Vacating your unit
住宅の明け渡し *(Jūtaku no akewatashi)*

After receiving your notification of intention to vacate, Kohdan will immediately begin taking steps toward concluding a contract with the person who will move into the unit after you. For this reason, we ask that you be sure to vacate the unit by the date set for the termination of your contract (your set departure date).

Caution: Once you have submitted your notification of intention to vacate it is absolutely impossible to reverse or change the date of the termination of your contract.

3. Settling accounts for electricity, gas, water, and telephone 電気、ガス、水道、電話等の精算
(Denki・gasu・suidō・denwa no seisan)

When preparing to leave your unit, please take the steps necessary to terminate electricity, gas, water, and telephone service.

Once you have set the date you will depart, please contact each of the utilities companies and notify them of your departure plans. They will send representatives to your residence to go through the procedures for terminating service.

4. Settling rent, etc. 家賃等の精算 *(Yachin no seisan)*

Also, when preparing to leave your unit, please pay for any residence repairs which are your responsibility, and please pay rent for the month of contract termination.

Kohdan will deduct repair costs, etc., from the deposit you paid when moving in. Should there be a balance in your favor, it will be returned to you sometime later.

※ See also Article 19 of your contract (termination of contract).
Other related sections of the contract: Article 6, clauses 3 and 4 (deposit); Article 8, clause 3 (payment obligations for rent, etc.); Article 9 (deadlines for rent, etc.); Article 12, clause 3 (your repair obligations)

4．主な住宅内部の使い方

1．公団住宅の間取り及び設備案内図
A．設備案内図

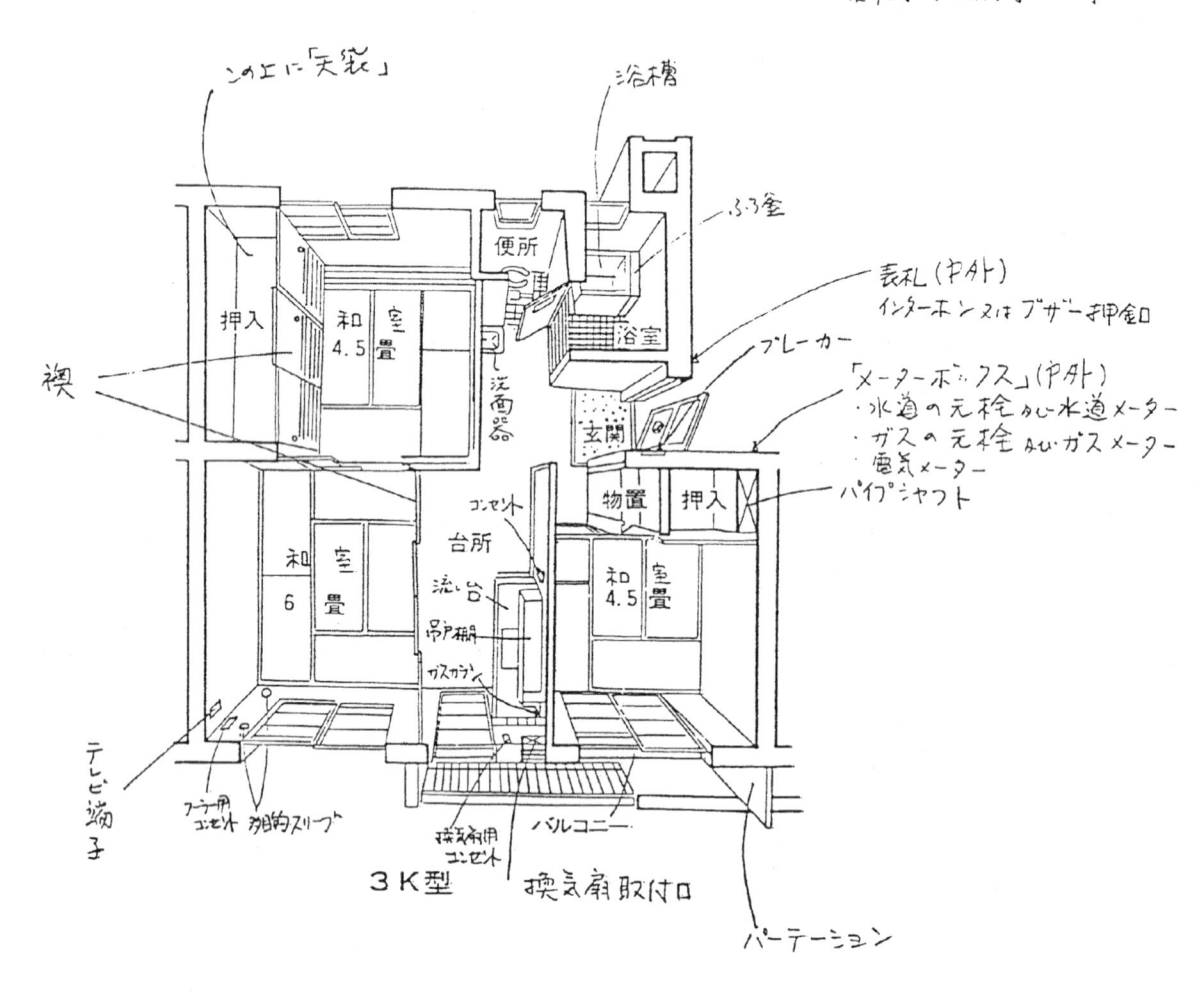

The Main Sections of Your Residence and Their Uses

4

1. Kohdan unit floor plans and utilities layout 公団住宅の間取り及び設備案内図 *(Madori to setsubi annaizu)*

A. Utilities layout

An example of the utilities which are standard in units today

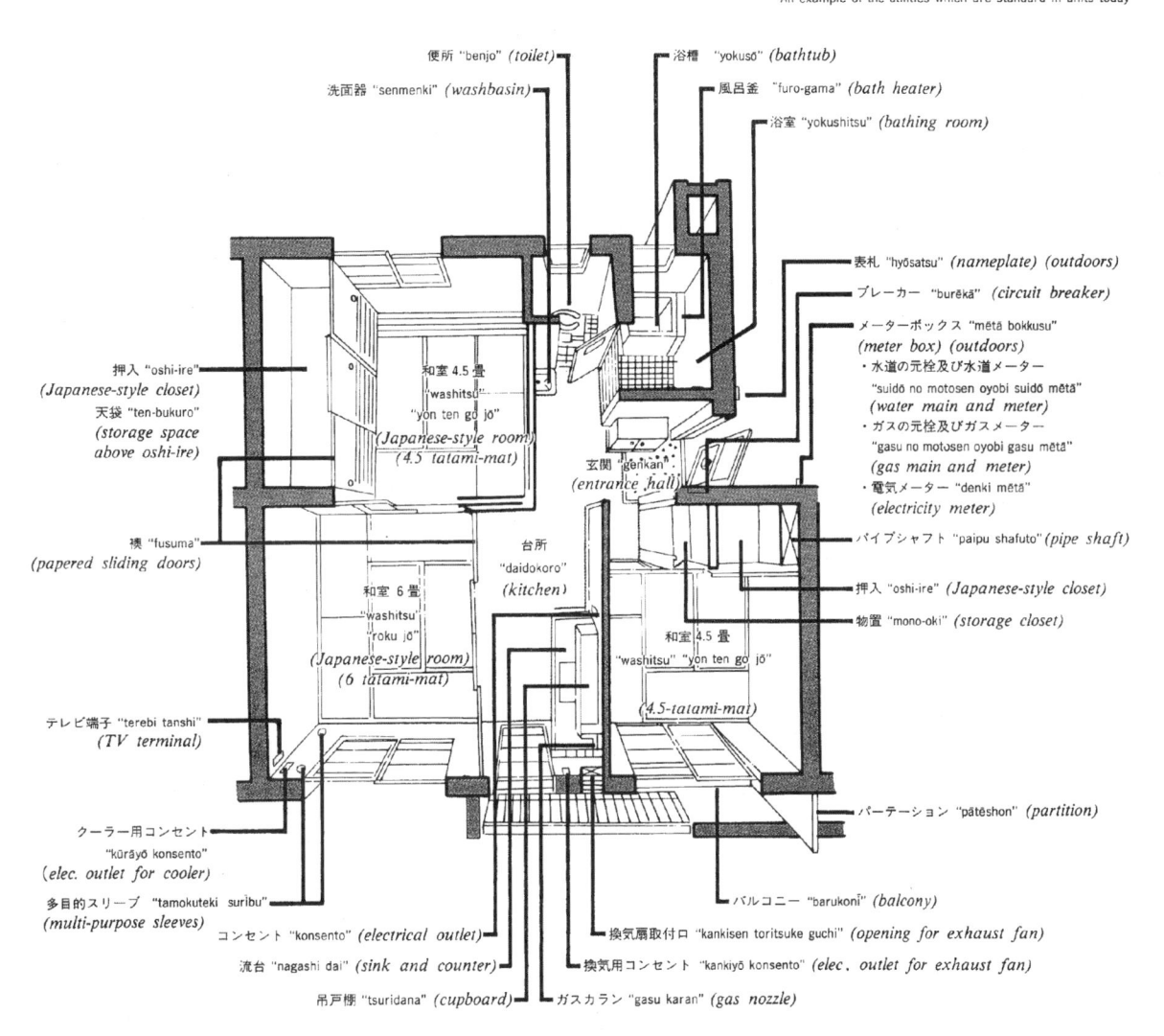

便所 "benjo" *(toilet)*
洗面器 "senmenki" *(washbasin)*
浴槽 "yokusō" *(bathtub)*
風呂釜 "furo-gama" *(bath heater)*
浴室 "yokushitsu" *(bathing room)*
表札 "hyōsatsu" *(nameplate) (outdoors)*
ブレーカー "burēkā" *(circuit breaker)*
メーターボックス "mētā bokkusu" *(meter box) (outdoors)*
・水道の元栓及び水道メーター "suidō no motosen oyobi suidō mētā" *(water main and meter)*
・ガスの元栓及びガスメーター "gasu no motosen oyobi gasu mētā" *(gas main and meter)*
・電気メーター "denki mētā" *(electricity meter)*
パイプシャフト "paipu shafuto" *(pipe shaft)*
押入 "oshi-ire" *(Japanese-style closet)*
物置 "mono-oki" *(storage closet)*
押入 "oshi-ire" *(Japanese-style closet)*
天袋 "ten-bukuro" *(storage space above oshi-ire)*
和室 4.5 畳 "washitsu" "yon ten go jō" *(Japanese-style room) (4.5 tatami-mat)*
襖 "fusuma" *(papered sliding doors)*
玄関 "genkan" *(entrance hall)*
台所 "daidokoro" *(kitchen)*
和室 6 畳 "washitsu" "roku jō" *(Japanese-style room) (6 tatami-mat)*
和室 4.5 畳 "washitsu" "yon ten go jō" *(4.5-tatami-mat)*
テレビ端子 "terebi tanshi" *(TV terminal)*
パーテーション "pātēshon" *(partition)*
クーラー用コンセント "kūrāyō konsento" *(elec. outlet for cooler)*
バルコニー "barukonī" *(balcony)*
多目的スリーブ "tamokuteki suribu" *(multi-purpose sleeves)*
コンセント "konsento" *(electrical outlet)*
換気扇取付口 "kankisen toritsuke guchi" *(opening for exhaust fan)*
流台 "nagashi dai" *(sink and counter)*
換気用コンセント "kankiyō konsento" *(elec. outlet for exhaust fan)*
吊戸棚 "tsuridana" *(cupboard)*
ガスカラン "gasu karan" *(gas nozzle)*

3K型 "san K gata" **(3K model)**

あなたの負担で修理または取替えて頂くもの

項目	種別		内容
畳	畳表		取替えまたは裏返し
	畳床、縁		取替え
建具	障子紙、襖紙、戸襖紙		張替え
	障子のさん・かまち、襖の縁及び骨、戸襖、浴室屋内に面する窓、浴室、便所、物置その他屋内間仕切りの扉、引き戸及びアコーデオンカーテン、建具の引き手その他付属物外回り建具の付属金物及びガラス		修理または取替え
浴槽等	風呂釜	風呂釜の外箱、熱交換器及び給排気筒を除く部品	修理または取替え
		浴槽の蓋、排水栓（鎖を含む）、保温材及びパッキング類	修理または取替え
		瞬間湯沸器の取合い部分	修理または取替え
		すのこ及び踏み板	修理または取替え
	給湯器及び給湯暖房機	ツマミ、点検確認窓、他の付属品	修理または取替え
		コントロールボックス	修理または取替え
壁	タイル張り		タイルの部分張替え
床	タイル張り		タイルの部分張替え
	カーペット及び合成樹脂系床材		カーペット及び合成樹脂系床材
外回りの建具	木製		付属金物、ガラス、レール、パテその他の付属品等の修理または取替え
	鋼製及びステンレス製		付属金物（ドアクローザー含む）、ガラス、パテその他の付属品等の修理または取替え（レール及び戸車を除く）
	アルミ製		付属金物、ガラス、網戸、戸車、ピートその他の付属品等の修理または取替え（レールを除く）
備品その他	水切り棚（ステンレス製）		取付け緩み直し
	吊り戸棚		扉の建付調整及び付属金物、レール、棚板ガラス戸、防虫網、換気孔等の修理または取替え
	下駄箱		扉の建付調整及び付属金物、レール、棚板等の修理または取替え
	化粧箱（棚）及び化粧鏡		取付け緩み直し及び本体付属物の修理または取替え

★　上の表は、公団の標準的な仕様のものの例ですので、団地によっては、これと異なるものがありますので詳細については、契約時にお渡ししました『修繕細目通知書』をご覧下さい。

★　上の表以外のものについても、皆さんの故意または過失が原因で汚・破損した場合には、皆さんに負担をして頂きます。

Items which you are responsible for repairing or replacing

category	item		measures to take
tatami	mat facing		replace or turn over
	portion of mat beneath facing, border		replace
sliding doors and house fittings	shoji paper, fusuma paper, tobusuma paper		repaper
	shoji crosspieces and frames, fusuma borders and ribs, tobusuma, bathing room windows which face indoors, interior doors such as those for the bath, toilet, and storage closet, sliding doors and accordion doors, handles and other fitting attachments, metal and glass attachments for fittings partly indoors and partly outdoors		repair or replace
bath etc.	bath heater	all parts except bath heater outer casing, heat exchanger, and air supply and exhaust ducts	repair or replace
		bath cover, stopper for drain (including chain), heat insulating material and packing	repair or replace
		gas water heater tie-in	repair or replace
		slatted wooden flooring and footboard	repair or replace
	hot water supply unit and hot water supply system with heater	knob, inspection/verification window, and related parts	repair or replace
		control box	repair or replace
walls	tiling		retile sections
floors	tiling		retile sections
	carpet and plastic flooring		repair or relay
exterior fittings	wooden fittings		repair or replace metal parts, glass, rails, putty, and other attachments
	steel and stainless steel fittings		repair or replace metal parts (including door closers), glass, putty and other attachments (excluding rails and sash rollers)
	aluminum fittings		repair or replace metal parts, glass, screens, sash rollers, peat (excluding rails)
furnishings and fixtures	drainboard (stainless steel)		tighten loose fittings
	cabinets		adjust doors and repair or replace metal parts, rails, shelves, glass doors, mosquito nets, and ventilation holes
	shoe cupboard		adjust doors and repair or replace metal parts, rails, and shelves
	small shelves and mirrors		tighten loose mounts and repair or replace attachments

項目	種別		内容
備品その他	台所流し（ガス台及び調理台）	ステンレス	修理または取替え
		下部戸棚	扉の建付調整及び付属金物、棚板、すのこ、防虫網、換気孔等の修理または取替え
	ペーパーホルダー		修理または取替え
	ハンガー用ボルト、化粧インサート、帽子掛け、タオル掛け及び手摺		修理または取替え
	カーテンレール及びランナー		修理または取替え
	郵便受け及び牛乳受け		蓋及び付属金物の修理または取替え（集合郵便受箱を除く）
	室名札		修理または取替え
	物置		棚板の修理または取替え
給排水設備	洗面器	陶器	見え掛り配管の漏水処理、取付緩み直し及びゴム栓（鎖含む）の修理または取替え
		収納キャビネット	扉の建付調整及び付属金物、引出し等の修理または取替え
	手洗器		見え掛り配管の漏水処理、取付緩み直し
	便器等	便器	見え掛り配管の漏水処理、取付緩み直し並びに便座、便蓋及び同丁番の修理・取替え
		フラッシュバルブ	見え掛り配管の漏水処理及びハンドル、パッキングその他の部品の修理・取替え
		ロータンク	見え掛り配管の漏水処理、取付緩み直し及びレバー、フロートその他の部品の修理・取替え
	各種給水、給湯栓		修理・取替え（シャワーセット含む、持出しソケットを除く）
	洗面器及びロータンク用止水栓		修理または取替え
	排水トラップ（流し）		目皿、中皿及びわんの取替え
	排水トラップ（浴室及び洗濯機置場）		目皿及びわんの取替え
	バルコニー排水目皿		取替え
電気設備	電球、蛍光灯管、点灯管等		取替え
	白熱灯器具及び蛍光灯器具		修理または取替え
	各種プレート		修理または取替え
	各種スイッチ		修理または取替え
	コンセント		修理または取替え（埋込みコンセントを除く）
	ブザー、押しボタン及びチャイム		修理または取替え
	インターホン		修理または取替え
	テレビ用室内端子及びフィーダー線		修理または取替え（直列ユニット・整合器除く）
	アース端子		修理または取替え
換気設備	台所換気扇(プロペラ型)及びパイプファン		修理または取替え
	レンジファンその他排気・換気用ファン		フィルター、室内グリル及び羽根の修理・取替え
ガス設備	ガス栓	ガスカラン	修理または取替え
		埋込みボックス	プレート及びつまみの修理または取替え

category	item		measures to take
furnishings and fixtures	kitchen sink (with counter space and area for gas cooking range)	stainless steel	repair or replace
		cabinets below	adjust doors and repair or replace metal parts, shelves, drainboard, mosquito net, and ventilations holes
	paper towel holder		repair or replace
	hooks for hangers, medicine cabinets, hat racks, towel racks, and handrails		repair or replace
	curtain rails and runners		repair or replace
	mailbox and milk box		repair or replace lids and metal parts (except on collective mailboxes)
	nameplate		repair or replace
	storage closet		repair or replace shelves
plumbing fixtures	washbasin	porcelain	repair leaking pipes which are visible, tighten loose fittings, and repair or replace stopper (including chain)
		cabinet below	adjust doors and repair or replace metal parts and drawers
	sinks		repair leaking pipes which are visible and tighten loose fittings
	commode, etc.	toilet	repair leaking pipes which are visible, tighten loose fittings, and repair or replace toilet seat and cover and their butt hinge
		flush valve	repair leaking pipes which are visible, repair or replace handle, packing, and other parts
		low tank	repair leaking pipes which are visible, tighten loose fittings, and repair or replace lever, float, and other parts
	all hot and cold water faucets		repair or replace (including shower set and excluding projecting sockets)
	stop cocks for washbasin and low tank		repair or replace
	drainage traps in sinks		replace preforated plate, catch basin, and drainage bowl
	drainage traps in bathing room and beneath washing machine		replace preforated plate and drainage bowl
	drainage trap on balcony		replace
electrical equipment	light bulbs, fluorescent lights, glow starters		replace
	incandescent and fluorescent lighting fixtures		repair or replace
	all plates		repair or replace
	all switches		repair or replace
	outlets		repair or replace (excluding flush plug receptacles)
	buzzers, buttons, chimes		repair or replace
	intercom		repair or replace
	indoor television terminal and feeder line		repair or replace (excluding in-line units and matching devices)
	grounding terminals		repair or replace
ventilation equipment	kitchen ventilating fans (propeller type) and pipe fans		repair or replace
	fans for cooking ranges and other exhaust and ventilating fans		repair or replace filters, indoor grills, and blades
gas equipment	gas equipment	gas nozzle	repair or replace
		recessed box	repair or replace plate and knob

★ As the above chart is only an example of Kohdan standards, actual practices may vary from danchi to danchi. For more detailed information please refer to the pamphlet "Shuri Saimoku Tsuchi-sho" (detailed repair information) which is supplied at the time your contract is concluded.

★ Items not listed above, if stained or damaged as a result of a resident's intentional or negligent actions, are the responsibility of the resident.

2．玄関
　　公団の住宅内は、他の日本家屋と同様靴などを脱いで生活しています。玄関で、靴などを脱いで下さい。靴などを収納する『下駄箱』などを通常ここに置きます。

　A．表札
　　　ドアの外側の右上または左上に写真の『表札』に契約者等の名前を書いた札を入れて下さい。

　B．玄関郵便受箱
　　　玄関ドアに郵便受箱がありますが一部の一階住宅を除き、郵便物や新聞は一階階段入口または一階エレベーターホール付近に設置している『集合郵便受箱』に配達されますので、あなたの部屋番号の郵便受箱に、あなたの名前を書いた札を入れて下さい。

　C．玄関の掃除
　　　<u>水洗いをすると、階下に漏水します。</u>
　　　玄関の床には、防水工事を施していませんので、床を湿らす程度の水を撒き、掃除をして下さい。

（部屋番号）

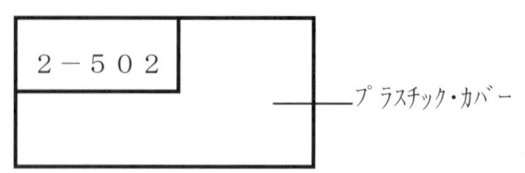

2－502 ───プラスチック・カバー

入口のホール

（写　真）

3．和室
　　これは、床材として、日本特有の畳を使用している部屋で『和室』といいます。
　　通常、この『和室』には、『押入』及び『天袋』という大小2つの、これも日本特有の収納庫が取付けられています。
　　また、この『和室』には、『襖』という建具が使用されており、畳とあいまって部屋の雰囲気を落ち着いた感じにしています。

（部屋の手入れ）
○　畳の手入れ
　　湿気とホコリは、畳の敵です。
　　湿気とホコリのある畳は、ダニやカビが発生しやすく不衛生ですので、掃除や換気を十分行って下さい。
　　畳にジュータンを敷くとダニやカビが発生しやすくなります。

○　壁・窓の手入れ
　　日本の気候は、温暖多湿です。梅雨期や夏は、湿気が多く、冬は、暖房により窓ガラスや壁に結露ができ、放っておくとカビが発生します。
　　結露やカビが発生した場合は、乾いた布で拭き取るとともに換気を十分行って下さい。
　　また、『押入』の中も結露し易いので換気に気を付けるとともに、梅雨期や冬には、襖の両端を少し開け換気をよくした状態で使用して下さい。

2. Entrance hall 玄関 *(Genkan)*

In Kohdan residences, as in other Japanese homes, residents remove their shoes upon entering. <u>Please remove your shoes</u> in the "genkan" (entrance hall). Shoe cupboards or shoe shelves are normally placed in the genkan.

A. Nameplate

Outside the door, either up to the left or up to the right, is a nameplate holder (illustration at right). Please write the appropriate name(s) on a card and slide it into the nameplate holder.

B. Genkan mailbox

Although there is a mailbox on the inside of your front door, mail and newspapers are delivered to collective mailboxes on the first floor near the stairway entrance or elevator. (Mail is delivered directly to some first-floor residences.) Please write your name on a card and insert it in the holder on the mailbox with your unit number on it.

C. Cleaning the genkan

<u>Cleaning with water results in water seeping through the floor ("mizu-more") to the unit below yours.</u>
As genkan floors are not constructed to be waterproof, please clean with only enough water to dampen the floor.

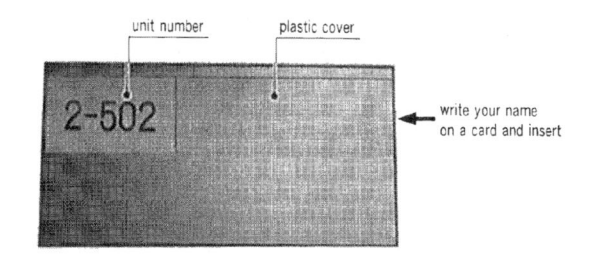

Entrance hall

3. Japanese-style rooms 和室 *(Washitsu)*

"Wa-shitsu" are rooms which use Japanese "tatami" mats for flooring.
Washitsu typically have "oshi-ire" and "ten-bukuro," large and small closets which, like tatami, are peculiar to Japan.
One other feature of washitsu are "fusuma," sliding papered doors which, together with tatami, lend the rooms a relaxed atmosphere.

Care of the rooms

○ Care of tatami ..... Moisture and dust are tatami's enemies.
Tatami which are allowed to become moist or dusty are unsanitary and prone to develop ticks and mold. Please clean and ventilate your tatami sufficiently.
Putting rugs on tatami increases the likelihood of ticks appearing.

○ <u>Care of walls and windows</u> ..... Japan's climate is warm and humid. During the rainy season and the summer humidity is high, and during the winter the use of heaters causes water to condense into dew on windows and walls. If the dew is left alone mold will follow.
Should dew or mold form in your unit, wipe it up with a dry cloth and ventilate the room well.
As the insides of oshi-ire are also prone to condensation, please ventilate them well. During the rainy season and winter, opening both fusuma a bit at the edges helps keep oshi-ire dry.

（用　語）
"畳"
　稲の茎をよく乾燥させたもの（わら）を糸でさし固めた床（畳床）に、乾燥させた井草を麻糸で織った畳表を付けたもの。
　重いものや『足付』の家具等を長期間置くと畳が傷つきますので注意して下さい。

"襖"
　建具の一種で、木で骨を組み、両面から紙を貼ったもので、日本特有の建具。

"押入"
　家財や寝具を入れておく収納庫で、日本特有のもの。

"天袋"
　天井に接して造られた戸棚で、通常、押入の上に造られている。

"梅雨"
　アジア・モンスーン気候帯の6月から7月にかけての多雨、多湿の気候を日本では梅雨といいます。
　この梅雨が終わると本格的な夏が到来します。

"結露"
　空気中の水蒸気が室内外の温度差により室内の壁やガラスに水滴となる現象をいいます。

「室内の除湿」
'晴れた日には窓を開けましょう'

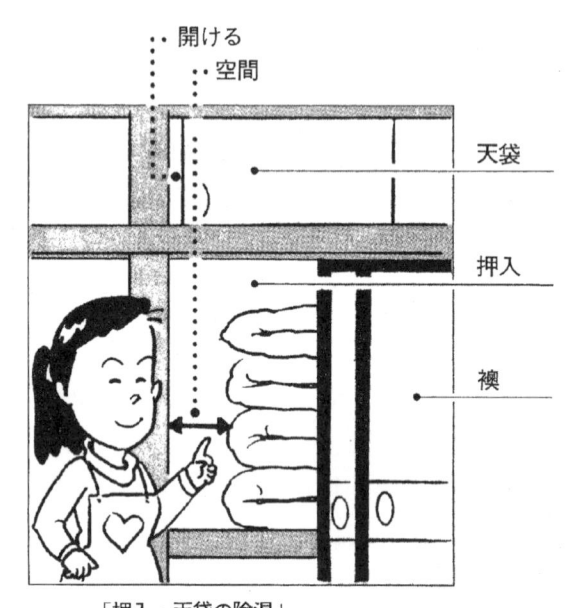

「押入・天袋の除湿」
'特に冬や梅雨のときは結露しやすいので、換気をしたり、除湿剤を置いたりしましょう。'

「畳の手入れ」
'カビやダニを防ぐため、掃除機をよくかけましょう'

⟨Some notes on terminology⟩

"Tatami" ..... To make tatami, "wara," straw made from the dried stalks of rice plants, is sewn and bound into a firm backing. This is then covered with "tatami-omote," which is made from rushes woven with hemp yarn.

Heavy objects, especially furniture with small "feet," will damage tatami if left on them for extended periods of time. Please be careful.

"Fusuma" ..... Fusuma are one type of sliding door. They are made by covering a wooden framework on both sides with paper or cloth, and are unique to Japan.

"Oshi-ire" ..... Oshi-ire are closets for storing household goods and bedding. They are peculiar to Japan.

"Ten-bukuro" ..... Ten-bukuro are storage closets built directly under the ceiling. They are usually above oshi-ire.

"Tsuyu" ..... A monsoon brings heavy rains and high humidity to parts of Asia in June and July. This rainy season is called "tsuyu" in Japan.
The end of tusyu marks the arrival of the summer proper.

"Ketsuro" ..... Ketsuro is the phenomenon of water vapor in the air condensing into beads of water on windows and walls indoors as a result of the difference between indoor and outdoor temperatures.

Dehumidifying a room
Open the windows on sunny days.

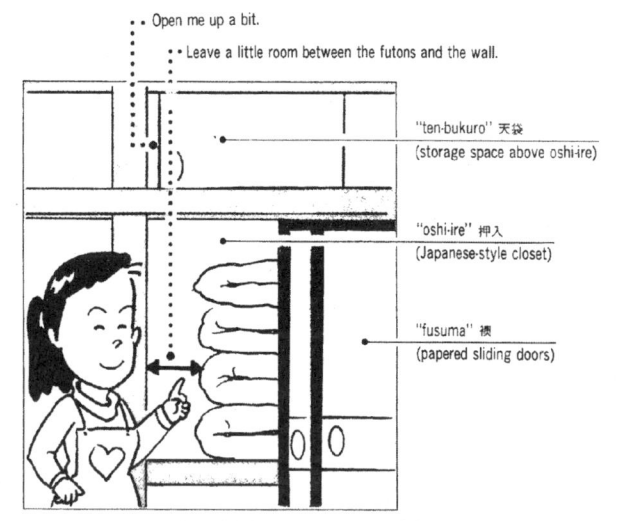

Dehumidifying the oshi-ire and ten-bukuro
Dew is especially likely to show up in winter and during the rainy season.
Ventilate your closets and put chemical dehumidifiers in them.

- Open me up a bit.
- Leave a little room between the futons and the wall.

"ten-bukuro" 天袋 (storage space above oshi-ire)
"oshi-ire" 押入 (Japanese-style closet)
"fusuma" 襖 (papered sliding doors)

Tatami care
Frequent vacuuming goes a long way toward keeping away ticks and mold.

4．台所（台所兼食事室）
　台所には、流し台やガスカラン・電気のコンセントが付いています。また、壁際に換気扇の取付け口（四角のベニヤ板を取り付けています。）が付いておりますので、この位置に換気扇を取り付けて下さい。──火を使っている間は、換気扇を使用して換気を励行しましょう。──

A．流し台の排水について
　排水口には、ディスポーザーが付いていませんので、茶ガラや食べ物のカスなどを流さないようにして下さい。排水管の詰まりの原因になります。
　万一、排水管に異物などが詰まった時は、緊急連絡先または修理工事店に連絡し、あなたの負担で修理してもらって下さい。

B．瞬間湯沸器（給湯設備）の設置について
　瞬間湯沸器（給湯設備）を設置したい時は、ガス会社に相談のうえ、あなたの負担で行って下さい。

C．換気扇の設置について
　換気扇が設置されていない時は、自分で買って取り付けて下さい。

D．ガスコンロの利用について
　火を使って調理する時は、必ずガスコンロで行って下さい。（ガスコンロは、自分で買って取り付けて下さい。）

| 流し台 |
| (写　　真) |

| 流し台（シンク） |
| (写　　真) |

| 換気扇 |
| (写　　真) |

| 瞬間湯沸器 |
| (写　　真) |

| ガスコンロ |
| (写　　真) |

4. Kitchen/dining area 台所／台所兼食事室 *(Daidokoro ⟨daidokoro ken syokujishitsu⟩)*

The kitchen is equipped with a sink and counter, gas nozzles, and an electrical outlet(s). There is also an opening for an exhaust fan (a square opening in a sheet of plywood). Please install an exhaust fan here. <u>It is important that you have your exhaust fan on any time you are using a gas flame. Please make this a strict habit.</u>

A. Water drainage from the sink

As the sink is not equipped with a garbage disposal, <u>please do not let used tea leaves or food shavings and bits go down the drain. This stops up the drainpipe.</u>
In the unlikely event that a foreign body lodges in the drainpipe and stops it up, please call the appropriate emergency service number or a repair service and have the pipe cleared. Such repairs are at your expense.

B. Installing a gas water heater

Before installing a gas water heater please consult the gas company about specifications. Heater and installation are at your expense.

C. Installing an ventilating fan

If there is not an ventilating fan in your unit, please purchase one yourself and install it.

D. Use of a gas cooking range

When cooking with a gas flame, it is imperative that you use a gas cooking range. Please purchase one yourself and install it.

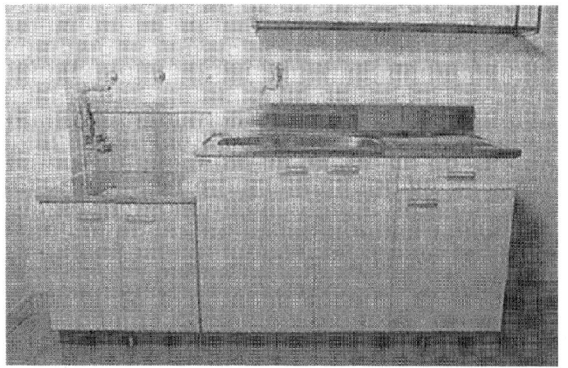

Kitchen sink and counter

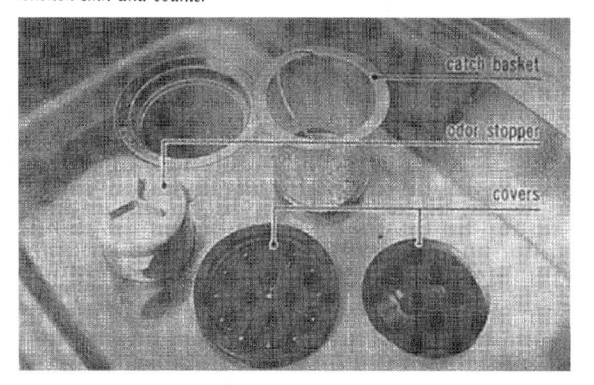

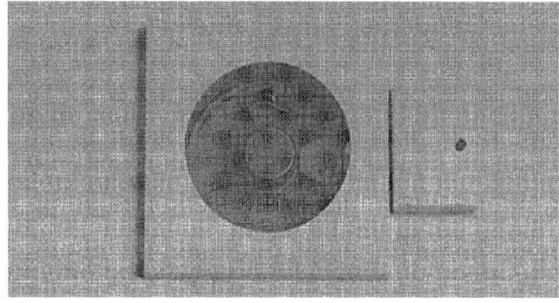

Exhaust fan

Gas water heater

Cooking range

187

5．浴室

A．風呂釜の取扱について
　取扱説明書をよく読んで、使用して下さい。なお、ガス会社の担当者がガスの使用開始手続に来た時に、風呂釜の取扱について必ず説明を受けて下さい。
　釜に点火し、湯を沸かす時は、浴槽に十分水を張って下さい（浴槽に十分な水を張ってない時、釜に点火しないことがあります）。

B．こんな時は、すぐにガス会社へ連絡を！
　○　バーナーの燃焼が不安定な時
　○　点火中に異常音が発生した時
　○　室内等でガス特有のいやな匂がした時
　○　凍結などによって、点火しない時
　○　その他故障または異常と思われる時

C．浴室の手入れ
　排水口は、時々掃除をして使用した湯が流れ易いようにして下さい。
　また、入浴後や浴室を使用しない時は、窓を開けるなどして浴室内を乾燥させて下さい。この時、浴室扉を閉めた状態で行って下さい。
　壁や天井の結露がひどい時は、ざっと拭き取ると早く乾燥するだけでなく、壁や天井がカビなどで黒くなることも防げます。

D．浴槽の手入れ
　傷が付き易いので、スポンジに浴槽用洗剤を付けて洗いましょう。
　固いものでこすると、傷が付き、錆びることがあります。

（参考・入浴について）
　入浴の仕方は様々ですが、通常、日本人は、浴槽の中に入って身体を温め、浴槽の湯が少なくなれば、水を追加し、浴槽の湯が冷めて来たら、追い炊きをしながら湯の中で温まります。また、身体は、浴槽の外で洗います。

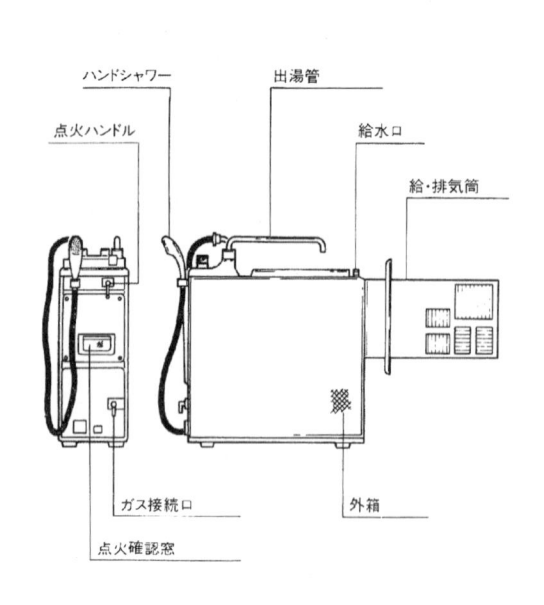

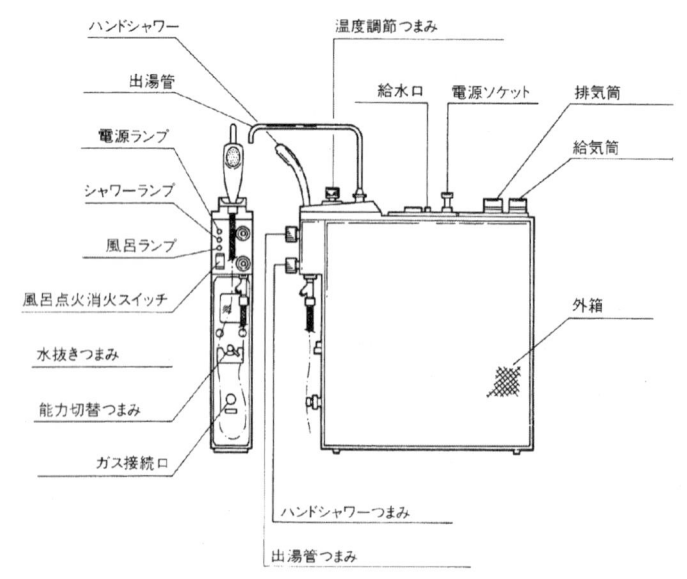

5. Bathing room 浴室 *(Yokushitsu)*

A. Operating your bath heater

Please read the instructions thoroughly before using the heater. When the gas company representative comes to turn on your gas, be sure to have him explain the operation of the bath heater.

When lighting the heater to prepare the bath, please be sure the bathtub is amply full of water (the heater may not light if there is not enough water in the bathtub).

B. Contact the gas company at once if:

○ the burner burns unsteadily
○ unusual sounds occur while you are lighting the heater
○ the room smells of gas
○ the heater won't light because of freezing, etc.
○ there is any other trouble or anything out of the ordinary

C. Care of the bathing room

Please clean the drains from time to time so that used water can flow out freely.

Also, after having a bath or when not using the bathing room, please open the window to allow the room to dry. If you leave the door to the bathing room open while you have the window open for ventilation the steam tends to come into other areas of the house, so be sure to close the bathing room door at such times.

Sometimes the condensation of water on the walls and ceiling of the bathing room will be unusually heavy. In such cases, lightly wiping up the condensation will not only speed up the drying process, but will also prevent the walls and ceiling from becoming soiled with mold, etc.

D. Care of the bathtub

As the bathtub is easily scratched, please clean it using only a sponge to which you have applied bathtub cleanser. Scrubbing with hard objects can scratch the bathtub and lead to rusting.

⟨A note on bathing⟩

There are many ways to go about bathing, but Japanese generally tend to get in the tub to warm up, adding water if the water is low and reheating the water if it has gotten cool. They wash themselves outside the tub.

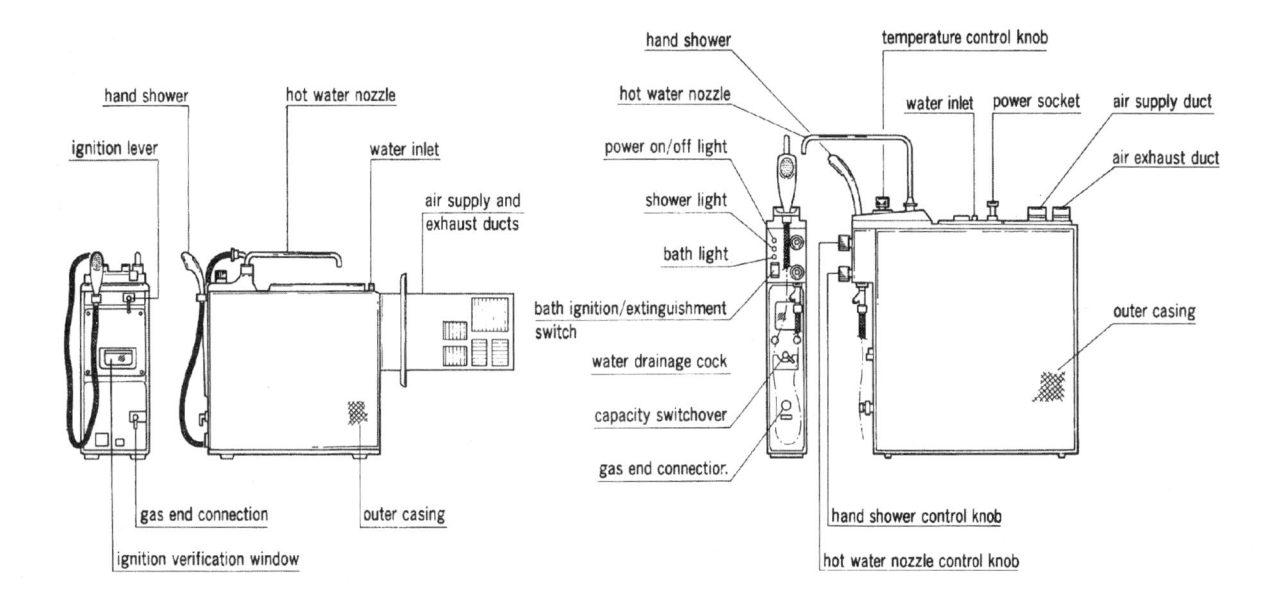

6．便所
　便所の床は、防水工事を施していませんので、水を撒くと階下へ漏水しますので注意して下さい。

A．便器について
　便器には、和風便器と洋風便器があります。

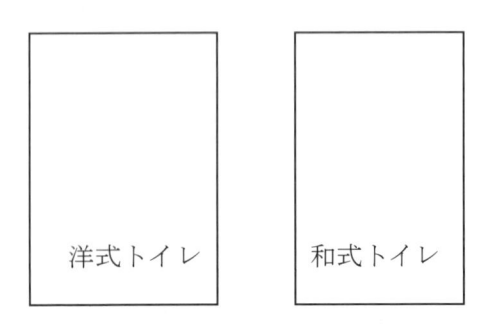

洋式トイレ　　和式トイレ

B．便器の水が止まらない時
　便器の水が止まらなくなったら、止水栓（下図参照）のネジまたは『バルブ』を矢印方向に廻して水を止めたうえ、管理会社やお近くの修理工事店に連絡し、あなたの負担で修理してもらって下さい。

C．排水管が詰まった時
　排水管が詰まって、排水が逆流する時も、管理会社やお近くの修理工事店に連絡し、あなたの負担で修理してもらって下さい。

（注意）
　なお、便器には、布やゴム製品・タバコの吸殻など水に溶けないものを流さないで下さい。
　また、便器の中で洗濯をしないで下さい。排水管の詰まりの原因となります。

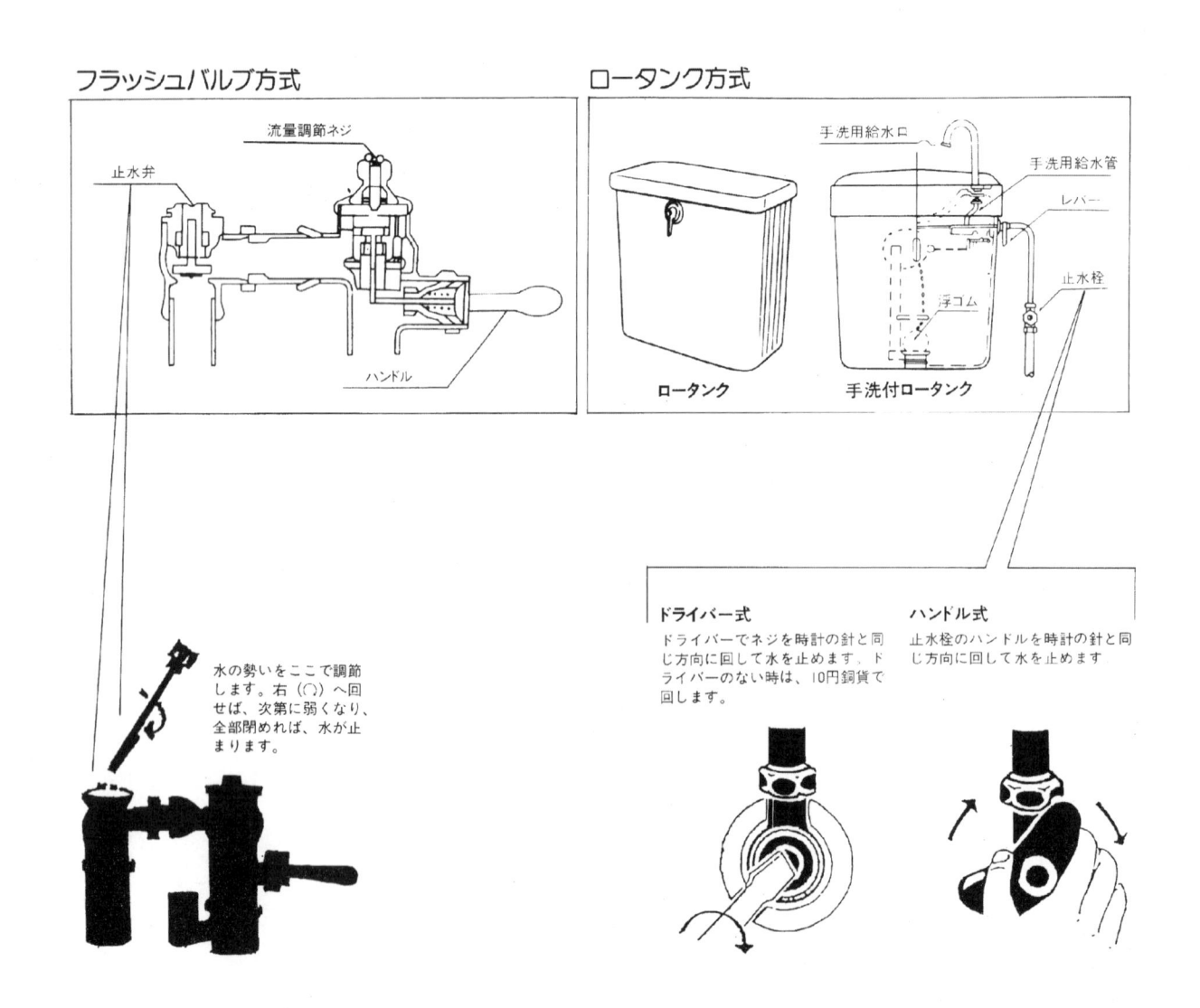

フラッシュバルブ方式

流量調節ネジ
止水弁
ハンドル

水の勢いをここで調節します。右（⌒）へ回せば、次第に弱くなり、全部閉めれば、水が止まります。

ロータンク方式

手洗用給水口
手洗用給水管
レバー
浮コム
止水栓

ロータンク　　手洗付ロータンク

ドライバー式
ドライバーでネジを時計の針と同じ方向に回して水を止めます。ドライバーのない時は、10円銅貨で回します。

ハンドル式
止水栓のハンドルを時計の針と同じ方向に回して水を止めます

6. Toilet 便所 (Benjo)

As the floor of the toilet room is not constructed to be waterproof, spilled water leaks through to the floor below. Please be careful.

A. About the toilet

Some units have Japanese-style toilets, while others have Western-style toilets.

Western style   Japanese style

B. If the toilet water won't stop running

If the toilet water won't stop running, turn the stop cock screw or handle (see illustrations below) in the direction indicated by the arrow. Then call the appropriate maintenance company (see list on pages 43~45) or a local repair service and have the problem taken care of. Such repairs are at your expense.

C. If the drainpipe becomes stopped up

Should your toilet become stopped up or begin to back up, call the appropriate maintenance company (see list on pages 43~45) or a local repair service and have it fixed at your expense.

Caution: Please don't flush cloth, rubber products, cigarette butts, or other articles that won't dissolve in water down the toilet. Also, don't do laundry in the toilet. These things can cause the drainpipe to become stopped up.

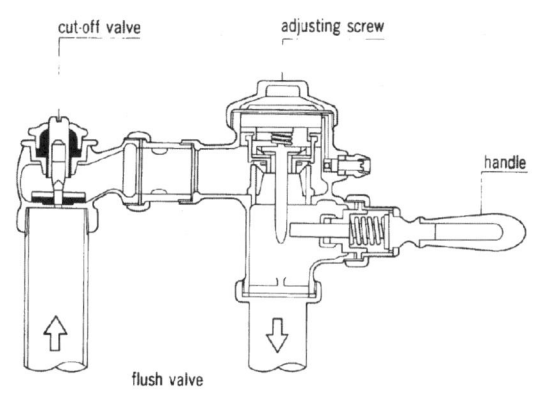

cut-off valve   adjusting screw   handle   flush valve

hand-wash water nozzle   hand-wash water feed pipe   handle   rubber stopper   stop cock

low tank   low tank with hand-washing basin

This is where you adjust the force of the water. Turning the screw clockwise causes the force of the water to gradually weaken. Closing the valve completely will cut off the flow of water altogether.

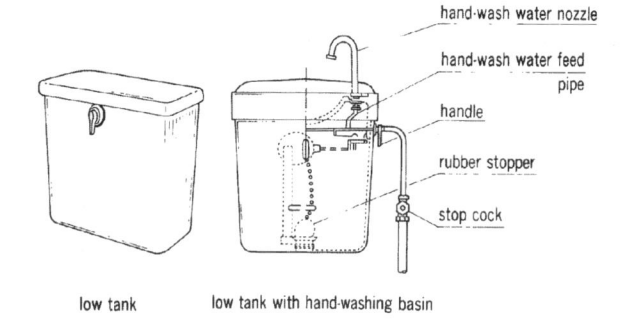

To reduce the flow of water...

Screw-driver type
Turning the screw clockwise will stop the flow of water. If there is not a screwdriver handy, a 10-yen coin will do the job.

To reduce the flow of water...

Handle type
Turning the stop cock clockwise will stop the flow of water.

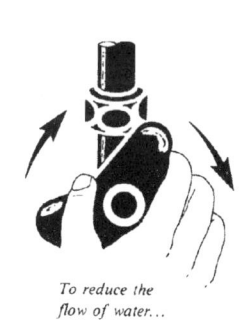

To reduce the flow of water...

7．バルコニー

　A．バルコニーは避難通路
　　バルコニーは、洗濯物を干す場所であるとともに災害時に隣家へ逃れる避難通路として利用するために設置されていますので、邪魔になるような物や燃え易い物は、置かないようにして下さい。

　B．洗濯物を干す時
　　バルコニーで洗濯物を干す場合、物干し竿というポールを使って干します（近所の方がどのようにして洗濯物を干しているか、参考にして下さい）。

　C．風の強い日の注意
　　風の強い日などは、バルコニーに置いてある物や物干し竿などが吹き飛ばされないよう、室内に取り込むとか、ひもや細いロープで縛るなど十分な予防措置を取って下さい。

　D．鉢植えを楽しむ時
　　鉢植えを楽しむ時は、<u>バルコニーには防水工事を施していませんので、水を流しますと階下に漏水しますので、お止め下さい。</u>

　E．禁止事項
　　大変危険ですので、バルコニーから下に物を落とさないで下さい。また、バルコニーで物を燃やしたり、煮炊きをしたり、悪臭の出るような行為をしないで下さい。

```
┌──────────────┐
│ バルコニー   │
│              │
│   パーテーション │
│              │
│              │
│              │
│        （写　真）│
└──────────────┘
```

7. Balcony バルコニー (Barukonī)

A. The balcony as an emergency escape route

While the balcony serves as a place for drying laundry, it is also designed to serve as an escape route to the neighboring unit (the partition must be broken) in the event of a disaster. Please don't place things on the balcony which could become obstacles or which burn easily.

B. Hanging clothes out to dry

When drying clothes on the balcony please hang them on clothespoles, called "mono-hoshi-zao." (For a quick lesson in the use of mono-hoshi-zao, please note how neighbors hang their laundry out.)

C. Windy days

On windy days things placed out on the balcony and mono-hoshi-zao can get blown off. To prevent this please either take the items inside or secure them well with string or thin rope.

D. Potted plants

The balcony is a fine place for growing potted plants. However, the balcony is not constructed to be waterproof, so please do not allow water to run out of plant pots, as it will leak through to the unit below.

E. Prohibitions

Please do not drop things off of the balcony as this is very dangerous. Also, please do not burn things, cook, or do anything which results in a bad odor on the balcony.

Balcony partition

In an emergency, break through the partition

8．電気

　A．電気容量
　　　公団住宅内へ供給されている電圧は100V（ボルト）です。また、公団住宅の電気容量は、15A（アンペア）を基本としています。電気の契約容量の変更（最大30A。ただし、一部の住宅については40Aまで可）を希望される方は、電力会社にお申込み下さい。

　B．住宅の電気が切れた時
　　　電気器具の使用中に電気が切れた時は、最後に使った器具の『差込みプラグ』をコンセントから外してから住宅内にある『ブレーカー』の『つまみ』を『ON』の状況に戻して下さい。この処理をしても電気が切れる場合は、電力会社に連絡して下さい。

　C．使用電力の目安
　　　個室などの天井灯は600W（ワット）、壁のコンセントは1500Wが限度です。
　　　なお、住宅内の最大使用電力は、Aの電気容量が限度となりますので、各種の電気器具を同時に使用する場合は、この容量内でご使用下さい。

　D．電気器具の使用について
　　○　ルームエアコンを取り付ける時は、電気の容量にお気を付け下さい。
　　○　洗濯機には、アース（感電を防ぐための装置）を付けましょう。

ブレーカー
（写　真）

9．テレビ端子
　　テレビを見るために、テレビに同軸ケーブル等を接続する装置です。
　　なお、テレビ端子がなく、各戸毎にテレビアンテナを設置する方式の住宅に入居された方は、管理事務所または営業所へ相談して下さい。

テレビ端子
（写真）

8. Electricity 電気 *(Denki)*

A. Electric capacity

The electricity supplied to Kohdan housing units is 100 volts. The standard electric capacity in the units is 15 amperes (15A). It is possible, however, to increase the amperage on your contract with the electric power company (to a maximum of 30A or, in some units, 40A). Residents wishing to do so should contact the electric power company.

B. If the electricty goes out in your unit

Should the electricity in your unit go out while you are using electric appliances, please unplug the appliance turned on last and the return the circuit breaker in your unit to the "on" position. If this fails to keep the electricity from going out, please contact the electric power company.

Circuit breakers

C. Electricity usage guidelines

The ceiling lights in each room have a limit of 600 watts (600W), and wall outlets have a limit of 1500W. Maximum electric power usage for each unit is as laid out in A above. When using a number of different electrical appliances at the same time, please be sure not to exceed your unit's capacity.

D. Using electric appliances

○ Should you install an air conditioner, please pay attention   to electric capacity
○ Ground your washing machine in order to prevent electric shock.

9. Television terminal テレビ端子 *(Terebi-tanshi)*

The television terminal serves to connect a coaxial cable, etc., to your television for improved reception. Some Kohdan buildings have antennas for each unit in place of television terminals. If your residence is one of these, please consult your kanri jimusho (on-site management office) or housing management business office.

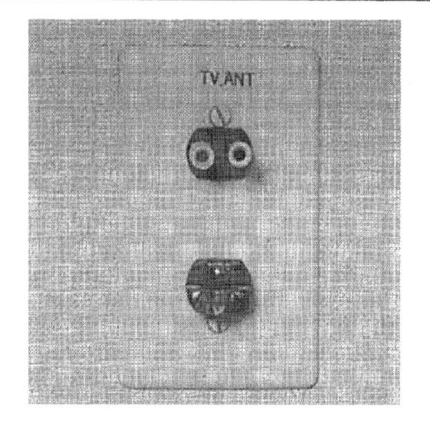

5．入居者が共同で利用する団地内共用施設・共用部分について

1．エレベーター
　公団住宅では、原則として、6階建以上の住棟にはエレベーターを設置しています。

　A．防犯について
　　深夜・早朝1人でエレベーターを利用する時は、痴漢等に十分注意して下さい。
　　深夜においては、防犯のため各階に順次停止して目的階に到着するように運転されます。

　B．地震・火災の時
　　地震・火災の時、エレベーターを使っての避難は大変危険ですのでお止め下さい。
　　エレベーターに乗っている時に地震を感じたら、全ての行き先ボタンを押し、最初に停止した階で降り、階段を使って避難して下さい。

　C．エレベーターが故障した時
　　乗っているエレベーターが故障し、途中で停止し、エレベーターから出られなくなったら、慌てず、エレベーター内の『非常ボタン』を押すとともに『インターホン』を使って外部と連絡をとり、指示に従って脱出して下さい。

　D．子供への注意
　　操作のできないような小さなお子さんが、一人でエレベーターに乗ることのないよう、十分ご注意下さい。

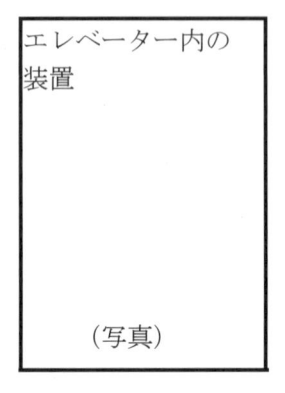

```
エレベーター内の
装置




          (写真)
```

2．階段・廊下
　階段や廊下は、入居者全員の共用の部分です。居住者の皆さんが毎日何回となく通行します。あなたの住宅同様、いつもきれいな状態で利用しましょう。

　A．掃除
　　公団の中層住宅（5階建以下の住棟）では、階段・廊下の掃除は、皆さんで協力して行って頂くこととなっています。
　　階段・廊下は、防水工事を施していませんので、掃除は、床を湿らす程度の水を撒いて行って下さい。

　B．歩行は静かに！
　　コンクリート造りの建物は、音がよく響きます。跳びはねたり、大声で話したりせず、静かに歩くよう気を付けましょう。

　C．禁止事項
　　階段や廊下には、自転車や乳母車など個人の私物を置かないで下さい。他の方の通行の邪魔になるだけでなく、緊急時の迅速な活動の妨げになります。
　　また、階段や廊下で物を燃やしたり、煮炊きをしたり、火を使用することは、絶対に禁止です。

　D．集合郵便受箱
　　一部の1階住宅を除き、普通郵便物や新聞は、1階階段入口または、1階エレベーターホール付近に設置している『集合郵便受箱』に配達されるので、あなたの部屋番号の入っている郵便受箱に、あなたの名前を書いた札を入れて下さい。

Facilities and Sections of the Danchi for Communal Use
5

1. Elevators エレベーター (Erebētā)

As a rule, Kohdan residential buildings six stories tall or taller are equipped with elevators.

A. Crime prevention

When using the elevator alone late at night or early in the morning be on the lookout for potential molesters, etc.

Late at night elevators stop at each floor on the way to the designated floor as a means of deterring crime.

B. Earthquakes and fires

It is extremely dangerous to use an elevator as a means of escape during an earthquake or fire. Please do not do so. Should you feel an earthquake when riding an elevator, press the buttons for all floors, get off at the first floor the elevator stops at, and escape by way of the stairs.

C. If the elevator breaks down

Should an elevator you're riding break down and come to a halt between floors, preventing your escape, remain calm and press the elevator's emergency button. Next, use the elevator's intercom to contact someone outside, and follow their instructions for escaping.

D. Precautions regarding children

Please take care to see that no child too small to operate an elevator gets into an elevator alone.

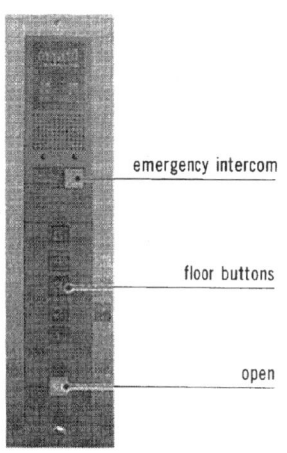

emergency intercom

floor buttons

open

2. Stairways and hallways 階段・廊下 (Kaidan・rōka)

Stairways and hallways are used communally by all residents. Countless times each day residents pass through hallways and go up and down stairs. Please help keep the stairways and hallways as tidy as you would your own home.

A. Cleaning

In Kohdan's medium-rise residential buildings (those with five floors or less) stairway and hallway cleaning is done with everyone's cooperation.

As stairways and hallways are not designed to be waterproof, when cleaning please use only enough water to dampen surfaces.

B. Step lighly!

In concrete buildings sound carries very well. Please do not jump about or talk loudly when walking in stariways and hallways.

C. Prohibitions

Please do not leave bicycles, baby carriages, or other personal belongings in stairways or hallways. Doing so not only obstructs other residents' passage through the area, but also hampers swift action in emergencies.

Also, burning things, cooking, or using fire in any way in hallways and stairways is absolutely forbidden.

D. Collective mailboxes

With the exception of a small number of units, all residences have their mail and newspapers delivered to the collective mailboxes located on the first floor near the stairway or elevator. Please insert a card with your name written on it into the slot in the mailbox which bears your unit number.

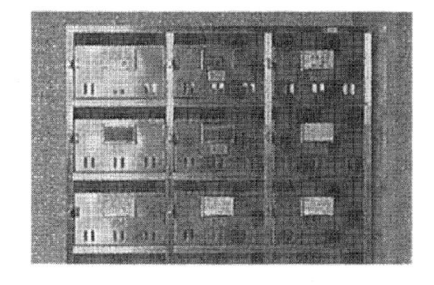

3．ごみ置場
　　ゴミ置場は、家庭内の生活ゴミを処理するために出して置くために団地内に設けられた施設です。
　　ゴミ置場に出された家庭のゴミは、ゴミ収集車が回収します。
　　なお、このゴミ置場以外の場所には、ゴミを捨てないで下さい。
　　ゴミを出す日や、出し方については、各団地の『入居のご案内』をよく読んで下さい。

ゴミ置場
（写　真）

4．自転車置場
　　自転車を置くことができるよう、各住棟の近くに自転車置場を設置しています。
　　他の人が、自転車の出し入れに支障を来さないように自転車を置いて下さい。

自転車置場
（写　真）

3. Garbage collection areas ごみ置き場 (Gomi-oki-ba)

The garbage collection areas established within danchi are areas where residents put out household garbage so that it may be disposed of.

The garbage placed at the garbage collection areas is picked up by garbage trucks.

Please do not throw garbage away anywhere except at the garbage disposal areas.

For information on garbage pick-up days and the proper way to put out garbage, please read the pamphlet "Nyukyo no Go-annai" (information for new residents).

4. Bicycle parking areas 自転車置き場 (Jitensha-oki-ba)

A bicycle parking area is provided near each residential building to give residents a place to put their bicycles.

Please park your bicycle in such a way that it does not hinder other residents as they park or remove their bicycles.

[別紙7]

都市再生機構賃貸住宅賃貸借契約書（ペット共生住宅用）

```
頭書（省略）
```

（総則）
第1条　甲は、頭書に表示する甲所有の住宅（以下「賃貸住宅」という。）を、小鳥及び魚類並びに甲が認める犬、猫その他小動物の飼育が可能な住宅として、この契約書に記載されている条件で乙に賃貸する。
2　賃貸住宅の敷地、外灯、屋上等については、乙は、甲の指示するところに従い、他の住宅の居住者とこれを共用するものとする。
3　甲は、必要があるときは、賃貸住宅の敷地若しくは屋上に工作物を設置し、又は賃貸住宅の敷地に造成を加えることができる。
（乙の入居開始可能日）
第2条　乙の賃貸住宅への入居開始可能日は、頭書のとおりとし、乙は、この日から1か月以内に入居を完了しなければならない。
2　甲は、甲の都合で前項に規定する入居開始可能日を変更するときは、速やかに、乙に通知するものとする。この場合には、通知状に記載する日をもって前項の入居開始可能日とする。
3　乙は、甲の承諾を得て、第1項に規定する1か月の期間を延長することができる。
（契約期間）
第3条　この契約の期間は、前条第1項又は第2項に規定する入居開始可能日から起算して1年とする。
2　前項の契約期間が満了する日の14日前までに、甲乙又はその一方からなんらの申出がないときは、この契約は、同一条件で1年間更新されるものとし、更新された契約についても同様とする。
（家　賃）
第4条　賃貸住宅の家賃は、頭書のとおりとする。
（家賃の変更）
第5条　甲は、次の各号の一に該当するときは、家賃の額及び敷金の額を変更することができる。
　一　物価その他経済事情の変動に伴い、必要があると甲が認めるとき。
　二　近傍同種の住宅の家賃との均衡上必要があると甲が認めたとき。
　三　甲が賃貸住宅、附帯施設又は賃貸住宅の敷地に改良を施したとき。
（敷　金）
第6条　乙は、家賃の支払、損害の賠償その他この契約から生ずる債務を担保するため、敷金として頭書の金額を甲に支払い、甲は、既にこれを受領した。
2　甲は、この契約が第18条若しくは第19条第1項若しくは第3項の規定により解除された日又は第18条の規定によるこの契約の更新拒絶により契約期間が満了した日（以下「契約終了日」という。）から起算して21日以内に、敷金のうち乙の債務弁済に当てた残額を乙に返還するものとする。この場合、その敷金には、利息を付けないものとする。
3　乙は、前項の規定により、甲から敷金の返還を受けるときは、乙が契約終了日までに使用した電気、ガス及び水道の使用料支払領収書を、甲に提示するものとする。
（共益費）
第7条　乙は、家賃のほかに、次の各号に掲げる費用（以下「共益費」という。）を毎月負担するものとする。
　一　賃貸住宅がある団地内の電気、水道及びガスの使用に伴う諸費用（賃貸住宅内におけるそれらの使用料を除く。）
　二　賃貸住宅の室外のごみの処理に要する費用
　三　賃貸住宅の室外の給水施設、汚水処理施設その他の排水施設、遊戯施設その他の雑構築物等の維持又は運営に要する費用
　四　賃貸住宅がある団地内の道路、植樹、花壇、芝生等の清掃、消毒及び手入れに要する費用
　五　その他賃貸住宅がある団地内の居住者の共通の利益を図るために、甲が特に必要であると認めたものに要する費用
2　前項の共益費の額は、甲が定めるものとし、甲は、物価の変動又は附帯施設若しくは賃貸住宅の敷地の改良等を理由として、共益費の額を変更することができる。
（家賃等の支払義務）
第8条　乙の家賃及び共益費（以下「家賃等」という。）

の支払義務は、第2条第1項又は第2項に規定する入居開始可能日から発生するものとする。

2　乙が第2条第3項の承諾を受けたときにおいても、家賃等の支払義務は、前項の規定によるものとする。

3　賃貸住宅の入居開始可能日の属する月又は契約終了日の属する月における乙の賃借期間が1月に満たないときの家賃等は、1月を30日として日割計算した額とし、その日割計算した額に10円未満の端数が生じたときは、これを四捨五入するものとする。

（家賃等の支払期日）

第9条　乙は、前条第3項に規定する月の家賃等については甲の定める期日までに、甲の定める方法により、甲に支払うものとする。

（遅延利息）

第10条　乙は、乙の責めに帰すべき理由により、家賃等の全部又は一部の支払を遅延したときは、その支払を遅延した額について、その遅延した期間の日数に応じ、年（365日当たり）14.6パーセントの割合により算定した遅延利息として甲に支払わなければならない。

（賃貸住宅使用上の注意）

第11条　乙は、賃貸住宅の使用方法等に関する甲の注意に従って、善良な管理者の注意をもって賃貸住宅を使用しなければならない。

（乙の修理義務）

第12条　賃貸住宅について、次の各号に掲げるものの修理又は取替えは、乙の負担において乙が行うものとする。

　一　畳
　二　障子、ふすま等外回り建具以外の建具及び外回り建物のガラス
　三　その他別に甲が定める小修理に属するもの

2　甲は、前項各号に掲げるものの細目については、あらかじめ、乙に通知するものとする。

3　第1項の規定にかかわらず、賃貸住宅について、**乙が飼育する動物の排泄物若しくは臭いによる汚損又は当該動物の歯若しくは爪等による破損その他の当該動物による汚損又は破損が生じたときは、それらの修理、取替え又は消臭若しくは消毒は、乙の負担において乙が行うものとする。**

4　乙は、この契約が第18条若しくは第19条第1項若しくは第3項の規定により解除された場合又は第18条の規定によるこの契約の更新拒絶により契約期間が満了した場合において、乙が賃貸住宅を甲に返還するときは、次の各号に掲げるところに従い修理等を行わなければならない。

　一　第1項各号に掲げるもののうち畳、障子及びふすまを除くものについて、修理若しくは取替えを行い、又はその費用を負担すること。

　二　前号の規定にかかわらず、乙が飼育する動物による前項の汚損又は破損について、その修理、取替え、消臭若しくは消毒を行い、又はその費用を負担すること。

（原状回復義務）

第13条　乙は、乙の責めに帰すべき理由により、賃貸住宅を汚損し、破損し、若しくは滅失したとき又は甲に無断で賃貸住宅の原状を変更したときは、前条の規定にかかわらず、直ちに、これを原状に回復**（消臭又は消毒を含む。）**しなければならない。

（甲の承諾を必要とする事項）

第14条　乙は、次の各号に掲げる行為をしようとするときは、甲が定める書面によって、あらかじめ、甲の承諾を得なければならない。

　一　賃貸住宅の模様替え又は工作をしようとするとき。
　二　賃貸住宅の敷地内に工作をしようとするとき。
　三　賃貸住宅の全部又は一部を居住の用途以外に用いようとするとき。

（甲に対する通知）

第15条　次の各号の一に該当するときは、直ちに、その旨を甲に通知しなければならない。

　一　乙、乙の世帯員及び同居者が引き続き1か月以上賃貸住宅に居住しないとき。
　二　乙が氏名を変更したとき。
　三　乙が死亡し、又は後見、保佐、補助若しくは委任後見が開始されたとき並びにこれらが取り消され、終了したとき。
　四　賃貸住宅が汚損し、破損し、又は滅失したとき。

（転貸等の禁止）

第16条　乙は、賃貸住宅の全部若しくは一部を転貸し、賃貸住宅の賃借権を譲渡し、又は賃貸住宅を他の住宅と交換してはならない。

2　乙は、その名目のいかんを問わず、前項において禁止する行為に類する行為をしてはならない。

（動物の飼育）

第17条　乙は、賃貸住宅において、甲が別に定めるペット飼育規則（以下本条において「飼育規則」という。）に規定する動物を、飼育規則に定めるところにより、飼育することができる。

2　乙は、前項の動物を飼育するに当たっては、飼育規則を遵守しなければならない。

3　甲は、必要があると認めるときは、飼育規則を改正することができる。

4　乙は、第1項の動物のうち犬又は猫を飼育する場

合は、飼育規則に定めるところにより、甲の承認を得なければならない。

5　乙は、第1項の動物以外の動物を飼育してはならない。

（甲の契約解除権等）

第18条　甲は、乙が次の各号の一に該当するときは、催告によらないでこの契約を解除し、又はこの契約の更新を拒絶することができる。

一　賃貸住宅の入居申込書に虚偽の事項を記載し、その他不正な手段により賃貸住宅へ入居したとき。

二　家賃等を3か月以上滞納したとき。

三　家賃等の支払をしばしば遅延することにより、その支払能力がないと甲が認め、かつ、その遅延がこの契約における甲乙間の信頼関係を著しく害するものであると甲が認めたとき。

四　甲の承諾を得ないで第14条各号に掲げる行為を行ったとき。

五　第15条に規定する甲に対する通知を怠ったとき。

六　賃貸住宅、附帯施設又は賃貸住宅の敷地を、故意又は重大な過失により、汚損し、破損し、又は滅失したとき。

七　第16条又は前条の規定に違反したとき。

八　長期不在により賃借権の行使を継続する意思がないと甲が認めたとき。

九　共同生活の秩序を乱す行為があったとき。

十　その他この契約に違反したとき。

2　乙は、前項の規定により、甲がこの契約を解除したときは直ちに、この契約の更新を拒絶したときはこの契約の期間満了の日までに、賃貸住宅を空け、これを甲に返還しなければならない。

（契約解除等）

第19条　乙は、この契約を解除しようとするときは、14日以上の予告期間をもって甲の定める契約解除届を甲に提出するものとし、その契約は解除されるものとする。

2　乙は、前項の規定により、契約解除届を甲に提出したときは、その契約解除届に記載した契約解除日までに、賃貸住宅を空け、これを甲に返還しなければならない。

3　乙が契約解除届を甲に提出しないで賃貸住宅を退去したときは、甲が乙の退去の事実を知った日の翌日から起算して14日目をもって、この契約は解除されたものとする。この場合、賃貸住宅内に乙が残置した物件は、甲は任意に処分することができる。

（不法居住による賠償金等）

第20条　乙は、契約終了日までに賃貸住宅を甲に明け渡さないときは、契約終了日の翌日から起算して明渡しの日まで（以下この条において「不法居住期間」という。）の家賃等相当額の1.5倍の金額を甲に支払わなければならない。

2　第12条及び第13条の規定は、乙の不法居住期間中にこれを準用するものとする。

（賃貸住宅に関する調査）

第21条　乙は、甲が賃貸住宅の管理上、賃貸住宅に関して調査を求めたときは、これに協力しなければならない。

（必要書類の提出）

第22条　乙は、甲が賃貸住宅の管理上必要があると求めて要求したときは、乙、乙の世帯員及び同居者の住民票の写し又は外国人登録原票記載事項証明書等甲が定める証明書を、甲に提出しなければならない。

（甲への連絡方法）

第23条　甲は、この契約に基づく乙との連絡事務を行う者を置き、乙は、原則として、甲に対する一切の連絡をこの者にするものとする。

ペット飼育規則

【都市再生機構・潮見駅前プラザ一番街（東京都江東区）の場合】

甲（賃貸借契約書の頭書に掲げる「甲」をいう。以下同じ。）は、賃貸借契約書第17条第1項の規定に基づき、乙（賃貸借契約書の頭書に掲げる「乙」をいう。以下同じ。）が、賃貸住宅（賃貸借契約第1条に掲げる賃貸住宅をいう。以下同じ。）においてペットを飼育するに当たって、以下のとおり、ペット飼育規則（以下「本規則」という。）を定める。

（目　的）
第1条　本規則は、乙が賃貸住宅においてペットを飼育するに当たって必要な事項を定めることにより、賃貸住宅のある団地（以下「団地」という。）及びその近隣の地域における良好な住環境を維持し、ペットとの適正な共生を確保することを目的とする。

（定　義）
第2条　本規則にける用語の意義は、次の各号に定めるところによる。
　一　ペット　次条第1項に定める動物をいう。
　二　ペットクラブ　第8条第2項に掲げる者で構成し、同条第3項に定めるところにより、会員相互間のコミュニケーションの創造、飼育のマナーの向上、犬又は猫の飼育に関する指導及び相談その他の役割を担う組織をいう。

（飼育できる動物の範囲等）
第3条　乙は、賃貸住宅において、小鳥及び魚類のほか、次に掲げる動物を飼育することができる。
　一　犬
　二　猫
　三　小動物（うさぎ、モルモット、ハムスター、りす及びフェレットをいう。）
2　乙は、前項に掲げる動物を、業を目的として飼育してはならない。
3　乙は、犬又は猫の飼育に当たっては、第7条に定める飼育申請手続を経て、甲の承認を得なければならない。

（犬又は猫等の飼育頭数及び大きさ）
第4条　乙は、犬又は猫について、いずれか1頭を飼育することができる。
2　前項に掲げる飼育することができる犬又は猫は、甲が、飼育申請時点において、成犬時又は成猫時の体重がおおむね10kg以下の大きさのものとして認めたものとする。
3　前条第1項第3号に掲げる小動物の大きさ及び数は、当該小動物のすべてを乙が一人で持ち運びができるケースに入れて飼育できる程度とする。この場合において小動物を飼育するケージの数は1住戸につき1個とする。

（飼い主の心構え）
第5条　乙は、ペットを飼育するに当たり（この場合の乙を「飼い主」という。以下同じ。）、常に次の事項を心がけなければならない。
　一　団地の居住者（以下「団地居住者」という。）及び近隣住民の生活を尊重し、良好な住環境の維持向上を図ること。
　二　ペットの習性、本能等を理解するとともに飼い主としての責任を自覚し、ペットのしつけを行うこと等により、飼育するペットとの適正な共生を図ること。
　三　法令、条例等に定められた飼い主の義務を遵守すること。
　四　本規則及び甲の指示、指導を遵守すること。

（遵守事項等）
第6条　飼い主は、ペットを飼育するに当たり、次の各号に掲げる事項を守り、ペットを適正に飼育しなければならない。
　一　基本事項
　　ア　ペット賃貸住宅の室内（以下「住戸」という。）で飼育しなければならず、ペットを自由に外出させ、又はバルコニー、テラス若しくは専用庭等において飼育し、若しくは放置しないこと。
　　イ　ペットの鳴き声や糞尿等による団地居住者及び近隣住民等への損害又は迷惑の防止に努めること。
　　ウ　住戸以外の場所で、動物にえさや水を与え、又は排泄をさせないこと。
　　エ　ペットを常に清潔に保ち、疾病の予防、衛生害虫の発生防止及びペットの健康管理を行うこと。
　　オ　ペットの飼育に起因して、団地居住者、近隣居住者等若しくは賃貸住宅、附帯施設及びこれらの敷地に汚損、損害が発生した場合又は団地

居住者若しくは近隣住民等に損害等を与えた場合は、損害賠償その他の責任を負うとともに、誠意をもって解決を図ること。
　　カ　地震、火災等の非常災害時には、ペットが近隣住民又は団地居住者等に危害を及ぼさないように留意するとともに、ペットの保護に努めること。
　　キ　飼い主は、ペットを自己の責任において飼育し、自己の都合により遺棄しないこと。やむを得ず飼育をやめる場合又は第10条第3項若しくは第11条第4項の規定に基づきペットの飼育を禁止された場合は、犬又は猫にあっては第7条第1項第1号ハ又は第2号ニの規定に基づき甲に届け出た引取人に引取らせ、これに拠り難い場合は新たな引取人を探す等しなければならないものとし、その他のペットにあっては自らの責任において引取人を探しこれに引取らせる等すること。
　　ク　ペットが死亡した場合は、適切な処置を行うこと。
　二　団地居住者等への配慮事項
　　ア　住戸の外で、ペットの手入れ若しくはケージ、ブラシその他の飼育用具等の清掃をし、又はトイレ用の砂の乾燥を行わないこと。
　　イ　ペットの手入れ又は飼育用具等の清掃等を行う場合は、必ず窓を閉める等して毛の飛散を防止するとともに、汚物を衛生的な方法により適切に処理すること。
　　ウ　やむを得ずペットが住戸の外で排泄をした場合は、糞便を必ず持ち帰るとともに、排泄した場所又は排泄物を衛生的な方法により、適切に清掃、消臭等し、又は処理すること。
　　エ　ペットを伴って住戸の外に出るときは、ペットをケージに入れ又はリードで結ぶ等してペットの行動を制御できるようにすること。
2　犬又は猫の飼い主は、前項各号に定める事項のほか、併せて次の各号の事項を守り、犬又は猫を適正に飼育しなければならない。
　一　ペットクラブに加入するとともに、ペットクラブを通じて犬又は猫との適正な共生のために自主的に活動するよう努めること、及びペットクラブが本規則に基づき指示若しくは指導又は警告等を行った場合はこれに従うこと。
　二　ペットクラブがしつけ教室等を実施する場合は、参加するよう努めること。
　三　犬の飼育に当たっては、狂犬病予防法（昭和25年法律第247号）第4条第2項に基づく登録を受け、同条第3項に基づき鑑札を着けていること、かつ、自己の所有であることを明らかにするため犬にマイクロチップを注入するよう努めること。猫の飼育に当たっては、自己の所有であることを明らかにするため、猫にマイクロチップを注入すること。
　四　団地居住者及び近隣住民等に対しての損害又は迷惑を防止するため、犬にあっては避妊又は去勢の手術を行うよう努め、猫にあっては避妊又は去勢の手術を行うこと。
　五　犬について、狂犬病予防法第5条の規定に基づき狂犬病予防注射を受けさせること、及び犬又は猫について、健康診断を受診するよう努めること。
　六　犬又は猫の飼育に当たっては、集合住宅での飼育に適するしつけを充分に行うこと。
　七　犬又は猫を伴ってエレベーターを利用する場合は、抱きかかえるか、端に寄せ飼い主が同乗者との間に入る等、他の利用者への配慮を行うこと。
　八　犬又は猫が死亡した場合及び飼い主の都合により飼育をやめる場合は、甲に届け出ること。

（飼育申請等手続）
第7条　乙は、犬又は猫の飼育を希望する場合は、大きさ、頭数その他甲が定める条件を満たしていることが確認できるよう、次に定める書類を添えて、甲が別に定めるペット飼育申請書に必要事項を記載の上、甲に提出しなければならない。ただし、第1号ロ又は第2号イ、ロ若しくはハに掲げる書類について、当該書類により証明される事項をやむを得ない事情により行うことができない場合は、その旨を証する書類をもって、これに代えることができるものとする。
　一　犬を飼育する場合
　　イ　獣医師の所見書（ただし、甲が別に定める犬種を飼育する場合にあっては、血統証明書その他当該犬種であることを証する書面の写し）
　　ロ　狂犬病以外の感染症について一年以内に実施した予防接種に関する証明書又はその写し
　　ハ　やむを得ず飼育ができなくなった場合の引取人の届出
　二　猫を飼育する場合
　　イ　感染症について一年以内に実施した予防接種に関する証明書又はその写し
　　ロ　マイクロチップの注入を受けていることを証する書面又はその写し
　　ハ　避妊又は去勢の手術を終えていることを証する書面又はその写し

ニ　やむを得ず飼育ができなくなった場合の引取人の届出
2　甲は、前項の提出書類により犬又は猫が条件を満たしていることが確認できたときは、登録証を発行するものとし、当該登録証をもって飼育の承認に代えるものとする。
3　前項の場合において、甲又は甲の指定する者が講習会を開催するときは、乙はこれに参加しなければならない。
4　乙は、犬又は猫の死亡その他の理由により犬又は猫の飼育を中止しようとするときは、甲が別に定める書面により、甲に届け出なければならない。

（ペットクラブ）
第8条　犬又は猫の飼い主は、第1条の目的を達成するために、他のすべての犬又は猫の飼育者と共同して、ペットクラブを設け、運営するものとする。
2　ペットクラブは、犬又は猫の飼い主、前条に定める飼育申請を行うことを予定している賃貸住宅の賃借人、又は入会を希望する賃貸住宅の賃借人のほか、ペットクラブが入会を認めた者を会員（以下「会員」という。）として組織するものとする。
3　ペットクラブの役割は、次に掲げるとおりとする。
　　一　会員相互間のコミュニケーションを図り、その友好を深めること。
　　二　犬又は猫のしつけ教室等を実施し、飼育のマナーを向上させること。
　　三　犬又は猫の飼育に起因する団地居住者又は近隣住民等への損害又は迷惑を防止するため及び犬又は猫との共生について団地居住者又は近隣住民等の理解を得るために必要な活動を行うこと。
　　四　犬又は猫の飼育に関する苦情やトラブル等につき、その内容を明らかにした上で、その解決のために必要な助言又は指導等適切な対処をすること。
　　五　本規則に違反した犬又は猫の飼い主に対し、犬又は猫の飼育方法やしつけ等の指示若しくは指導又は警告等を行うこと。
　　六　前号の措置にもかかわらず改善が認められない場合には、甲に報告すること。
　　七　苦情又はトラブルの発生状況及びその措置等について、年1回以上、甲に報告すること。
　　八　賃貸住宅に現に居住している者が犬又は猫の飼育を希望して前条に定める飼育申請を行う場合又は犬又は猫の飼い主が飼育している犬又は猫の飼育を中止する場合において、その申請又は届出に関する窓口となりこと。また、提出された申請書等の書面を甲に取り次ぐこと。

4　ペットクラブは、執行部の選出又は総会の招集その他ペットクラブの運営に必要な事項を賃貸借契約書若しくは本規則に抵触しない範囲において会則で定め、又はこれを改正することができる。
5　前項の場合において、会則の制定又は改正を行ったときは、速やかに甲に通知しなければならない。

（犬又は猫の飼育の表示）
第9条　犬又は猫の飼い主は、第7条第2項の規定に基づき甲が発行する犬又は猫の登録証を、玄関扉に近接する見やすい箇所に貼付しなければならない。

（未申請動物に対する措置）
第10条　ペットクラブは、第7条に定める飼育申請手続を経ていない犬又は猫の飼育を発見した場合は、当該犬又は猫の飼い主に対して、飼育申請手続を経るよう指導するものとする
2　ペットクラブは、前項に定めるペットクラブの指導に飼い主が従わない場合は、当該飼い主の氏名、住戸番号を甲に報告する。
3　甲は、前項の報告を受けたときは、ペットクラブの指導に従わない飼い主に対し、指導に従うよう勧告し、当該飼い主が勧告に従わない場合は、当該飼い主に対し、犬又は猫の飼育を禁止することができる。

（違反者に対する措置）
第11条　ペットクラブは、犬若しくは猫の飼い主が本規則に違反したとき又は飼育する犬若しくは猫が団地居住者若しくは近隣住民等へ損害を与えたとき若しくは迷惑行為を生じさせたときは、当該飼い主に対し、飼育方法の指示若しくは指導又は警告等を行うことができる。
2　前項のペットクラブの措置にもかかわらず改善が認められない場合は、甲は、ペットクラブの報告に基づき、改善が認められない飼い主に対し、是正又は改善に必要な指示若しくは指導又は警告等を行うことができる。
3　甲は、前項に定める場合のほか、小鳥、魚類若しくは小動物の飼い主が本規則に違反したとき又は飼育する小鳥、魚類若しくは小動物が団地居住者若しくは近隣住民等へ損害を与えたとき若しくは迷惑行為を生じさせたときは、当該飼い主に対し、是正又は改善に必要な指示若しくは指導又は警告等を行うことができる。
4　甲は、前2項の指示若しくは指導又は警告等に従わない飼い主に対し、ペットの飼育を禁止することができる。

5　甲は、前項の飼育禁止にもかかわらず飼い主がペットの飼育をやめない場合は、賃貸借契約書第18条の規定に基づき、賃貸住宅の賃貸借契約を解除し、又は賃貸借契約の更新を拒絶することができる。

（盲導犬への配慮）

第12条　甲は、乙の飼育する犬が、道路交通法（昭和35年法律第105号）第14条第1項に規定する盲導犬である場合は、本規則の適用に当たって、特別の配慮をすることができる。

（規則の改正）

第13条　本規則の改正は、甲が行う。

2　甲は、前項に定める本規則の改正に当たっては、ペットクラブ等の意見を徴することができる。

団地で飼育できるペットの種類・大きさ・数
【都市再生機構・潮見駅前プラザ一番街（東京都江東区）の場合】

犬

成犬時の体重が概ね10kg以下の大きさの犬1匹

犬については、成犬時の体重が概ね10kg以下の大きさであること、狂犬病予防法に定める鑑札を受け、同法に従い予防注射を受けていること等が条件となります。

「大きさ」について

　以下に掲げる犬種は、一般に「成犬時の体重が概ね10kg以下の大きさである」と認められることから、飼育を希望される犬がこれらに該当する場合は、その犬種であることを証する書面のご提出があれば、大きさの要件を満たすものとします。

　また、以下に該当しない場合や雑種の場合、犬種を証する書面が無い場合は、獣医師の所見書（公団の定める大きさの要件を満たしていることが確認できるもの）を提出していただきます。

【ア】（10種）
アーフェンピンシャー
アイリッシュ・テリア
アメリカン・コッカー・スパニエル
イタリアン・グレーハウンド
イングリッシュ・コッカー・スパニエル
ウィペット
ウェスト・ハイランド・ホワイト・テリア
ウェルシュ・コーギー・ペングローク
ウェルシュ・テリア
オーストラリアン・テリア

【カ】（5種）
キャバリア・キング・チャールズ・スパニエル
キング・チャールズ・スパニエル
ケアーン・テリア
コーイケルホンディエ
コトン・ド・チュレアール

【サ】（11種）
シーズー
シーリハム・テリア
柴犬
シルキー・テリア
ジャーマン・ハンティング・テリア
ジャック・ラッセル・テリア
シェットランド・シープドッグ
シッパーキー
スカイ・テリア
スコティッシュ・テリア
スムース・フォックス・テリア

【タ】（10種）
ダックスフンド
（スタンダード・ミニチュア・カニーンヘン）
ダンディ・ディンモント・テリア
チワワ
チャイニーズ・クレステッド・ドッグ
チベタン・スパニエル
チベタン・テリア
狆（チン）
トイ・マンチェスター・テリア
トイ・プードル

【ナ】(4種)	フレンチ・ブルドック	メキシカン・ヘアレス・ドッグ
日本スピッツ	ペキニーズ	
日本テリア	ベドリントン・テリア	【ヤ】(1種)
ノーフォーク・テリア	ボーダー・テリア	ヨークシャーテリア
ノーリッチ・テリア	ボストン・テリア	
	ポメラニアン	【ラ】(3種)
【ハ】(15種)	ボロニーズ	ラサ・アプソ
パーソン・ジャック・ラッセル・テリア		レークランド・テリア
パグ	【マ】(7種)	ローシェン
バセンジー	マルチーズ	
パピヨン	マンチェスター・テリア	【ワ】(1種)
ビーグル	ミニチュア・シュナウザー	ワイヤー・フォックス・テリア
ビション・フリーゼ	ミニチュア・ピンシャー	
プチ・ブラバンソン	ミニチュア・プードル	犬種については変更、追加になることがあります。
ブリュッセル・グリフォン	ミニチュア・ブル・テリア	

(注) 盲導犬に関しては、別途公団までお問合せください。
(注) マイクロチップの注入及び避妊又は去勢手術については、飼い主の方の努力義務とさせていただきます。(飼育開始時の条件ではありません。)

【住宅の申込み資格の確認後に提出していただく予定です】
1 ペット飼育申請書
　鑑札番号、狂犬病予防法注射票の番号などの必要事項を記入していただきます。
　※ 狂犬病予防注射については、1年以内に接種されたものを有効とさせていただきます。

2 大きさの条件を満たしていることが確認できる書面
　「血統書などの犬種を証する書面」(上記に掲げる犬種に該当する場合) 又は「獣医師の所見書」

3 狂犬病以外の感染症について、1年以内に実施した予防接種に関する証明書

4 飼育できなくなった場合の引取人届

猫

成猫時の体重が概ね10kg以下の大きさの猫1匹

猫については、成猫時の体重が概ね10kg以下の大きさであること、マイクロチップの注入及び避妊又は去勢手術を受けていること等が条件となります。

【住宅の申込み資格の確認後に提出していただく予定です】
1 ペット飼育申請書
　マイクロチップのID番号などの必要事項を記入していただきます。

2　避妊・去勢手術に関する書面
　　「避妊又は去勢手術済みを証する書面」又は「避妊又は去勢手術が困難なことを証する書面」

3　マイクロチップに関する書面
　　「マイクロチップの注入済みを証する書面」又は「マイクロチップの注入が困難なことを証する書面」

4　誓約書
　　飼育を希望される猫について、公団の定める期日までにマイクロチップの注入や避妊又は去勢手術が受けられない場合（避妊又は去勢手術については不要と判断された場合を除きます。）は、入居後に必ず処置する旨の誓約書の提出が必要になります。

5　感染症について1年以内に実施した予防接種に関する証明書

6　飼育できなくなった場合の引取人届

小動物

うさぎ、モルモット、ハムスター、りす、フェレット

　小動物の飼育に関しては、一人で持ち運びができるカゴで飼育できる程度の大きさと数とし、1住宅につきカゴ1個とします。
　飼育にあたっては、室内から逃げ出すようなことのないようにご注意ください。

その他

小鳥、金魚・熱帯魚などの観賞魚などを飼育することができます。

【共用部分・専用部分の設備紹介】

ペットとの豊かな生活のために。

　ペットを交えたコミュニケーションの創造の場として、ペットクラブを設けています。
　ペットを飼う人も飼わない人も快適に暮らしていただくために、ペット飼育に関するルールを定

めるとともに、共生に配慮した設備・仕様を採用しています。
　共用部では、生活環境の維持と団地内の美観に配慮して、足洗い場や汚物処理水洗を設置。さらに各住宅内には、防音対策等を施して周辺住宅への影響に配慮すると同時に、モールディングやペットくぐり戸付きドア、フェンス取付用下地などの設備を整え、飼い主の方が快適にペットを飼えるような空間づくりに努めました。

【共用部分】

汚物処理水洗
散歩中のペットの汚物を住戸に入る前に処理できます。

ペットボタン
エレベーター内にペットと同乗する時、このボタンを押すと、他の階で到着をお待ちの方に、ペットが同乗していることを知らせます。

毛詰まり防止排水口
浴室に、ペットの毛をキャッチし排水管の詰まりを防止する排水口を採用しています。

【専用部分】

ペットくぐり戸付ドア
リビングの扉がしまっていても、ペットが出入できるくぐり戸付ドアを採用しています。

足洗い場
散歩で汚れた足が洗えます。団地内を汚さない気配り施設です。

バルコニー手摺／隔板まわり
バルコニー手摺や隔板まわりの隙間を狭くすることで隣戸への出入りや落下を防止します。

モールディング
つめ立てなどで壁のクロスをいためても下半分だけの張り替えでOKです。

リードフック
郵便物や宅配便を取る間、リードを掛けておけます。

フェンス取付用下地
玄関にペットの飛び出しなどを防ぐフェンスを取り付けられます。

【住戸間取りと設備設置箇所】

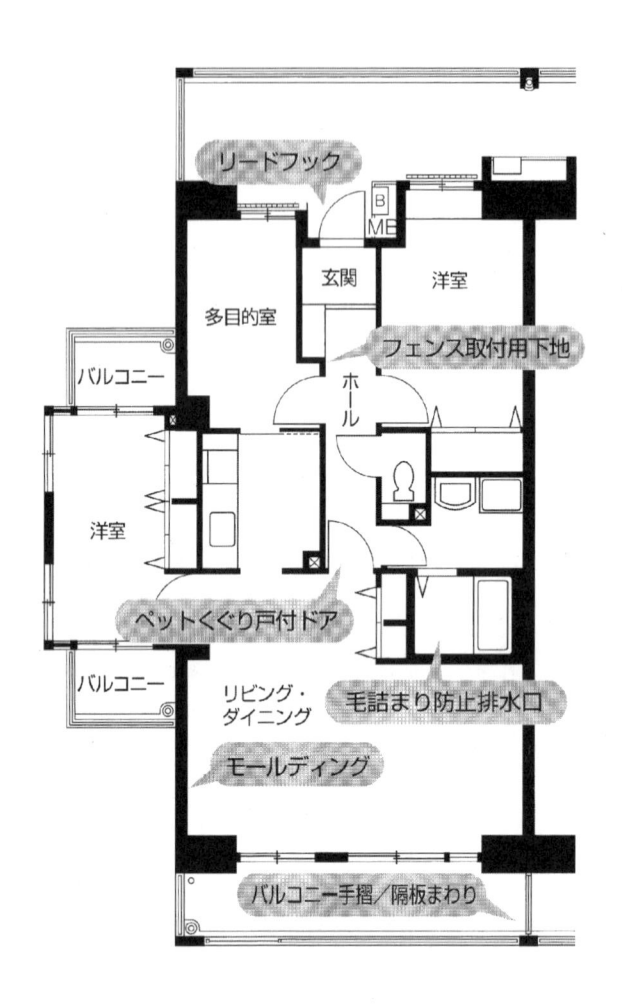

リードフック
多目的室
玄関
洋室
バルコニー
フェンス取付用下地
ホール
洋室
ペットくぐり戸付ドア
毛詰まり防止排水口
バルコニー
リビング・ダイニング
モールディング
バルコニー手摺／隔板まわり

[別紙8]　　　　　宅地建物取引業者が宅地又は建物の売買等に関して
　　　　　　　　受けることができる報酬の額

(昭和45年10月23日建設省告示第1552号)
最終改正　　平成16年2月18日国土交通省告示第100号

第1　定義
　この告示において、「消費税相当額」とは消費税（昭和63年法律第108号）第2条第1項第9号に規定する課税資産の譲渡等につき課税されるべき消費税額及び当該消費税額を課税標準として課税されるべき地方消費税額に相当する金額をいう。

第2　売買又は交換の媒介に関する報酬の額
　宅地建物取引業者（消費税法第5条第1項の規定により消費税を納める義務がある事業者をいい、同法第9条第1項本文の規定により消費税を納める義務が免除される事業者を除く。）である場合に限る。第3から第5まで及び第7①において同じ。）が宅地又は建物（建物の一部を含む。以下同じ。）の売買又は交換の媒介に関して依頼者からの受けることのできる報酬の額（当該媒介に係る消費税等相当額を含む。）は、依頼者の一方につき、それぞれ、当該売買に係る代金の額（当該売買に係る消費税等相当額を含まないものとする。）又は当該交換に係る宅地若しくは建物の価額（当該交換に係る消費税等相当額を含まないものとし、当該交換に係る宅地又は建物の価額に差があるときは、これらの価額のうちいずれか多い価額とする。）を次の表の上欄に掲げる金額に区分してそれぞれの金額に同表の下欄に掲げる割合を乗じて得た金額を合計した金額以内とする。

２００万円以下の金額	１００分の５．２５
２００万円を超え４００万円以下の金額	１００分の４．２０
４００万円を超える金額	１００分の３．１５

第3　売買又は交換の代理に関する報酬の額
　宅地建物取引業者が宅地又は建物の売買又は交換の代理に関して依頼者から受けることのできる報酬の額（当該代理に係る消費税等相当額を含む。以下この規定において同じ。）は、第1の計算方法により算出した金額の2倍以内とする。ただし、宅地建物取引業者が当該売買又は交換の相手方から報酬を受ける場合においては、その報酬の額と代理の依頼者から受ける報酬の額の合計額が第1の計算方法により算出した金額の2倍を超えてはならない。

第4　貸借の媒介に関する報酬の額
　宅地建物取引業者が宅地又は建物の貸借の媒介に関して依頼者の双方から受けることのできる報酬の額（当該媒介に係る消費税等相当額を含む。以下この規定において同じ。）の合計額は、当該宅地又は建物の借賃（当該賃借に係る消費税等相当額を含まないものとし、当該媒介が使用貸借に係るものである場合においては、当該宅地又は建物の通常の借賃をいう。以下同じ。）の**1月分の1.05倍に相当する金額以内**とする。この場合において、居住の用に供する建物の賃貸借の媒介に関して**依頼者の一方から受けることのできる報酬の額**は、当該媒介の依頼を受けるに当たって当該依頼者の承諾を得ている場合を除き、**借賃の1月分の0.525倍に相当する金額以内**とする。

第5　賃借の代理に関する報酬の額
　宅地建物取引業者が宅地又は建物の貸借の代理に関して依頼者から受けることのできる報酬の額（当該代理に係る消費税等相当額を含む。以下この規定にいて同じ。）は、当該宅地又は建物の借賃の1月分の1.05倍に相当する金額以内とする。ただし、宅地建物取引業者が当該貸借の相手方から報酬を受ける場合においては、その報酬の額と代理の依頼者から受ける報酬の額の合計額を借賃の1月分の1.05倍に相当する金額を超えてはならない。

第6　権利金の授受がある場合の特例
　宅地又は建物（居住の用に供する建物を除く。）の賃貸借で権利金（権利金その他いかなる名義をもってするかを問わず、権利設定の対価として支払われる金銭であって返還されないものをいう。）授受があるものの代理又は媒介に関して依頼者から受ける報酬の額（当該代理又は媒介に係る消費税

等相当額を含む。）については、第4又は第5の規定にかかわらず、当該権利金の額（当該貸借に係る消費税等相当額を含まないものとする。）を売買に係る代金の額とみなして、第2又は第3の規定によることができる。

第7　第2から第6までの規定によらない報酬の受領の禁止
① 宅地建物取引業者は、宅地又は建物の売買、交換又は貸借の代理又は媒介に関し、第2から第6までの規定によるほか、報酬を受けることができない。ただし、依頼者の依頼によって行う広告の料金に相当する額及び当該代理又は媒介に係る課税資産の譲渡等につき課されるべき消費税に相当する額については、この限りでない。
② 消費税法第9条第1項本文の規定により消費税を納める義務を免除される宅地建物取引業者が、宅地又は建物の売買、交換又は貸借の代理又は媒介に関し受けることができる報酬の額は、第2から第6までの規定に準じて算出した額に105分の100を乗じて得た額、当該代理又は媒介における仕入れに係る消費税等相当額及び①ただし書に規定する額を合計した金額以内とする。

附則　① この告示は、昭和45年12月1日から施行する。
　　　② 昭和40年4月建設省告示第1074号は廃止する。
　　　③ 宅地又は建物の売買、交換又は賃借の契約でこの告示の施行前に成立したものの代理又は媒介に関して宅地建物取引業者が受けることのできる報酬の額については、なお従前の例による。

附則　（平成16年2月18日国土交通省告示第100号）
　　　この告示は、平成16年4月1日から施行する。

【参考】　中小事業者に対する免税点制度（特例措置改正後）
1．免税点制度の適用上限の引下げ
　　納税義務が免除される基準期間にける課税売上高の上限が引下げられた。
　● 前々年（個人事業者）又は前々年事業年度（法人）の課税売上高が『1,000万円以下』（改正前は3,000万円以下）
2．簡易課税制度の適用上限の引下げ
　　簡易課税制度を適用することができる基準期間における課税売上高が引下げられた。
　● 前々年（個人事業者）又は前々年事業年度（法人）の課税売上高が『5,000万円以下』（改正前は2億円以下）
3．適用
　　平成16年4月1日以後の開始する課税期間から適用する。

［別紙9－1］

外国人と貸主の不動産賃貸借マニュアル

Manual for Renting and Leasing Housing in Japan

—— For Lessors and the Foreign Community ——

平 成 6 年 8 月

埼 玉 県 国 際 課

International Division

Saitama Prefectual Government

August 1994

【日本語版と英語版を見開き比較掲載】

別紙9－1　外国人と貸主の不動産賃貸借マニュアル
別紙9－2　賃貸住宅標準契約書　【国土交通省作成様式】
別紙9－3　重要事項説明書1　　【一般業者使用様式例】
別紙9－4　建物賃貸借契約書1　【一般業者使用様式例】
別紙9－5　重要事項説明書2　　【一般業者使用様式例】
別紙9－6　賃貸借契約書2　　　【一般業者使用様式例】

【日本語版】　　　　【英語版】

Sheet 1

このマニュアルの利用の仕方

○このマニュアルは、主に日本語が不自由で英語を話す外国人が、家探しで宅地建物取引業者（以下「宅建業者」といいます）の店頭に来た場合を想定しており、宅建業者がこのマニュアルの各シートを使って、外国人客に来店目的、希望物件、希望条件などを聞いたり、手持ち物件の条件、契約条件などを説明したり、外国人への入居上の注意を与えたりすることができるようになっています。

　また、外国人が一人でこのマニュアルを読んで、日本の不動産取引の仕組みや賃貸借の取引慣行あるいは日本の住まいの習慣を理解することもできます。

　さらに、宅建業者が社員の研修のために利用したり、家主や管理人が外国人の入居者に住まい方の注意を与える手助けにもなります。

○このマニュアルの構成

　このマニュアルは、6枚のシートによって構成されています。
　シート1は、来店目的の確認、賃貸借の仕組み、取引の流れの説明に使います。
　シート2は、外国人客の自己紹介、希望条件の確認のためのチェックリストです。
　シート3は、物件資料の説明、下見の説明に使います。
　シート4は、契約条件を提示するチェックリストと手付け及び契約の説明です。
　シート5、6は、外国人客が賃貸住宅に住むうえでの注意事項の一覧表です。
　シート1、3は日本語と英語の対訳形式ですが、シート2、4～6はそれぞれ日本語版と英語版があります。
　また、巻末に付属資料として代表的な賃貸借契約書の英語対訳が付いています。

第1章　来店の目的

○以下により、客の来店目的の確認、また、それへの対応を行ってください。

日　本　語 ①家を探しに来たのですか。②日本語が分かりますか。③英語が分かりますか。④日本語の分かる人と来てください。

英　　　語 English ①Have you come to look for a house to rent?②Do you understand Japanese?④Please come again with a person who speaks Japanese.

ポルトガル語 Portugues ①Você veio procurar uma casa?②Você entende japonês?③Você entende inglês?④Venha novamente com alguém que entenda japonês.

スペイン語 Espanol ①¿Ha venido para buscar una casa?②¿Entiende japonés?③¿Entiende inglés?④Venga nuevamente con alquien que sepa japonés.

フランス語 Français ①Est-ce vous êtes venu pour louer une appartement?②Est-ce vous comprenez japonais?③Est-ce vous comprenez anglais?④Viennez encore une fois avec quelqu'un qui parle japonais.

中　国　語 ①你是来找房子吗？②你懂日语吗？③你懂英语吗？④请带懂日语的人来．

ハングル ① 집을 찾으러 왔습니까? ② 일본말이 아십니까? ③ 영어가 아십니까? ④ 일본말이 아시는 분하고 함께 오십시오.

第2章　宅建業者の役割
The Role of Japanese Real Estate Agents

○日本では、住宅の賃貸をしているのは個人家主が大部分です。個人家主は普通自分で借主を探すのではなく、宅建業者に客探しと契約手続きを依頼します。したがって、宅建業者は、自分の賃貸物件を所有することもありますが、多くは家主の物件の賃貸を仲介しているのです。

Though individual landlords own the majority of rental housing in Japan, it is usually necessary to use a real estate agency when searching for a place to rent. This is because landlords almost always have real estate agents handle all of the procedures associated with finding clients and signing leases. Though real estate agents do sometimes handle buildings that belong to their real estate agency, they usually simply mediate for landlords.

○宅建業者の店での取引は、普通次のような順序で行われます。
Transactions with real estate agents are usually conducted as follows.

1 客が希望する物件の条件を提示する

1. The customer tells the real estate agent what s/he is looking for in terms of price, location, etc.

2 宅建業者が、客の条件に合う物件の資料を提示する（希望に合う物件が無ければ条件を変更できる）

2. The real estate agent shows the customer information about housing which matches his/her specification (If the agent can't find any places matching the customer's requests, the customer can modify his/her specifications).

3 客が、資料の物件を気に入ったら現地で物件の下見をする

3. If one of the places mentioned appeals to the customer, then the real estate agent will take the customer to see it.

4 下見の結果、契約を希望する場合、客は契約の予約をする。（預り金を支払う場合もある。）

4. If the customer wishes to rent the housing after seeing it, then the customer reserves the housing (Sometimes the customer will pay a fee to the real estate agent as a means of reserving the housing unit).

5 重要事項説明の後、客が契約金を払い、契約書を取り交わす

5. After the customer receives an explanation of the lease, the agent and customer both sign the contract and the customer pays the fees required at that time.

6 鍵の引渡しを受け、入居する

6. The customer receives the keys and moves in.

Sheet 2（日本語版）　希望する住宅の条件

日本では、家を探すときは普通、客の方では家賃の額、住宅の種類、部屋の間取り、付帯設備、方角、交通のアクセスなどの項目について条件を提示し、宅建業者に仲介依頼物件の中からその条件に合った物件を探してもらいます。

このシートは、各自が希望する物件の条件を貸主に提示するためのチェックリストです。下の表の説明を参考に、あなたの希望する物件の条件を記入してください。

しかし、条件が良ければそれだけ家賃は高くなりますから、希望条件はなるべく絶対に必要なものを書いてください。また、各項目でも、重視する程度の差があると思いますので、項目ごとの重視のランクも書いてください。

あなたの自己紹介をしてください（パスポート、外国人登録証等を提示してください）

名前		現住の住所	
国籍		年齢	
日本での在留資格	1.永住者　2.定住者、日本人又は永住者の配偶者等　3.人文知識・国際業務　4.興行　5.留学　6.就学　7.研修　8.家族滞在　9.短期滞在　10.その他	滞在期間	年　月～年　月
日本での職業	1.企業経営　2.自営業　3.被雇用者　4.学生　5.その他　6.無職		
通勤／通学先			
同居予定者数	人　内訳（家族　人、その他　人）		
保証人（注）の　住所・氏名等	住所	氏名	〇　一　一

項目	説明	希望条件	優先順位
家賃	家賃は月額で表示します。家賃の外に管理費などを支払わなければならない場合もありますので、家賃と管理費等の合計額で希望条件を提示した方が分かりやすい。また、契約の時には敷金（相場は、家賃1～2か月）、礼金（同、1～2か月）、契約報酬（シート4の用語説明を参照）などを支払わねばならないので、この条件を希望する場合にも物件選びが難しくなるので、ここでは家賃だけ希望を提示してください。	希望の家賃の額を記入する 月額約（　　　）円から 月額約（　　　）円まで	最も重視する項目を書いてください
種類	賃貸住宅の対象になるものには、木造が多く低層（中高層の集合住宅もあります。非木造で中高層の集合住宅であるアパート、木造が多く低層である貸家式のものと、屋内の廊下に各部屋の入口が接しているマンション、1戸の住宅を1戸建てで貸している貸家式のもので、マンションのような上下世帯で住めるファミリータイプと1部屋に設備をコンパクトに集約した単身者用のワンルームタイプがあります。	希望の家賃・タイプを〇で囲む 1.アパート　2.マンション（i.ファミリー、ii.ワンルーム）3.一戸建て	
部屋の間取り	間取りは、独立の部屋の数で表します。3LDKとは、3室の独立部屋＋食堂と台所の兼用室、K＝台所がある住宅のことです。アルファベットによる略称は、外にDK＝食堂と台所の兼用室、K＝台所ですが、日本の貸貸住宅の様式は床にタタミ（注）を敷いた和室と板を敷いた洋室があります。畳1室の面積は多くの場合1.55㎡であり、この畳の枚数で部屋の広さを表します。例えば、1畳（帖）の部屋は多いのは多くは8畳では6畳と4.5畳の部屋が多く、単身者用の兼用部屋では、床にタタミと居間、独立の部屋とDK、LDKのような兼用部屋の広さは多様です。	希望する間取りを記入する○ 独立部屋　　　室 兼用部屋　1.K　2.DK　3.LDK 部屋様式 （1.和室か、2.洋室か、3.どちらでもいいか）	
設備	上記の外に、各戸ごとにトイレの部屋（トイレ又はバスという）があります。さらに、日本の貸家には各戸に浴室（風呂又はバスという）がついている場合があります。ない場合は、共同浴室があります、普通、トイレとバスが付いている場合（ユニットバスといい、UBと表します）あるいはバスタイプはワンルーム、マンションでシャワーだけが付いている場合もあります。トイレと風呂が1室に備付けられた部屋（ユニットバスという）は、部屋が少し広くなりますが、日本人にはまったく好かれません。	設備の希望を○で囲む トイレ　1.バイレが流誠式　2.周はレイルでもいい 風呂付　1.風呂付を希望　2.風呂はなくてもいい	
方角	日本人は、南向きの部屋（南東向き、南西向き）があまり人気です。次いで、東向きの部屋（南東向き、北東向き）が最上好かれます。	部屋の方角の希望は 1.南向きを希望　2.南向きでなくてもいい	
交通アクセス	日本では、住宅の所在地でバス停からの徒歩所要時間と鉄道の駅とその駅からの徒歩所要時間（通常、徒歩徒歩かバスで）で表示します。最寄りの駅。例えば、○○駅から徒歩○分、○○駅からバス○分、○○バス停から徒歩○分。	交通アクセスの希望は 希望最寄り駅　　　　　駅 駅からの時間　　　分以内	
周辺環境	住宅の条件だけではなく、周辺の環境ものなり重要です。特に、風呂が付いていない住宅の場合は公衆浴場（銭湯ともいいます）が、また、洗濯機を置かない場合はコイン・ランドリーまでの距離が重要です。そのほか、日本の伝統的な床材。耐水性、耐火性、耐震性に欠ける。	近くに必要なもの 1.公衆湯　2.コイン・ランドリー　3.教	

用語の説明

○保証人　借主が家賃等の支払義務を履行しないでいるあいるいは、借主に代わってその債務の請求を受ける人、不動産の賃貸借においては、そのほかに、借主が原図で生じた問題について支払義務を履行するこの代理人として処理することができない場合、貸主から借主の債務を請求することができる。

○連帯保証人　借主が支払義務を履行しないでいるこだわりに拘らず、貸主が借主の債務を請求することができる保証人。

○タタミ　干した草の茎を編んで作った、日本の伝統的な床材。耐水性、耐火性、耐震性に欠ける。

Sheet 2 Housing Preferences

In Japan, customers who are looking for housing will usually tell the real estate agent what they are looking for in regards to rent, type of housing, layout, facilities directional orientation, and transportational access. The agent will then check to see if they have anything matching these specifications.

This sheet is a checklist designed to help you present your requests to the real estate agent. If you request a good place (ie. a large apartment, close to a train station, etc.) then the rent will be expensive; therefore, please indicate below only what is absolutely necessary. Please rank your requests as to importance by writing the numerals 1 through 7 in the appropriate box.

Please use this chart to introduce yourself while showing your passport or alien registration card

Name		Current Address	Age	Period of Stay in Japan __/19__ — __/19__
Nationality				
Visa Status	1.Permanent Resident 2.Long-Term Resident, Spouse or Child of Japanese or Permanent Resident 3. Specialist in the Humanities and International Services 4.Entertainment 5.College Student 6. Pre-College Student 7.Trainee 8.Dependent 9.Temporary Visitor 10.Other			
Occupation in Japan	1.Management 2.Independent business 3.Regular employee 4.Student 5.Other 6.Unemployed			
Employer or School in Japan				
Planned Number of Roommates	___ People (___ family members and ___ other people)			
Guarantor (See below) Name and address		Address	Name	Occupation

Item	Explanation	Your Requests	Priority Ranking (from 1 to 7)
Rent	Rents are expressed as monthly charges. There are many cases in which in addition to rent, the tenant must pay small managerial fees. When signing a lease, the tenant usually must also pay a security deposit (equal to about 1-3 month's rent), "key money" (about 1-2 month's rent), a commission, and maybe some other one time costs (See Sheet 4 for explanations of the above terms). Because it is difficult to take all these costs into consideration, please only indicate the amount of rent that you wish to pay.	Write the amount of rent you are willing to pay: Between about ___ yen and ___ yen per month	
Type of Housing	There are three basic types of housing: (1)apartment buildings (usually wooden, 1-2 floors high, with multiple households), (2)mansions (usually of several stories with multiple households, not wooden), and (3)single household buildings. Apartment buildings come in two forms: (a) the room type in which an indoor corridor leads to the front door of each individual apartment and (b) the house type in which an outdoor path leads to the front doors of each apartment. Mansions come in two forms: (a)the family type in which there are two or more rooms for a household and (b)the one room type with a single room with necessary facilities for one tenant.	Circle the type of housing that you would like: 1.Apartment(house, room) 2.Mansion(family-type, one room) 3.Single household	"
Number and Types of Rooms	Layout is shown with numbers representing the number of independent rooms and the presence of a kitchen, kitchen/dining room or kitchen/dining room/living room. For example, a "3LDK" consists of three rooms plus a single room to be used as a living room (L), dining room (D), and kitchen (K). Other common abbreviations are "DK" which indicates a combined dining room/kitchen, and "K" indicating a kitchen. The size of rooms is represented using "jo", the size of a single tatami mat. 1 jo in most cases is 1.55㎡. 6 jo and 4.5 jo rooms are extremely common. LDK and DK rooms are of various sizes. There are two basic types of rooms: Japanese-style rooms with tatami flooring and Western-style rooms with wooden floors (See note below about tatami).	Circle the types of rooms that you would like: ・Independent rooms: ___ (Fill in the number you would like) ・Other: 1 K 2 DK 3 LDK ・Style of rooms: 1 Western 2 Japanese 3 Either is fine	"
Toilet and Bath	Individual housing units often have their own toilets, but if they don't, there will be a toilet to be shared with other housing units in the building. Also, there are housing units with private baths and housing with no bathtub at all. Ordinarily, baths will not be shared between several housing units. In one room mansions, sometimes the bath and toilet are together in one room (this is called a "unit bath" and is represented by the letters UB) and sometimes there is only a shower and no bathtub.	Circle your preference: Toilet: ⅰ Private ⅱ Shared toilet is fine Bath: ⅰ Private ⅱ No bath is fine	"
Direction	In Japan, apartments with windows that face south, south-east, or south-west are considered best. Next in popularity are rooms facing east. Rooms facing west are not very popular while those facing north are very unpopular.	Circle your preference: ⅰ S ⅱ S or SE ⅲ Any but N ⅳ Don't care	"
Transportational Access	In Japan, transportational access is usually shown in terms of proximity to local train stations. Usually this amount of time represents the time it takes on foot or the time it takes to ride from the nearest train station on a bus then walk from the nearest bus station. For example, X minutes by foot from XX station, X minutes on foot or X minutes by bus from XX station, X minutes by bus from XX station then X minutes by foot.	Fill in your preference: Within ___ minutes from ___ train station	"
Local Facilities	The environment surrounding your housing is quite important. It is important to have a public bath nearby if you do not have a bath or to have a coin laundry in the area if you do not have a washing machine. If you have school-age children, it is best to ask ahead of time about the local schools.	Circle the things you wish to have in your area: 1.Public bath 2.Coin laundry 3.A school	"

Terminology:
・Guarantor (Hoshonin): This is someone from whom the landlord can request payment if the tenant defaults on or is unable to carry out some financial obligation (such as paying rent). If some problem arises in relation to the lease or housing because of the tenant, then the guarantor can be asked to deal with the problem as a representative of the tenant.
・Surety Liable Jointly and Severally (Rentaihoshonin): This refers to a guarantor who if requested by the landlord to fulfill some obligation, be it financial or otherwise, must act as the tenant's proxy in fulfilling that obligation.
・Tatami: Traditional flooring made of dried grass to be used in Japanese-style rooms. Tatami can be easily damaged by fire, water, and having heavy things placed upon it.

Sheet 3

第3章　物件の紹介
○次のどれかを示してください。
1　あなたの希望条件に合う物件は当店にはありません。
2　①家賃 ②種類 ③部屋の間取り ④設備 ⑤方角 ⑥交通アクセス ⑦周辺環境　に関する条件を変えてください。
3　日本人の保証人が必要です。
4　他のお店を当たってください。
5　あなたの希望条件に近い物件があるので資料をご覧にいれます。

第4章　物件資料の説明
資料例解

②ベランダ Veranda	
	⑤Sink ⑥Range
③和室6 Japanese style room	④フローリング Flooring DK4.5
⑦Entry 玄関	⑧押入 Closet ／ 物入 Storage ／ ⑨

通　路　Front walkway

第5章　客の意思の確認
○次のいずれかで客の意思を確認してください。
1　この資料は大体理解できましたか。
2　分からない所があったら、示してください。
3　この物件は気に入りましたか。
4　他には、あなたの希望に合う物件はありません。
（第3章の2、4に戻る。）

Introducing the Housing (For Agent Use)
1. I don't have a building matching your requests.
2. You will probably have to modify your request regarding ①rent ②type of housing ③types of rooms ④toilet and bath ⑤direction ⑥transportational access ⑦local facilities.
3. You need to get a Japanese guarantor.
4. Perhaps it is best if you try another real estate agency. We don't have what you are looking for.
5. We have something that is close to what you want. I will show you some information.

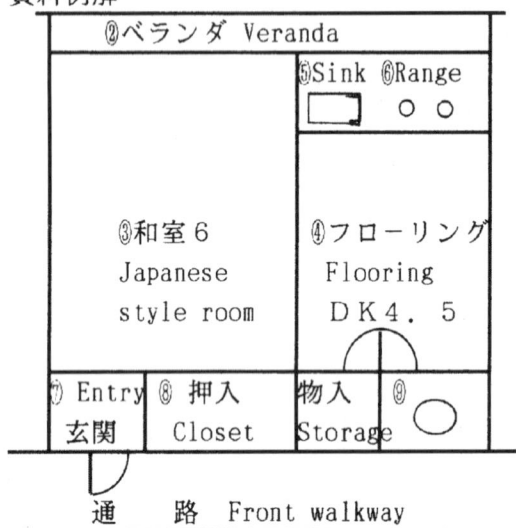

Sample map of a housing unit (For Customer Use)
①Direction. This unit faces west.
②Outdoor veranda (usually with railings)
③Japanese-style room with tatami flooring. The numeral 6 means the room is 6 jo, or in other words, the room has 6 tatami mats in it.
④"DK" refers to a dining room/kitchen unit. "Flooring" indicates hardwood floors, the numeral indicating 4.5 jo or the size of 4.5 tatami mats.
⑤Kitchen sink (includes faucet)
⑥Space for a gas range (usually the gas range itself is not included)
⑦Entryway (often with smooth cement floors)
⑧Closet for storing bedding, separated from the room by sliding doors. Above the closet there is usually a small storage space.
⑨Toilet. The small oval inside indicates a Japanese-style toilet. ⌂ indicates a Western-style toilet.

Asking the Customer's Opinion (For Agent Use)
1. Do you understand most of this information?
2. If there is something that you don't understand, please point to it.
3. Are you interested in this housing?
4. We don't have any other housing units that fit your requests.

第6章 下見

○下見とは、気に入った物件を現地で見学して契約するか否か決めることです。下見は無料であり、下見をしたからといって、契約しなければならないというものでもありません。

また、一度に幾つかの物件を同時に下見をすることも可能です。但し、現在の居住者がまだ立ち退いていないため、下見に時間を要する場合もあります。

○次により、客に下見の希望等を聞いて下さい。

1 この物件を下見したいですか。

2 他に下見したい物件はありますか。

3 この物件は今下見はできません。( )月( )日にもう一度来て下さい。

4 それでは、現地に車で一緒に行きましょう。

5 それでは、現地まで一緒に歩いて行きましょう。

第7章 現地案内

○現地を案内する時には、地図で最寄駅からの位置、交通手段などを説明してください。

　　　╫
　　　╫ ←-- JR鉄道線　JR train line
　　　□ ←-- 駅　Train station
　　　╫
　　　╪ ←-- JR以外の鉄道線
　　　╪ 　Train line belonging to a company other than JR

⌂	銀行	Bank	♨	公衆浴場	Public bath
○	バス停留所	Bus stop	⊕	病院	Hospital
⊗	学校	School	○	市町村役場	Municipal office
〒	郵便局	Post office	⊗	警察署	Police station

Going to See a Housing Unit

Before deciding whether or not you want to rent the apartment, you can ask to see it. Going to see the housing does not cost anything and does not create any obligation; therefore, after seeing the housing, it is alright to refuse to rent it.

It is also possible to see several housing units at the same time. However because there are usually tenants still living there, it may take some time to arrange a visit to see a particular place.

(For Agent Use)

1. Are you interested in going to see this housing unit?

2. Are there other places that you would like to go and see?

3. We can`t see this building right now. Please come again on (＿＿)/(＿＿).

4. Let's go and see it together in my car.

5. Let's walk together to go and see it.

Reading Local Maps (For Customer Use)

When using maps to locate the housing and learn more about the area, refer to this list of common map symbols.

Sheet 4（日本語版）　　　　　　この物件の契約条件

住宅を賃貸借する場合、賃貸借契約書を締結することになります。また、契約締結までには、仲介の宅建業者は重要事項説明書を交付して重要な事項を説明することとなっています。このシートは、客が契約する意思を決定する上で、この物件の主な契約条件がわかるよう貸主が作成するチェックリストです。ここでの契約条件の選択肢は、現状の取引実情や慣習を参考にしており、契約に当たっては、法令の規定や趣旨を配慮するとともに貸主、借主双方の相互理解を十分図り、トラブルの起らないようにしてください。

物件所在地		アパート名	
所有者住所		氏名	
構造・種類		間取り	床面積　　　㎡
家賃（月額）	円	共益費（月額） 円	管理費（月額）　円
契約時の支払金	敷金　　円	礼金　　円	契約報酬　　円
	家賃等　　円	預り金　　円	合計　　　円
契約期間	年　月間		契約締結の締切日　月　日まで

項目	契約書の規定の有無	契約条件（該当する事項の□をチェックしてください）
1 同居人の追加	□ある □ない	□一切できない □貸主の承諾なしにはできない □特に条件はない
2 住宅以外の使用	□ある □ない	□一切できない □貸主の承諾なしにはできない □特に条件はない
3 賃借権の譲渡・転貸	□ある □ない	□一切できない □貸主の承諾なしにはできない □特に条件はない
4 模様替え、改変、改造	□ある □ない	□一切できない □貸主の承諾なしにはできない □特に条件はない
5 危険物の保管	□ある □ない	□一切できない □貸主の承諾なしにはできない □特に条件はない
6 重量物の備付け	□ある □ない	□一切できない □貸主の承諾なしにはできない □特に条件はない
7 特定器具の備付け	□ある □ない	（　　　　　）の備付けは禁止　□特に条件はない
8 大音量の騒音	□ある □ない	（□夜間、□終日）.（□ピアノ等　□ステレオ等）の大量騒音は禁止　□特に条件はない
9 ペット等の飼育	□ある □ない	動物の飼育は一切できない（□犬　□猫　□小鳥　□観賞魚）の飼育はできない　□特に条件はない
10 家賃の支払期日	□ある □ない	前月の末日まで　　月の　日まで　□当月の　　日まで
11 家賃の支払方法	□ある □ない	（□当店、□家主、□管理人）に持参　□銀行口座振込　□銀行口座引落　□別途協議
12 家賃の改定	□ある □ない	年か月後に改定　（経費、□相場、□経済事情）の変化で不相応となった場合改定　□家賃改定
13 貸主の契約解除権	□ある □ない	家賃等支払義務不履行　　日前までに解約予告の予告をしなければならない　□契約上の一切の義務違反あった場合
14 借主の解除予告	□ある □ない	（　　）日前までに解除の予告　□特に条件はない
15 借主の随時解約	□ある □ない	解除申入れから　日間分の家賃等を支払えば解約できる　□特に条件はない
16 借主の明渡し義務	□ある □ない	契約終了7日までに　□契約解除の上、家賃改定の上、（　日後まで）明渡することができる　□直ちに　□特に条件はない
17 契約の更新	□ある □ない	貸主、借主協議の上更新する　□更新する　□家賃が上がった場合は敷金の差額が必要
18 契約更新時の費用	□ある □ない	更新料は家賃（　）月分　家賃協議のうえ更新する　□更新の保証人が必要　□特に条件はない
19 保証人	□ある □ない	連帯保証人が必要　□通常の保証人でもよい　□必要ない
20 署名、印鑑	□ある □ない	印鑑が必ず必要　□拇印でもよい　□サインだけでいい

用語の説明

○共益費　共用部分の電気料等、家主が一括して支払っている費用の借主分相額

○管理費　建物の維持・管理上必要な費用の借主分相額

○敷金　借主の家賃等の不払い、明渡時の修繕費用を担保するため家主に預けておくもの。明渡時に借主の債務を差し引いて返還される。利息は付かない。

○礼金　契約時に、家主にお礼として支払うもの。

○契約報酬　契約を仲介した手数料として、宅建業者に支払うもの。

○預り金　借主が契約の予告をするために家主に預けるもので、貸主、借主が相談の上、相当の額を決める。契約が成立した場合、契約金の一部に充当され、契約が成立しない場合は、返還される。

○更新手数料　契約更新を依頼した者が契約更新事務の手数料として宅建業者に支払うもの。

Sheet 4 About This Housing

Building Location		Apartment Name	
Owner's Address		Owner's Name	
Type of Building		Layout	Floor Area m²
Rent (Per Month) ¥	Service Fee(Per Month) ¥	Managerial Fee(Per Month) ¥	
Fees Required	Security Deposit ¥	Key Money ¥	Commission ¥
at Contract Signing			Total ¥
Contract Duration ___ Months ___ Years	Down Payment etc ¥	Sign Contract by __/__

In order to rent a housing unit, it is necessary to sign a lease. Before signing however, the real estate agency will present you with a form called "Explanation of Important Items" and explain the important conditions of your lease. The checklist on this page is to be marked by the real estate agent to help you understand the conditions of the lease beforehand and thus to help you make up your mind about a particular housing unit.

Leasing Conditions
(Appropriate responses should be checked)

Item	Mentioned in the Lease?	
1. Letting new people move in	☐Yes ☐No	☐Completely prohibited ☐Only family allowed ☐Allowed only with the landlord's permission ☐No special stipulations
2. Using the housing for purposes other than living quarters	☐Yes ☐No	☐Completely prohibited ☐Allowed only with the landlord's permission ☐No special stipulations
3. Subleasing or renting to a third party	☐Yes ☐No	☐Completely prohibited ☐Allowed only with the landlord's permission ☐No special stipulations
4. Remodeling or reconstructing	☐Yes ☐No	☐Completely prohibited ☐Allowed only with the landlord's permission ☐No special stipulations
5. Keeping dangerous items	☐Yes ☐No	☐Completely prohibited ☐Allowed only with the landlord's permission ☐No special stipulations
6. Installing heavy items	☐Yes ☐No	☐Completely prohibited ☐Allowed only with the landlord's permission ☐No special stipulations
7. Restrictions on appliances	☐Yes ☐No	☐Use of a (☐Kerosene stove ☐Gas stove ☐) is forbidden ☐No special stipulations
8. Loud noises	☐Yes ☐No	☐(☐At night ☐All day long) loud noises from (☐Piano etc. ☐Stereo etc.) are prohibited ☐No special stipulations
9. Keeping pets	☐Yes ☐No	☐Pets are completely prohibited ☐(☐Dangerous animals ☐Dog ☐Cat ☐Small birds ☐Fish) are prohibited ☐No special stipulations
10. Due date for rent		Rent should be paid (☐By the last day of the previous month ☐By the ___th day of the previous month ☐By the ___th day of that month)
11. Method of paying rent	☐Yes ☐No	☐Rent should be brought to the (☐Real Estate Agent ☐Landlord ☐Manager) ☐Direct deposit into a specified estate agent's, etc. bank account ☐Automatic payment from the tenant's bank account
12. Changes in amount of rent	☐Yes ☐No	☐Changes can occur after ___years ___months ☐If based on changes in (☐Upkeep expenses ☐Market prices of land ☐Economic factors) the amount of rent becomes inappropriate the landlord can modify the amount of rent ☐The landlord and tenant can modify the amount of rent upon consultation
13. Landlord's right to end the lease	☐Yes ☐No	(☐If the tenant defaults on rent payments or other financial obligations ☐If the tenant violates his/her obligation to ...... ☐If the tenant violates any obligation listed in the lease) then the landlord can terminate this lease
14. Notice to end the lease	☐Yes ☐No	☐The tenant must tell the landlord (___) beforehand to end the lease ☐No special stipulations
15. Tenant's right to end lease	☐Yes ☐No	☐The tenant can end the lease ☐If he/she pays (___) day's rent after applying for annulment ☐No special stipulations
16. Evacuation	☐Yes ☐No	☐The tenant must evacuate by the last day of the lease ☐If the lease has been annulled then the tenant must evacuate (☐in (___)days ☐immediately)
17. Renewing the lease	☐Yes ☐No	☐Possible upon consultation between the landlord and tenant ☐Possible provided that landlord and tenant agree beforehand that the amount of rent will change upon renewal ☐No special stipulations
18. Fees required if the lease is renewed	☐Yes ☐No	☐Renewal fee equal to (___) month's rent ☐Commission for renewing the lease equal to (___) month's rent ☐If there is a change in the amount of rent then the tenant must also pay a difference in the security deposit ☐No special fees
19. Guarantor	☐Yes ☐No	Lease requires a ☐Surety liable jointly and severally ☐Ordinary guarantor (See Sheet 2 for explanation)
20. Signature vs. name seal	☐Yes ☐No	☐Name seal ("inkan" in Japanese) is necessary ☐Fingerprint is alright ☐Signature alone is alright

Terminology:
·Service fee (kyoekihi): This cost is paid by all tenants to the landlord to cover the cost of electricity, etc. for the areas of common use (halls, stairs, etc.).
·Managerial fee (Kanrihi): This cost is paid by all tenants to cover the costs of building upkeep and maintenance.
·Security deposit (Shikikin): This fee is given to the landlord by the tenant as security against failure of the tenant to pay rent or post-evacuation repair costs. When the tenant leaves the housing, the landlord will return the amount of the security deposit (without interest) minus repair charges, etc.
·Key money (Reikin): This fee is paid to the landlord at the signing of the lease in turn for the right to rent the housing.
·Commission (Keiyaku hoshu): This amount is a charge paid by the tenant to the real estate agency as compensation for their work. The amount of the commission received from the customer is equal or less than a 1/2 month's rent, but with the permission of the customer, the real estate agency can receive up to month's rent.
·Reservation Fee (Azukarikin): This cost is paid to the real estate agent as a means of reserving the housing. If the customer signs a lease, then this amount will be allotted as part of the lease money. If the customer does not sign a lease, then this amount will be returned. The amount will be decided upon consultation between the real estate agent and customer.
·Commission for Renewing the Lease (Koshin Tesuryo): This cost is paid by tenants who wish to renew their lease to their real estate agent as compensation for their work.

Sheet 5 (日本語版)

住まいのマニュアル

※ ここでの貸主とは家主、宅建業者

項　目	借　主　の　注　意　点	貸主へのお願い
入居の際の注意		
・入居期日の通知	入居期日が決まったら、(□当店 □家主 □管理人) に連絡をしてください。予定日より入居が遅延しても家賃は変わりません。	(　)内を記入して情報提供をしてください。
・電気、ガス、水道の契約	(□電気 □ガス □水道) は自分で契約してください。連絡先は、電気：東京電力 (　)営業所 (☎　-　-　)、ガス：(□当店 □家主 □管理人)、水道：(　)市役所水道課 (☎　-　-　)。また、電話を取付けたい場合は：NTT (　)営業所 (☎　-　-　) に連絡してください。	
・引っ越しの注意	引っ越しはなるべく昼間にしてください。騒音やごみ出しに注意を払ってください。	
・転居挨拶	引っ越しの時、家主、隣人へ転居の挨拶をするようにしてください。	連絡先を記入してください。
・内装、設備等の点検	入居の時、原状を確認し、修繕が必要な所がある場合は (□当店 □家主 □管理人) に連絡してください。	
暮らしの注意		
(1) 禁止、制限事項の順守		
・同居人の追加の禁止	同居人を追加することは契約上 (□禁止されている □規定されていないが)、勝手に追加してはいけません。必要な場合は (□当店 □家主 □管理人) に相談してください。	契約内容により記入してください。
・改築、修繕の制約	改築、改造、軽微な修繕以外の修繕等、契約上禁止。契約が禁止されていることは必ず守らないでください。	
・使用禁止器具	石油ストーブ、危険な器具等は使用、保管が禁止されている器具等は絶対持ち込まないでください。	使用可能な暖房器具等を紹介してください。
(2) 安全に住む		
・ガス	ガスには都市ガスとプロパンガスの2種類があります。この家のガスの種類に合ったガス器具を購入してください。器具の使用方法が分からない場合、器具を購入した店で説明を受けてください。(東京ガスでは外国語の利用パンフレットを出しています。) また、台所用ガス瞬間湯沸器で配居のお湯を使用できる能力量が制限されます。勝手にブレーカーやヒューズを替えないでください、電気容量の変更が必要な場合は必ず東京電力に相談してください。	ガス器具の使用方法を指導してください。
・電気	家庭の電気容量 (アンペア) によって使用できる電力量が制限されます。勝手にブレーカーやヒューズを替えないでください、電気容量の変更が必要な場合は必ず東京電力に相談してください。	
(3) 丁寧に住む		
・床	床には絶対靴で上がらないでください。また、水等をこぼすと階下に漏れますので、室内で濡れた洗濯物を干したり、濡れた傘を置いたりしないでください。	
・タタミ (シート2の用語説明参照のこと)	特に、タタミは水に弱く、また重さにも弱いので、冷蔵庫等重いものを置いたり、鉢植えのように水分を出すものを置いたりしないでください。また、タタミの目には埃や塵が詰まりやすいので埃を掃除機で目に沿って掃除をしてください。さらに、直射日光に当てるとタタミは退色して傷みが早くなりますので、窓際にはカーテンをつけるようにしてください。	
・壁	通常、部屋の模様替えは禁止されていますので、勝手に壁紙を貼ったり、ガス・バーナーの穴埋めを避けてください。特に、塗壁、漆喰壁に釘を打つのは厳禁です。また、釘等で壁に傷をつけることも避けてください。	
・押し入れ	押し入れは本来布団を収納するところなので、重いものなどを収納するのは適していません。上の段には重いものを絶対に置かないでください。	
・トイレ	トイレの床や壁の水には耐えられないので、水浴や洗顔の場合は水を撒き散らすことはしないでください。トイレは常によく掃除をしてきれいにしておく必要があります。床やタイルの水で掃除をしても少量の水で洗顔などをしても大丈夫ですが、木板の床の場合は濡れた布でよく拭いてきれいにしてください。また、タタミにトイレットペーパー以外の異物の詰まる場合、流しで洗顔する場合は、自分で三角コーナーを購入して取り付けてください。	トイレ用洗剤、掃除用具等を紹介してください。
・ガス台	ガス・コンロは安全に使用し、火災に十分注意してください。使わない時は元栓を閉めるようにし、ガス・バーナーに汚れないように調理に油を多く使う場合、金属製のレンジ・ガードを取り付けて汚れないようにするのもいいです。	ガス器具、掃除用具、洗剤等を紹介してください。
・流し	流しに食べ物のかすや異物等が付いている場合は取り付けてください。排水口にゴミ取りポットが付いていない場合、自分で購入して取り付けておいてください。	
・風呂	風呂が付いている場合、風呂釜の安全な使用に心掛けてください。浴槽、洗面、風呂場の清掃に注意してください。また、洗面台を使用する場合、髪の毛を流さないでください。	

222

Sheet 5   Guide to Living in a Japanese Home
Points To Be Aware Of

Item	
Moving In	
·Before moving in	Once you have decided your move-in date, contact the (☐real estate agent ☐landlord ☐manager). If you then decide to move in later than that date, the amount of rent paid when concluding the lease will not change.
·Electricity, gas, water	You must enter into a contract with the (☐electricity ☐gas ☐water) companies yourself. The telephone numbers are: Electrical company: Tokyo Denryoku ( )Branch Office (☎ - -), Gas: ( )Gas Company( )Branch office (☎ - -)Branch office (☎ - -), Water: ( )City Office Waterworks Division (☎ - -). If you want to install a telephone: NTT( )Branch Office (☎ - -).
·When moving	You should do your moving during the daytime. Be conscientious about making too much noise and putting out your trash correctly.
·Greeting your neighbors	It is a good idea to introduce yourself to your neighbors and landlord when first entering your new housing.
·Examining the housing	When you move in, check the interior, sink, drains, etc. for problems. If any repairs are needed, contact the (☐real estate agent ☐landlord ☐manager).
Living in Your New Home	
① Restrictions	
·Adding new inhabitants	In your lease, adding a new roommate is (☐forbidden ☐restricted ☐not mentioned). Do not go ahead and allow someone else to live in your place without permission. If you would like someone to move in, first ask the (☐real estate agent ☐landlord ☐manager).
·Remodeling & repairs	Please follow the restrictions in your lease about remodeling, building onto, or making major repairs to your housing unit.
·Prohibited appliances	Be sure not to keep or use any forbidden items, such as oil stoves, dangerous appliances, or other restricted items.
② Living Safely	
·Gas	There are two types of gas in use in Japan, natural gas supplied by the town and propane gas which usually comes in tanks. Be sure to buy appliances which match the type of gas in your housing. If you aren't sure how to use an appliance or you aren't sure what type of gas it uses, ask the store which sold it to you for an explanation. Tokyo Gas provides pamplets in foreign languages about using gas, your meter, etc. If you have a small instant water heater over your sink, don't use it for very large amounts of water such as bathwater, etc.
·Electricity	The amount of electricity that you can use in your house (ie. the number of amperes) is limited. Please don't go ahead and change your breaker or fuses by yourself. If you need to change your ampere rating, then be sure to consult Tokyo Denryoku.
③ Living conscientiously	
·Floors	Never to walk inside while wearing your shoes. Also, avoid dripping water on the floors by drying wet laundry outdoors and leaving wet umbrellas outside.
·Tatami (See note on Sheet 2)	Because tatami is easily damaged by water or weight, please do not place heavy objects such as refrigerators or moist objects such as potted plants on your tatami. Also, because dust and dirt collects between the woven fibers of the tatami, clean it periodically by sweeping along the length of the tatami fibers. Parts of the tatami upon which direct sunlight falls tend to become discolored, so to best preserve the tatami, it is a good idea to hang curtains over your windows.
·Walls	In most leases, it is forbidden to remodel the housing, so do not to hang any wallpaper, etc. Also, don't damage the walls with nails. Driving nails into plaster walls is strictly prohibited.
·Closets ("Oshiire")	Many housing units have closets which have a single shelf inside. These are primarily for storing bedding, and therefore, are not meant to hold heavy objects. Be sure not to store heavy things inside, especially upon the upper shelf.
·Toilets	The walls and floor of the toilet cannot withstand large amounts of moisture, so please do not use water to wash yourself. For hygiene, it is important to keep your toilet sanitary. When cleaning, it will not hurt to use a little water if you have a tile floor, but if your floor is wooden, then clean it by wiping it with a moist rag. Do not flush anything down the toilet but toilet paper.
·Gas ranges	Please use your gas range safely and be careful to avoid fires when using your gas stove. When not using your stove, it is best to turn off the gas supply at the wall. Be careful that the holes of the gas burner do not become blocked. When you use a lot of oil in your cooking, it is a good idea to put up a metal screen around your range to keep the walls clean. If you have a fan above your range, then you should clean it at least once a year to remove grease that has collected there.
·Sinks	Do not put oil, garbage from food, or other things in your sink drain. If your drain does not anything to catch garbage then please buy something to catch the garbage to keep your pipes from clogging. If you do not have a bathroom sink, then you will need to use your kitchen sink for washing your face, brushing your teeth, etc. Please try not to let much hair go down the drain.
·Bath	If you have a bath, be sure to use your water heater safely and ventilate the bathroom periodically. Remember to clean the bathtub and bathroom fairly often.
④ Household Appliances	
·Storage	There are many helpful products which will help you store your clothes. Among these products are various types of plastic storage boxes for clothes, plastic chests of drawers, and rods with internal springs which fit inside closets to provide a place to hang clothes.
·Heaters	Some types of heating appliances might be forbidden. Safe heating appliances include electric kotastu (tables with electric space heaters underneath), electric heating carpets, and fan heaters. Please check with your landlord about restricted items.

Sheet 6（日本語版）

住まいのマニュアル（続き）

※ここでの貸主とは家主、宅建業者

項目	注意点	貸主へのお願い
(4)便利な家具、用具等		
・収納	衣類の収納には、衣装ケース、衣装箱、ポリ行李、つっぱり棒など便利なものがあるので、これらを活用してください。	商品カタログの備付け
・暖房	暖房器具には使用禁止がされているものがあります。安全なものとしては、電気カーペット、ファンヒーターなどがありますが、床を汚さないためにはカーペットを上購入するのもいい方法です。特に、台所や食堂には防水性のあるものが適しています。	商品カタログ使用できる器具を紹介
・カーペット		
・洗剤	掃除に使用する洗剤等は、場所により使用するものが異なります。	〃
(5)住まいのルールと慣習		
・入り口、表札	来客や郵便物を間違いなく受けるために表札、郵便受けを入り口に取り付けてください。	ルールの説明をして
・ごみ出し	地域ごとにごみ出し日、分別方法のルールがあります。貸主又は近隣の人に尋ねて、ルールどおりのごみ出しをしてください。	
・洗濯	貸主に洗濯機を置くことができるかどうか確認してください。洗濯物は、天気のいい日は屋外に干してください。ただし、下着などの小物は、よく水気を絞った上、室内に干してもかまいません。	
・布団	布団は、殺菌、保温力が低いので、こまめに日光で干してください。	
・騒音	日本の建物は、壁が薄く防音性が低いので、ステレオをかけたり、大音量で楽器をひいたり、洗濯機を深夜遅くに使ったり、テレビ等で夜遅くに騒ぐことは控えてください。	ルールの説明をして
・人の招待	多人数の人を招待する場合、予め隣人に知らせて、理解を得ておいた方がいいです。また、多数の来客があった場合、夜なるべく大声で騒ぐことは控えてください。	
・共用設備	共同トイレ、通路の利用や清掃は決まったルールがあります。貸主や管理人にルールを確認して、それを守ってください。	
もしもの時の注意		
・住宅内での事故	建物の瑕疵によらない事故については貸主は責任を負いません。契約で定めのある場合、それ以外の場合でも、軽微な破損、故障の使用は借主の負担になります。	連絡先を記入して
・建物の破損、故障	契約で定められていない場合でも、軽微な破損、故障の修繕は家主が行うので、破損費用は借主の負担になります。ただし、その他の修繕は家主が行うので、破損、故障が生じたら（□当店 □管理人）に連絡してください。	
・カビが出たら	カビは放っておくと建物を傷めることになります。タタミ、漆喰壁、紙製の建具などカビが発生しやすいところでは水気を避けるとともに、カビを見つけたらすぐに拭き取ってください。	
・災害の時の対応	県や市町村の生活ハンドブックがありますのでこれに加えてこれによることも行うようにしてください。	（　）内を記入して
・盗難等にあったら	（　）警察署（　　ー　　　ー　　　）又は警察への緊急連絡先（☎110）に連絡してください。	
地域との付き合い		
(1)日常の付き合い	地域の人に偏見を持たれず、地域社会に溶け込むには日常の付き合いを大切にしなければなりません。	
・日頃の挨拶	笑顔であいさつをするのが大切です。日本語が不自由な場合、特に笑顔が大事です。	
・隣人との付き合い	ガーの時お願いになるのは隣人です。不断から助け合うようにしましょう。お互いに助け合いに仲良くし、お互いに知らせあうようにしましょう。	
・長期不在の時	契約上、貸主に通知する義務がある場合もちろん、その他の場合でも管理人や隣人などに知らせておきましょう。	
(2)自治会、町内会	自治会あるいは町内会というのは地域の相互扶助組織で、地域の環境衛生活動、お祭り等の行事などを行っています。地域社会に溶け込むためにもこれに加入することも重要ですし、お祭り等への参加には重要です。	自治会の地区役員等を紹介してください。
転出		
(1)転出の連絡	契約期間途中の転出は家主に事前に連絡する義務があるが、契約更新しない場合も転出を家主へ遅くとも1月前に連絡すべきです。	貸主側からも契約更新の確認をしてください。
・家主への連絡		
・電気、ガス、水道	それぞれの契約先へなるべく早く連絡して、費用の清算などの後始末、器具の後片付けを出してください。また、その他の連絡は隣近所へ出しましょう。	
(2)郵便物の転送依頼	郵便局へ新住所への転送届け出を依頼するのがいいでしょう。	
(3)部屋の後始末	きちんと掃除をして原状回復をして部屋の明渡しをしてください。原状回復後、貸主と立会い、これらの修繕費が必要な箇所の指摘を受け、確認した後、鍵を返還してください。残った敷金から差し引かれ、残った敷金が返還されます。	
(4)転居の挨拶	引っ越しの後、家主や隣人などお世話になった人に転居のあいさつをするようにしてください。	

Sheet 6 Guide to Living in a Japanese Home (Continued)

Points to be Aware of

Item	
・Carpeting	Laying down carpeting is a good method for keeping the floor from becoming dirty. It is a good idea to use waterproof carpet in kitchens and dining rooms.
・Detergents	When cleaning, the types of detergents and cleaning agents that you should use differ depending on the thing you are cleaning.
⑤ Rules and customs	
・Nameplates	Place a mailbox and nameplate by your door so that visitors and mail carriers are able to find your place without trouble.
・Putting out the trash	Each area has its own rules about how to separate trash and when to dispose of each type of garbage. Ask your landlord or neighbors about the rules in your area and follow them carefully.
・Laundry	Check with the landlord if you are permitted to install a washing machine. When the weather is good, dry your laundry outside; however, it is fine to hang small items inside after wringing them out well.
・Bedding	To keep your bedding germ-free, fluffy, and in good condition, you should hang your futons, covers, and pillows outside in the sun every once in a while.
・Sound	Because Japanese building have thin walls which do not prevent the spread of sound well, you should not play loud music or turn your television and stereo to loud volumes. It is best if you do not play any musical instruments, listen to the TV or stereo, or use your washing machine late at night.
・Inviting people over	When inviting a large number of people to your place, it is important to let your next-door neighbors know beforehand. Also, you should try to keep your guests from becoming too noisy.
・Shared facilities	In a places with a shared toilet or hallway, there are often rules about the use of facilities and cleaning. Check with the landlord or manager to find out the rules then be sure to follow them.
In the Case of...	
・Accidents inside the housing	The landlord carries no resposibility for accidents which occur inside the housing and were not caused by defects in the building itself. In other cases, check the lease to see if there are any related stipulations.
・Damage to the housing	If not determined in the lease, it is a general rule that all repairs, other than very minor ones, should be taken care of by the landlord. Therefore, if the housing is damaged is some way, please contact the (□real estate agent □landlord □manager). However, if the damage was caused by the tenant, then the tenant must pay the cost of repairs.
・Mildew	If mildew goes unchecked, then it can cause damage to the housing. Avoid wetting tatami, plaster walls, paper sliding doors, and other places where mildew would easily grow. If you do find mildew, then wipe it away immediately.
・Natural disasters	The prefecture and several municipal offices have published English guidebooks which discuss natural disasters. For more information, contact your municipal office.
・Robbery	Call the police at (—)Police Office (☎ — —) or call the police using their emergency telephone number (☎110).
Contacts with Neighbors	
① Daily contacts	
・Every day greetings	Greeting your neighbors when you see them with a friendly "Konnichi wa" is very important in helping you to melt into local society and erase any hesitation or uneasiness that your neighbors might feel. It is good to smile, especially if you have trouble speaking Japanese.
・Talking to neighbors	In case of problems, people often rely on their next-door neighbors, so try to form a good relationship with the people around you so you can help one another.
・Long absences	If you are going away for a long time, it is a good idea to tell your neighbors and manager. If it is stated in your lease that you must notify the landlord, then please do not forget to do so.
② Neighborhood councils and associations	Neighborhood councils and associations are organizations which provide services for local areas, such as cleaning activities and local festivals. In order to blend into your neighborhood it is best if you join the local organization in your area. You should participate in the periodic local clean-ups and it is recommended that you also participate in local festivals.
Moving Out	
① Before Moving Out	
・Telling the landlord	Before the lease ends, the tenant is responsible for telling the landlord in advance about any plans to move out. If you do not want to renew the lease, then you should give notice to the landlord at least one month in advance.
・Electricity, gas, water	Contact the electricity, gas, and water companies as soon as possible, disconnect the appliances which you had installed (leaving those appliances which were originally there), and find out from the appropriate authorities how to settle your accounts.
・Forwarding mail	Submit a request to the post office to have your mail forwarded to your new address. Also, it probably would be best if you were to ask your next-door neighbors and landlord to tell visitors that might come your new address.
② Final cleaning	You must clean up carefully and return the housing to its original condition before moving out. After the landlord checks the housing, please return the keys. The cost of repairs will be subtracted from your security deposit, and the remainder will be returned to you.
③ Good-byes	When you move, it is a good idea to say thank you to the landlord, next-door neighbors, and other people who have helped you.

[別紙9-2]

資料

賃貸借契約書例対訳

○賃貸借契約書例対訳の利用上の注意

　ここには、建設省の「賃貸住宅標準契約書」及び県内で多く使用されている2種類の不動産賃貸借契約書様式について日本語原文と英語訳を併記した対訳を収録してあります。「外国人と貸主の不動産賃貸借マニュアル」同様、シート方式になっており、主に宅建業者の店頭で宅建業者が外国人客にこれを示しながら、双方の理解を深めることを目的としています。

　この対訳は、貸主が外国人客に日本の賃貸借契約を説明することを容易にするとともに、外国人客が契約書の内容をなるべく理解できるようにするために作成したものです。したがって、ここに収録した契約書様式を使用して契約する場合は、この対訳をそのまま利用できますが、異なった契約書様式によって契約する場合でも、共通する条項についてはこの対訳を活用することができます。

　この対訳において、英語への翻訳は、英語を母国語とする外国人だけではなく相当の英語能力を持つその他の外国人も利用できるよう、また、法律に関して専門的な知識のない人を対象にしていますので、若干の用語を除いてなるべく簡単な英語を使うよう心掛けました。したがって、この翻訳が法律的な意味で厳密な直訳をしたものではないこと、また、日本と諸外国とは契約観念あるいは賃貸借に関する法制度、商慣習が異なることに十分留意してください。したがって、この対訳によっても明確に理解ができない場合、あるいは複雑な規定については、日本語や日本の制度・慣習に十分な認識のある人を介して貸主、借主双方の相互理解を図り、事後のトラブルを避ける必要があります。

Sample Leases

About the Following Sample Leases

Attached are three sample leases in both the Japanese original and an English translation. One of the leases is the "Sample Standard Lease" published by the Ministry of Construction while the other two are leases commonly used in this prefecture. They have been included as sheets in this manual so that real estate agents can present them to foreign customers to help facilitate mutual understanding.

In order to help foreign customers understand the contents of their leases as fully as possible, these translations have been designed to explain Japanese leases in relatively simple terms. When signing a lease written using one of the attached forms, you may wish to refer to these samples. If you are signing a lease which uses a different form, then you might want to use these samples to help understand the parts of your lease which match sections in the following samples.

These leases are not only for native English-speakers but also for people from other countries who have a fair amount of English ability. For this reason and also because these leases were included for people who are not necessarily familiar with legal documents, explicit legal terminology has been purposely avoided. Therefore, from a legal standpoint, the following sample leases are not strict, formal translations.

Please also be aware that Japan and other countries may be different in contractual customs, housing rental laws, and methods of conducting business. In order to avoid trouble, if there part of this translation is unclear or too complicated, please ask a Japanese-speaking person who is familiar with Japanese customs and laws to help you and the real estate agent to help you both reach mutual understanding.

賃貸住宅標準契約書
Sample Standard Lease

(1) 賃貸借の目的物　Section 1: The housing

建物の名称・所在地等 Building name, Location, etc. *該当するものにOをつける. *The appropriate choice should be circled	名称 Building name			
	所在地 Location			
	建て方 Type of building	共同建 Apartment building	木造　Wooden construction 非木造　Other *該当する方にOをつける. *The appropriate choice should be circled.	工事完了日 Year constructed (　　) 年 Built in (　　)
		長屋建 Side-by-side apartment building	構造 Const-ruction	階建 * 建物自体の階数を記入する. * The numbers of floors in the building should be filled in here.	
		一戸建 Single household			大修繕を (　　) 年 に実施 Major repairs completed in (　　)
		その他 Other	戸数	戸 * 建物内にある住戸の戸数を記入する. * The number of housing units should be filled in here.	
住戸部分 About the housing	住戸番号 Address	号室 Apartment Number	間取り Number of Rooms	┌─*部屋数を記入する. ↓　*The number of rooms should be filled in here. (　　) LDK・DK・K／ワンルーム／ *該当するものにOをつけ、なければ右の空欄に該当する部屋のタイプを記入する. *The appropriate choice should be circled. If one doesn't apply, the type of apartment should be filled in on the right.	
	面積 Area		㎡		
	設備等 Facilities	トイレ　Toilet	専用（水洗・非水洗）・共用（水洗・非水洗） Private use(Flush/ Non flush)・Public use(Flush/Non flush)		
		浴室　Bath	有・無　Yes/No		
		シャワー　Shower	有・無　Yes/No		
		給湯設備　Hot water	有・無　Yes/No	*各設備などの選択肢の該当するものに〇をつけ、特に書いておくべき事項（設備の性能、機能状況など）があればこの空欄に記入する.	
		ガスコンロ　Gas stove	有・無　Yes/No		
		冷暖房設備　Heating/cooling unit	有・無　Yes/No	*For each, the appropriate option should be circled. To the right in the vacant space, any special conditions (Ex. Capacity for this exists, this capacity was lost, etc.) should be written.	
		*上記以外で書いておくべきことがあればこの余白を利用する. *Other things not listed above should be filled in here.	有・無　Yes/No		
		使用可能電気容量　Electrical capacity	┌─*使用可能電気容量の数字を記入する. 　*The electrical capacity should be filled in here. (　↓　) アンペア　(　↓　) Amperes		
		ガス　Gas	有（都市ガス・プロパンガス）無　Yes(Municipal gas supply/Propane gas)・No		
		上水道　Water supply	水道本管より直結・受水槽・井戸水　Connected to local water supply/ water tank/ well water		
		下水道　Sewage	有（公共下水道・浄化槽）・無　Yes(Public sewage/ purification plant)・No		
付属施設 Included facilities	駐車場 Car parking		含む・含まない Included/Not incl.	*各付属施設につき、本契約の対象となっている場合は「含む」に、対象となっていないときは、「含まない」に〇をつける. また、各付属施設につき、本契約とは別に契約をする場合には、「含まない」に〇を付け、この欄に「別途契約」と記入する. *Circle "included" or "not included" as appropriate. If any of these things are to be included under a separate contract, circle "not incl." and write "separate contract" in this blank space.	
	自転車置場 Bicycle		含む・含まない Included/Not incl.		
	物置 Storage		含む・含まない Included/Not incl.		
	専用庭 Private garden		含む・含まない Included/Not incl.		
	*上記以外で書くべきことがあれば、この余白を利用する. *Include other facilities not listed above here.		含む・含まない Included/Not incl. 含む・含まない Included/Not incl.		

(2)契約期間 Section 2: Duration of this lease

始期 Beginning date	年　　月　　日から From Year　Month　Day	年　　月間 For a period of　Years　Months
終期 Ending date	年　　月　　日まで Until Year　Month　Day	

(3)賃料等 Section 3: Rent

賃料・共益費 Rent･Service fee	支払期限 Deadline for Payment	支払方法 Method of Payment	
賃料	Rent 円 Yen	当月分・翌月分を 毎月　　日まで The month's rent/the following month's rent is due each month on the_____th.	振込又は持参 Bank deposit or cash	振込先金融機関名： Name of banking institution: 預金：普通・当座 Bank account: Regular/ Temporary 口座番号： Account number: 口座名義人： Account holder's name:
共益費	Service fee 円 Yen	当月分・翌月分を 毎月　　日まで The month's fee/the following month's fee is due each month on the_____th.		持参先： Bring rent to:
敷金	Security deposit 賃料　か月相当分 Equal to___months of rent 円 Yen	その他 一時金 Other one time costs		
付属施設使用料 Cost of using included facilities	*賃料とは別に付属施設の使用料などを徴収する場合、その施設の名称、使用料額などを記入する。 *If a cost is charged for the use of the provided facilities, then a breakdown of the costs should be filled in here.			
その他 Other	*上記の欄に記入する金銭以外の金銭の授受を行う場合、その内容、金額などを記入する。 *If other costs than those listed are to be charged, the cost and the reasons should be explained here.			

(4)貸主及び管理人　Section 4: Lessor and Manager

貸　主　　Lessor (社名・代表者)(Company name･Representative)	住所　Address　〒 氏名　Name　　　　　　　　　　　　電話番号　Telephone number
管理人　　Manager (社名・代表者)(Company name･Representative)	住所　Address　〒 氏名　Name　　　　　　　　　　　　電話番号　Telephone number

*貸主と建物の所有者が異なる場合は、次の欄も記載すること。
*If the lessor does not own the building, the next space should be filled in.

建物の所有者 Building owner	住所　Address　〒 氏名　Name　　　　　　　電話番号　Telephone number

(5)借主及び同居人　Section 5: Lessee and His/Her other habitant(s)

	借主　Lessee	同居人　other habitant(s)
氏　名 Names		Total number of people 合計　　　人
緊急時の連絡先 In an emergency, contact:	住所　Address　〒 氏名　Name　　　　　電話番号　Telephone Number　借主との関係 Relationship to the lessee	

（契約の締結）
第1条　貸主（以下「甲」という。）及び借主（以下「乙」という。）は、頭書(1)に記載する賃貸借の目的物（以下「本物件」という。）について、以下の条項により賃貸借契約（以下「本契約」という。）を締結した。

（契約期間）
第2条　契約期間は、頭書(2)に記載するとおりとする。
　2　甲及び乙は、協議の上、本契約を更新することができる。

（使用目的）
第3条　乙は、居住のみを目的として本物件を使用しなければならない。

（賃料）
第4条　乙は頭書(3)の記載に従い、賃料を甲に支払わなければならない。
　2　1か月に満たない期間の賃料は、1か月を30日として日割計算した額とする。
　3　甲及び乙は、次の各号の一に該当する場合には、協議の上、賃料を改定することができる。
　一　土地又は建物に対する租税その他の負担の増減により賃料が不相当となった場合
　二　土地又は建物の価格の上昇又は低下その他の経済事情の変動により賃料が不相当となった場合
　三　近傍同種の建物の賃料に比較して賃料が不相当となった場合

（共益費）
第5条　乙は、階段、廊下等の供用部分の維持管理に必要な光熱費、上下水道使用料、清掃費等（以下この条において「維持管理費」という。）に充てるため、共益費を甲に支払うものとする。
　2　前項の共益費は、頭書(3)の記載に従い、支払わなければならない。
　3　1か月に満たない期間の共益費は、1か月を30日として日割計算した額とする。
　4　甲及び乙は、維持管理費の増減により共益費が不相当となったときは、協議の上、共益費を改定することができる。

（敷金）
第6条　乙は、本契約から生じる債務の担保として、頭書(3)に記載する敷金を甲に預け入れるものとする。

(Concluding of the Contract)

ARTICLE 1: The lessor and the lessee do hereby conclude this leasing contract (hereafter refered to as "this lease") for the property named above in Section 1 (hereafter refered to as "the housing") with the following stipulations.

(Duration of this Lease)

ARTICLE 2:
  (1) The duration of this lease is as stated above in Section 2.
  (2) The lessor and the lessee upon consultation can renew this lease.

(Usage of the Housing)

ARTICLE 3: The lessee must use the property for his/her own residence.

(Rent Payments)

ARTICLE 4:
  (1) The lessee must pay rent to the lessor following the stipulations listed above in Section 3.
  (2) The rent for a rental period of less than one month will be prorated, basing calculations on a month being equal to 30 days.
  (3) If one of the three following conditions is relevant, the lessee and lessor can upon consultation modify the amount of rent to be paid.
    1. If costs such as the tax on the land or building rise or fall enough to render the amount of rent inappropriate.
    2. If changes in economic conditions, such as a rise or fall in the cost of land or buildings, are enough to render the amount of rent inappropriate.
    3. If in comparing the rent to the rent of other similar buildings nearby the amount of rent is inappropriate.

(Service Fees)

ARTICLE 5:
  (1) The lessee will share the costs of maintenance (such as the costs of heat, light, sewage, cleaning, etc.) for the areas of common usage (such as the stairwells, hallways, etc.). These costs (hereafter refered to as "the costs of cleaning and maintenance" are to be paid to the lessor.
  (2) The service fees explained in the last clause must be paid following the stipulations listed above in Section 3.
  (3) The service fee for a rental period of less than one month will be prorated, basing calculations on a month being equal to 30 days.
  (4) If the costs of cleaning and maintenance rise or fall enough to render the amount of the service fee inappropriate, the lessee and lessor can upon consultation modify the amount of the service fee.

(Security Deposit)

ARTICLE 6:
  (1) As a protection against a default on payment, the lessee will leave a security deposit with the lessor, following the stipulations listed above in Section 3.

2　乙は、本物件を明け渡すまでの間、敷金をもって賃料、共益費その他の債務と相殺をすることができない。

3　甲は、本物件の明渡しがあったときは、遅滞なく、敷金の全額を無利息で乙に返還しなければならない。ただし、甲は、本物件の明渡し時に、賃料の滞納、原状回復に要する費用の未払いその他の本契約から生じる乙の債務の不履行が存在する場合には、当該債務の額を敷金から差し引くことができる。

4　前項ただし書の場合には、甲は、敷金から差し引く債務の額の内訳を乙に明示しなければならない。

（禁止又は制限される行為）

第7条　乙は、甲の書面による承諾を得ることなく、本物件の全部又は一部につき、賃借権を譲渡し、又は転貸してはならない。

2　乙は、甲の書面による承諾を得ることなく、本物件の増築、改築、移転、改造若しくは模様替又は本物件の敷地内における工作物の設置を行ってはならない。

3　乙は、本物件の使用に当たり、別表第1に掲げる行為を行ってはならない。

4　乙は、本物件の使用に当たり、甲の書面による承諾を得ることなく、別表第2に掲げる行為を行ってはならない。

5　乙は、本物件の使用に当たり、別表第3に掲げる行為を行う場合には、甲に通知しなければならない。

（修繕）

第8条　甲は、別表第4に掲げる修繕を除き、乙が本物件を使用するために必要な修繕を行わなければならない。この場合において、乙の故意又は過失により必要となった修繕に要する費用は、乙が負担しなければならない。

2　前項の規定に基づき甲が修繕を行う場合、甲は、あらかじめ、その旨を乙に通知しなければならない。この場合において、乙は、正当な理由がある場合を除き、当該修繕の実施を拒否することができない。

3　乙は、甲の承諾を得ることなく、別表第4に掲げる修繕を自らの負担において行うことができる。

（契約の解除）

第9条　甲は、乙が次に掲げる義務に違反した場合において、甲が相当の期間を定めて当該義務の履行を催告したにもかかわらず、その期間内に当該義務が履行されないときは、本契約を解除することができる。

(2) Until the lessee evacuates the housing, the lessee cannot use the security deposit to pay the rent, service fees, or any other liabilities.
(3) When the lessee evacuates the property, provided he/she does so without overstaying, the lessor must repay the full amount of the security deposit without any interest. However, if when the lessee evacuates the property they have defaulted on their rent, if some costs are required to return the property to its original state, or if the lessee has defaulted on some other financial responsibility, the lessor can subtract the appropriate amount from the security deposit.
(4) If the lessor does subtract some amount from the security deposit, the lessor must provide the lessee a clear statement explaining the breakdown of the subtracted costs.

(Forbidden and Restricted Behavior)
ARTICLE 7:
(1) The lessee must not hand over the lease or sublease any part or all of the housing to a third party without a letter of permission from the landlord.
(2) The lessee must not add on, change, move, modify, or significantly remodel the housing, nor construct another structure on the site of the housing without a letter of permission from the lessor.
(3) The lessee must not use the housing for any of the activities described in Chart 1 attached below.
(4) The lessee must not use the housing for any of the activities described in Chart 2 attached below without a letter of permission from the lessor.
(5) The lessee must notify the lessor in order to engage in any of the activities described in Chart 3 attached below.

(Repairs)
ARTICLE 8:
(1) The lessor will not make any repairs to the housing except for those described in Chart 4 attached below. The cost of any repairs made necessary by accidents or deliberate intent by the lessee must be paid by the lessee.
(2) If the lessor is going to make repairs as outlined in the previous clause, s/he must tell the lessee beforehand. In this case, unless the lessee has just cause, the lessee cannot refuse the repairs.
(3) The lessee, on his/her own liability, can make the repairs described in Chart 4 below without getting permission from the lessor.

(Cancellation of This Lease)
ARTICLE 9:
(1) If the lessee violates one of the obligations listed below, the lessor can decide upon a suitable deadline by which the lessee must fulfill the appropriate obligation. If the lessee fails to do so by the deadline, this lease can be cancelled.

一　第4条第1項に規定する賃料支払義務
　二　第5条第2項に規定する共益費支払義務
　三　前条第1項後段に規定する費用負担義務
2　甲が、乙が次に掲げる義務に違反した場合において、当該義務違反により本契約を継続することが困難であると認められるに至ったときは、本契約を解除することができる。
　一　第3条に規定する本物件の使用目的遵守義務
　二　第7条各項に規定する義務
　三　その他本契約書に規定する乙の義務

（乙からの解約）
第10条　乙は、甲に対して少なくとも30日前に解約の申入れを行うことにより、本契約を解約することができる。
2　前項の規定にかかわらず、乙は、解約申入れの日から30日分の賃料（本契約の解約後の賃料相当額を含む。）を甲に支払うことにより、解約申入れの日から起算して30日を経過する日までの間、随時に本契約を解約することができる。

（明渡し）
第11条　乙は、本契約が終了する日までに（第9条の規定に基づき本契約が解除された場合にあっては、直ちに）、本物件を明け渡さなければならない。この場合において、乙は、通常の使用に伴い生じた本物件の損耗を除き、本物件を原状回復しなければならない。
2　乙は、前項前段の明渡しをするときには、明渡し日を事前に甲に通知しなければならない。
3　甲及び乙は、第一項後段の規定に基づき乙が行う原状回復の内容及び方法について協議するものとする。

（立入り）
第12条　甲は、本物件の防火、本物件の構造の保全その他の本物件の管理上特に必要があるときは、あらかじめ乙の承諾を得て、本物件内に立ち入ることができる。
2　乙は、正当な理由がある場合を除き、前項の規定に基づく甲の立入りを拒否することができない。
3　本契約終了後において本物件を賃借しようとする者又は本物件を譲り受けようとする者が下見をするときは、甲及び下見をする者は、あらかじめ乙の承諾を得て、本物件内に立入ることができる。

1. Paying rent as stipulated in Article 4, Clause 1.
   2. Paying service fees as stipulated in Article 5, Clause 2.
   3. Paying for repairs as stipulated in the latter half of Article 8, Clause 1.
(2) If the lessee violates one of the conditions listed below and the lessor believes the infringement to be sufficiently troublesome, then the lessor can terminate this lease.
   1. Observing the requirements about usage of the housing as stipulated in Article 3.
   2. Observing the responsibilities stipulated in Article 7.
   3. Observing other responsibilities stipulated throughout this lease.

(Annulment of This Lease by the Lessor)
ARTICLE 10:
  (1) The lessee can annul this lease provided that the lessee gives notice to the lessor at least 30 days in advance.
  (2) Regardless of the regulations in the last clause, if the lessee pays 30 days worth of rent after applying to the lessor for annulment of this lease, the lessee can cancel this lease at any time from the day on which the lessee applied for the annulment until 30 days from that day.

(Evacuation)
ARTICLE 11:
  (1) The lessee must evacuate the housing by the day on which this lease ends (In the case of cancellation as described in Article 9, the lessee must evacuate immediately). In this case, the tenant must return the housing to its original state; however, damages which come from ordinary wear and tear are excepted.
  (2) Before the lessee evacuates the housing as stipulated in the first half of the last clause, the lessee must give the lessor advance notice of the evacuation.
  (3) The lessee and lessor will discuss how to return the housing to its original state when the lessee is evacuating as stipulated in the first half of Clause 1.

(Lessor's Right to Enter the Housing)
ARTICLE 12:
  (1) When the lessor needs to enter the housing for the purpose of fire prevention, maintenance, or other necessary managerial responsibilities, the lessor must obtain the permission of the lessee before the lessor can enter.
  (2) Except if the lessee has just reason, the lessee cannot refuse the lessor entrance into the housing when the lessor asks, following the stipulations in the last clause.
  (3) When a prospective leasee who either wishes to rent or will rent the housing after this lease expires comes to inspect the housing, both the lessor and the prospective leasee can enter the house after getting permission from the present lessee.

4　甲は、火災による延焼を防止する必要がある場合その他の緊急の必要がある場合においては、あらかじめ乙の承諾を得ることなく、本物件内に立ち入ることができる。この場合において、甲は、乙の不在時に立ち入ったときは、立入り後その旨を乙に通知しなければならない。

（連帯保証人）
第13条　連帯保証人は、乙と連帯して、本契約から生じる乙の債務を負担するものとする。

（協議）
第14条　甲及び乙は、本契約書に定めがない事項及び本契約書の条項の解釈について疑義が生じた場合は、民法その他の法令及び慣行に従い、誠意をもって協議し、解決するものとする。

（特約条項）
第15条　本契約の特約については、下記のとおりとする。

　　下記貸主（甲）と借主（乙）は、本物件について上記のとおり賃貸借契約を締結したことを証するため、
本契約書2通を作成し、記名押印の上、各自その一通を保有する。

　　　　　　　　年　　　　月　　　　日

貸主　（甲）　住所　〒
　　　　　　　氏名　　　　　　　　　　　　　　　　　　　　　　　　　　　㊞
借主　（乙）　住所　〒
　　　　　　　氏名　　　　　　　　　　　　　　　　　　　　　　　　　　　㊞

連帯保証人　　住所　〒
　　　　　　　氏名　　　　　　　　　　　　　　　　　　　　　　　　　　　㊞

〔媒介・代理〕業者
　免許証番号〔　　　　　〕知事・建設大臣　（　　　）第　　　　　号
　事務所所在地　〒
　商　　号（名称）　　　　　　　　　　　　　　　　　　　　　　　　　　㊞
　代表者氏名

　宅地建物取引主任者　　登録番号〔　　　　〕知事　第　　　　　号
　　　　　　　　　　　　氏名　　　　　　　　　　　　　　　　　　　　　㊞

(4) If it is necessary for the lessor to prevent the spread of fire or if other emergency measures are necessary, the lessor can enter the housing without obtaining permission from the lessee beforehand. If the lessor enters in the lessee's absence, the lessor must later let the lessee know.

(Joint Responsibility Shared with the Guarantor)
ARTICLE 13: The guarantor for the lessee carries joint liability for the obligations arising from this lease.

(Consultation)
ARTICLE 14: If this lease has no regulations regarding some matter or if some doubt arises as to the interpretation of part of this lease, then the lessor and lessee should follow civil law, consult with each other in good faith, and come to a solution.

(Special Stipulations)
ARTICLE 15: Special stipulations of this contract are as recorded below.

To attest to the fact that both the lessor and lessee have agreed to abide by the conditions listed above, two copies of this contract should be made. Both parties will affix their seals then each person will take one copy.

                Year   Month   Day

Lessor   Address 〒
                Name   Seal

Lessee   Address 〒
                Name   Seal

Guarantor   Address 〒
                Name   Seal

    [Intermediary /Representative] Name

    License Number [   ] Governor/Minister of Construction (   ) No.

    Office Address 〒
    Office Name   Seal
    Representative Name

    Licensed Real Estate Broker Registration Number [   ] Governor No.

            Name   Seal

別表第1（第7条第3項関係）

一	銃砲、刀剣類又は爆発性、発火性を有する危険な物品等を製造又は保管すること。
二	大型の金庫その他の重量の大きな物品等を搬入し、又は備え付けること。
三	配水管を腐食させるおそれのある液体を流すこと。
四	大音量でテレビ、ステレオ等の操作、ピアノ等の演奏を行うこと。
五	猛獣、毒蛇等の明らかに近隣に迷惑をかける動物を飼育すること。

別表第2（第7条第4項関係）

一	階段、廊下等の共用部分に物品を置くこと。
二	階段、廊下等の共用部分に看板、ポスター等の広告物を掲示すること。
三	観賞用の小鳥、魚等であっても明らかに近隣に迷惑をかけるおそれのない動物以外の犬、猫等の動物（別表第1第五号に掲げる動物を除く。）を飼育すること。

別表第3（第7条第5項関係）

一	頭書（5）の記載する同居人に新たな同居人を追加（出生を除く。）すること。
二	1か月以上継続して本物件を留守にすること。

別表第4（第8条関係）

畳表の取替え、裏返し
ヒューズの取替え
障子紙の張替
ふすま紙の張替え
給水栓の取替え
排水栓の取替え
電球、蛍光灯の取替え
その他費用が軽微な修繕

CHART 1 (See Article 7, Clause 3)

(1) Manufacturing or possessing of dangerous, explosive, or flammable objects such as firearms or swords.
(2) Bringing in or installing extremely large objects such as oversized safes.
(3) Pouring liquids that are likely to cause severe corrosion or damage into the drainpipes.
(4) Playing televisions or stereos at very loud volumes or playing the piano.
(5) Keeping wild animals, venemous snakes, or other animals which clearly are a nuisance to the neighborhood.

CHART 2 (See Article 7, Clause 4)

(1) Storing items in the stairwells, hallways, or other areas of common use.
(2) Posting signs, posters, advertisements, etc. in the stairwells, hallways, or other areas of common use.
(3) Raising animals such as dogs, cats, and animals which might potentially become a nuisance to the neighborhood. Acceptable animals are those that will clearly cause no problems, animals such as birds, fish, and other "decorative" animals.

CHART 3 (See Article 7, Clause 5)

(1) Adding a new roommate to those that are listed in Section 5 (Births are an exception).
(2) Being away from the housing for over one month.

CHART 4 (See Article 8)

Changing or turning over the tatami
Changing fuses
Replacing the paper on the shoji
Replacing the paper on the fusuma
Changing the faucets
Changing the drainpipes
Changing the lightbulbs and fluorescent lights
Other repairs of minor cost

[別紙9-3]

重要事項説明書(賃貸借用)

平成　年　月　日

_____殿

免許証番号	建設大臣・埼玉県知事（　）第　　　号	
事務所所在地		TEL
商号（名称）		代表者氏名　　　　㊞
取引主任者氏名	㊞	登録番号（　）第　　　号

下記の不動産について、宅地建物取引業法第35条の規定に基づき、次のとおり説明します。この内容は重要ですから、十分理解されるようお願いします。

物件の表示	所在地	
	種類	貸家・アパート・マンション・店舗・事務所・倉庫・工場・(住居付)・
	名称・構造	(建物の名前)　　　(構造)　　　造　葺
	面積	階建　階　号室　(面積)　　㎡
	間取	
交通		線　　　駅　□徒歩 バス 約　分　　バス停 徒歩 約　分
貸主	住所	氏名　　　TEL

賃料等	賃料総額	月額　　円	設備	ガス	都市・LP・メーター(専・小・割当)
	うち消費税額			水道	公・私営,メーター(専・小・割当)
	管理費	月額　　円		電気	メーター(専・小・割当)
	共益費	月額　　円		台所	専用・共用
	礼金			便所	水洗・汲取(専・共)
	権利金			排水	有・無
	敷金			浴室	有・無, 専・共, 浴槽(有・無)
	保証金			電話	設置(可・不可)
	償却	年　%・　カ月		エレベーター	有・無
	雑費	月額　　円		冷・暖房	有・無
契約条件	契約期間	年 入居人員　名		駐車場	有・無(駐車料金　　円)
	違約金			照明器具	有・無
	その他			その他	

使用上の制限	
契約の解除に関する事項	
報酬額	円 (うち消費税額　　円)

供託所等	宅地建物取引業保証協会の名称・所在地	
	所属地方本部の名称・所在地	
	弁済業務保証金の供託所・所在地	東京法務局　東京都千代田区大手町1丁目3番3号

管理委託の先	商号又は名称		事務所所在地		TEL

(備考)

以上の重要事項について説明をうけ、重要事項説明書を受領しました。
住所　　　　　　　　　　　　　氏名　　　　　　　　　㊞

Explanation of Important Items

Year   Month   Date

Customer Name_____

Real Estate Agency Information:

License Number	Minister of Construction·Prefectural Governor No. ( )
Office Address	TEL
Office Name	Representative Name Seal
Licensed Real Estate Broker	Seal Registration No. ( )

The following explanation of the property named below has been prepared according to Article 35 of the Building Lots and Buildings Transaction Business Law. Please be sure you understand this information fully.

Building Info	Location	
	Type	House·Apt·Mansion·Store·Office·Warehouse·Factory·(Housing Also)·
	Name	(Building Name) (Construction)Made of... Roofing of...
	Area, etc	Floors On the...th floor Room No. (Area) m²
	Types of Rooms	

Transportation	...train line...station ☐By foot/bus about...min. ...bus station by foot about...min

Lessee	Address		Name	TEL

Rent/Lease	Rent	Per month ¥	Facilities	Gas	Municipal/Propane/Meter(Private/Indiv./Shared)
	Included Consumption Tax			Water/Sewage	Pub./Priv.Company,Meter(Private/Indiv./Shared)
	Managerial Fees	Per month ¥		Electricity	Meter (Private/Individual/Shared)
	Service Fees	Per month ¥		Kitchen	Private/Shared
	Key Money			Toilet	Flush/Non-flush(Private/Shared)
	Premium			Drainage	Yes/Septic tank
	Security Deposit			Bathroom	Yes/No, Private/Shared, Bathtub(Yes/No)
	Security Money			Telephone	Installation(Possible/Not possible)
	Yearly Reduction	__%/__Month`s rent		Elevator	Yes/No
	Miscellaneous	Per month ¥		Heater/Cooler	Yes/No
	Lease Duration	Years No.people		Parking Space	Yes/No (Rental fee ¥)
	Breach of Contract Penalty			Light Fixtures	Yes/No
	Other			Other	

Restrictions on Use	
About Cancelling the Lease	
Real Estate Agency Commission	¥ (Including consumption tax of ¥)

Depository	Name & Address of Real Estate Agent's Insurance Association	
	Name & Address of Local Head Office to which Agent Belongs	
	Name & Address of Real Estate Agent's Guarantee Depository	Tokyo Legal Affairs Bureau, 1-3-3 Otemachi, Chiyoda-ku, Tokyo

Manager	Office Name		Office Address		TEL

(Notes)
....
....

I have received an explanation of the above important points and have received a copy of this form.

Address   Name   Seal

[別紙9-4]

建物賃貸借契約書（　　　　　　）

物件表示

所 在 地					
物件名称		構　造		造　　建　　階	
号　　室		面　積	㎡	敷金金	円（無利息とする）
賃料総額	壱ヶ月　金		円（うち消費税額		円）
保証金	金	円（年　　％償却）	備　考		

　　上記の物件を賃貸人（甲）　　　　　　　　　　賃借人（乙）
とで下記条項により賃貸借契約を締結する。

（賃貸借の目的）
第1条　甲は上記の物件を（□住宅　□その他）の目的をもって乙に賃貸し、乙はこれを賃借することを約束した。
　　　　乙は甲の書面による承諾を得ないで使用目的の変更をしてはならない。

（賃貸借の期間）
第2条　賃貸借の期間は平成　　年　　月　　日から平成　　年　　月　　日までの　　年間とする。
　　　　ただし前記期間満了の前に、当事者協議のうえ賃貸借期間を更新または延長することができる。

（賃借料等）
第3条　本物件の賃料の支払は毎月末日までに翌月分を甲または甲の指定した者に持参して支払うものとする。
　　　　ただし本物件に対する公租公課の増加または近隣の賃借料に比較して賃借料の増加の必要が生じたときは、
　　　　甲乙協議のうえ増加できるものとする。

（禁止事項）
第4条　甲の承諾なしに本物件の賃借権の譲渡転貸および第三者に使用させる行為、本物件を改築または増築もし
　　　　くは改造をしてはなららい。
　　　2．乙は本物件において衛生上風紀上もしくは火災等危険を引き起こす行為または近隣の迷惑となる行為その
　　　　他、犬猫等を飼育してはならない。
　　　3．乙が甲の承認を得ないで本条第1項および第2項に違反したときは、甲はただちに本契約を解除すること
　　　　ができる。

（解除にもとづく清算）
第5条　乙の都合により本契約を解除するときは1ケ月前に甲に通知し、その期間満了と同時に乙は完全に建物を
　　　　甲に明渡し、立退料またはこれに類する物質的請求は絶対にしないこと。
　　　2．この際甲は賃借料を期間に応じて清算し、敷金は賃借料または第6条第1項前段および第7条の規定によ
　　　　る未払金または賠償金に充当し、剰余のあるときはその金員を乙に返還するものとする。

（経費の負担）
第6条　電気・ガス・上下水道・衛生費等は賃借料と別に乙が支払うものとし、公租公課は甲の負担とする。
　　　2．甲は本物件の使用ならびに収益に必要な土台・柱・屋根等の修繕をなす義務をおう。前記以外は乙の負担
　　　　とする。

（使用上の注意義務）
第7条　乙は本物件を善良なる管理者の注意をもって管理使用しなければならない。万一乙は賃借物件に損害を与
　　　　えた場合は賠償しなければならない。

（違約解除）
第8条　乙が本契約の各条項に違反し賃借料を無断で1ケ月以上滞納したときまたは無断で1ケ月以上不在のとき
　　　　は、敷金保証金の有無にかかわらず本契約は何等の催告を要せずして解除され、乙は即刻建物を明渡すも
　　　　のとする。明渡しできないときは建物内の遺留品は放棄されたものとし、甲は保証人または取引業者立合
　　　　のうえ、随意遺留品を売却処分のうえ債務に充当しても乙は異議なきこと。

Lease Agreement

About the Housing

Location					
Building Name		Construction	Made of _____	_____ Floors	
Room Number		Area	____ m²	Security Deposit	_____ ¥ (No interest)
Rent	_____ ¥ Per month			(Includes consumption tax of _____ ¥)	
Security Money	_____ ¥ (____% Reduction by landlord per year)		Notes		

_____ (hereinafter called "lessor") and _____ (hereinafter called "lessee") do hereby conclude this leasing contract with the following stipulations for the property named above.

(Usage of the Housing)
Article 1: The lessor agrees to lease the housing named to be used (☐as a residence ☐for some other purpose), and the lessee agrees to rent it as such. The lessee cannot use the housing for another purpose without the written permission of the lessor.

(Duration of the Rental Period)
Article 2: The duration of this lease will be ____ years from ___/___/___ to ___/___/___; however, before this time elapses both parties can upon consultation renew or lengthen the duration of this lease.

(Rent Payments, etc.)
Article 3: The lessee will bring the rent to the lessor or a person designated by the lessor by the end of the month preceeding the month for which the lessee is making the payment. If there is a raise in taxes for the housing or if in comparision to other houses there is a need to raise the rent, the lessor can raise the rent upon consultation with the lessee.

(Forbidden Items)
Article 4: Without the permission of the lessor, the lessee must not sublease or turn the lease over to a third party, nor allow a third party to use the housing, nor rebuild, build onto, or remodel the housing.
(2) The lessee must not engage in unhygenic or indecent activities, etc. nor engage in activities which will cause the danger of fire, nor be a nuisance to the neighbors, nor raise dogs or cats or other animals.
(3) If the lessee violates Clause 1 or Clause 2 of this Article without permission from the lessor, then the lessor can immediately terminate this lease.

(Settlement after Termination of This Lease)
Article 5: If the lessee decides to terminate the contract, the lessee will inform the lessor one month beforehand. At the end of that one month period, the lessee will evacuate the housing. In this case the lessee absolutely will not make any demands for compensation for removal nor any similar material demands.
(2) In the case listed in the last clause, the lessor will settle the rent appropriately. The lessor will make appropriations for the rent, for the payments required in the last half of Article 6, Clause 1 and in Article 7 or necessary indemnities by taking the appropriate amount from the security deposit. If part of the security deposit remains afterward then the lessor will return the remainder to the lessee.

(Charging of Expenses)
Article 6: The lessee will pay the costs of electricity, gas, water supply, sewage, cleaning costs, etc. separately from rent. Taxes on these items will be paid by the lessor.
(2) It is the lessor's responsibility to make necessary repairs to parts of the housing which are necessary for use or commerce (if the housing is to be used as a shop), such as the foundation, supports, or roof. Apart from these things, such responsibility belongs to the lessee.

(Lessee's Responsibility to Take Care of the Housing)
Article 7: The lessee must take care of the housing and act as a good manager, paying attention those things that are within his power to notice. If the lessee should happen to damage the housing, the lessee must pay reparations.

(Annulling of the Lease due to Breach of Contract)
Article 8: If the lessee violates this contract by failing to make rent payments for more than one full month or by being away from the housing for more than one full month, then regardless of whether or not the lessee has paid a security deposit or security money, the lessor does not need to give the lessee any notice to terminate this lease. In this case, the lessee will immediately evacuate the housing. If the lessee does not evacuate, any objects left in the housing will become the property of the lessor, and the lessee will not object if the lessor, at his/her own convenience, sells the objects left in the housing under the lessor's or real estate agent's personal supervision and uses the money raised towards the lessee's financial obligations.

（紛争の解決）
第9条　本契約に紛争を生じた場合は、甲乙ともに誠意をもって道義的に解決するものとする。

（報酬）
第10条　宅地建物取引業者に支払う報酬は、本契約締結と同時に支払うものとする。

（暴力行為者等の排除）
第11条　乙が次の各号のいずれかに該当したときは、甲は何ら催告を要せず、本契約は解除となり、乙は本物件を明渡さなければならない。
　(1) 本物件内共用部分その他本物件に近接する場所において暴力団の威力を背景に粗野又は乱暴な言動をして、他の入居者、管理者、出入者等に迷惑・不安感・不快感等を与えたとき。
　(2) 本物件内、共用部分、付属設備等に暴力団の組織、名称、活動等を表示又はこれに類する物を掲示若しくは搬入したとき。
　(3) 本物件内に暴力団構成員等を居住させ又はこれらの者を反復継続して出入りさせたとき。
　(4) 本物件内、共用部分その他本物件に近接する場所において暴行、傷害、脅迫、酒乱、薬物使用、精神障害等に関する犯罪を敢行し、又は乙と関係する者がこれらの犯罪を敢行したとき。

（特約事項）
第12条

　　　　　　上記契約の証として本契約書2通を作成し、甲乙双方署名捺印の上各1通を所持する。
平成　　年　　月　　日

賃貸人（甲）	住　所	
	氏　名	印
賃借人（乙）	住　所	
	氏　名	印
	本籍地	
	（勤務先　　　　　　　　　電話番号　　－　　－　　）	
連帯保証人	住　所	
	氏　名	印

仲介業者

　　　　　　　　　　　　　　　建設大臣免許
　　　　　　　　　　　　　　　埼玉県知事免許　（　）第　　　号
　　　　　住　所
　　　　　商　号
　　　　　代表者　　　　　　　　　　　　　　　　　　　　印
取引主任者〔自署押印〕登録番号（　）第　　　号　氏名　　　　印

(Solving Disputes)
Article 9: If some dispute arises over this lease then the lessor and lessee will approach one another in goood faith and solve the problem, abiding by good morals.

(Commission)
Article 10: The lessee will pay a commission to the real estate agent at the time when this lease is signed.

(Prohibition of Violent Activities)
Article 11: If any one of the following conditions is relevant then the lessor has no need to give notification to the lessee before terminating this lease. In this case, the lessee must evacuate the housing.
   (1) The lessee causes disturbances, feelings of uneasiness, or feelings of discomfort for other residents, the manager, or other visitors by engaging in rude, violent, threatening, or thug-like speech and behavior in the housing, areas of common use, or neighboring places.
   (2) The lessee puts up a bulletin or any other similar thing mentioning the name, activities, etc. of a gangster organization anywhere inside the housing, in the areas of common use, or in attached facilities.
   (3) The lessee allows a member of a gang or some such person to move into the housing or repeatedly, intermittently allows a member of a gang to come and go.
   (4) The lessee or some person associated with the lessee commits in the housing, in the areas of common use, or in neighboring places, crimes having to do with violence, wounding, menacing others, drunken disorderliness, or drug use, or crimes born of mental derangement.

(Special Stipulations)
Article 12:

To attest to the fact that both the lessor and the lessee have agreed to abide by the conditions listed above, two copies of this lease should be made. Both parties will write their names and affix their seals then each person will take one copy.

Year   Month   Day

Lessor (Landlord)	Address
	Name .... Seal
Lessee (Tenant)	Address
	Name .... Seal
	Legal Residence
	(Employeer) .... Telephone Number - -)
Surety Liable Jointly and Severally	Address
	Name .... Seal

Real Estate Agency

License from Minister of Construction   No.( )
License from Saitama Pref. Governor   No.( )

Address:

Office Name: Seal

Representative: Seal

Licensed Real Estate Broker [Name and seal] Registration Number No. ( )   Name   Seal

[別紙9-5]

重要事項説明書（賃貸借用）

平成　年　月　日

　　　　　　　　　　　殿

　下記の不動産について、宅地建物取引業者法第35条の規定に基づき、次のとおり説明します。この内容は重要ですから、十分理解されるようお願いします。

免許証番号	建設大臣・埼玉県知事（　）第　　　号
事務所所在地	TEL
商号（名称）	
代表者氏名	㊞
取引主任者氏名	㊞　登録番号（　）第　　　号

取引の態様（法第34条第2項）	賃借・代理・仲介（媒介）

物件の表示	所在地	
	種類	貸家・アパート・マンション・店舗・事務所・倉庫・工場・(住居付)・
	名称・構造	（建物の名前）　（構造）　　造　葺
	面積	階建　階　号室　（面積）　　㎡(坪)
	間取	

貸主	（住所）	
	（氏名）	TEL

条件	賃料	月額　　円	設備	ガス	都市・LP・メーター(専・小・割当)
	管理費	月額　　円		水道	公・私営，メーター(専・小・割当)
	共益費	月額　　円		電気	メーター(専・小・割当)
	消費税額	月額　　円		台所	専用・共用
	礼金	円		便所	水洗・汲取（専・共）
	権利金	円		排水	有・無
	敷金	円		浴室	有・無，専・共，浴槽（有・無）
	保証金	円		電話	設置（可・不可）
	償却			エレベーター	有・無
	契約期間	年		冷・暖房	有・無
	入居人員	名		駐車場	有・無(駐車料金　　円)
	違約金				
	その他				

使用上の制限	
契約の解除に関する事項	
報酬額	円　消費税額　　円　総額　　円

供託所等	宅地建物取引業保証協会の名称・所在地	
	所属地方本部の名称・所在地	
	弁済業務保証金の供託所・所在地	東京法務局　東京都千代田区大手町1丁目3番3号
委任代理の先	氏名及び住所（商号・名称）	TEL

以上の重要事項について説明をうけ重要事項説明書を受領しました。

住所　　　　　　　　　　　
氏名　　　　　　　　　　㊞

Explanation of Important Items

Year   Month   Date

Customer Name _____

The following explanation of the property named below has been prepared according to Article 35 of the Building Lots and Buildings Transaction Business Law. Please be sure you understand this information fully.

Real Estate Agency Information:

License Number	Minister of Construction·Prefectural Governor No. ( )
Office Address	TEL
Office Name	
Representative Name	Seal
Licensed Real Estate Broker	Seal Registration No. ( )

Business Type (Art.34 Clause 2)	Leasing · Representation · Mediation (Intervention)

Building Info	Location	
	Type	House·Apt·Mansion·Store·Office·Warehouse·Factory·(Housing Also)
	Name	(Building Name) (Construction)Made of... Roofing of...
	Area, etc.	...Floors; On the...th floor; Room No. (Area) m²
	Layout	

Lessee (Address)

(Name)   TEL

R e n t e t c	Rent	Per month ¥	F a c i l i t i e s	Gas	Municipal/Propane/Meter(Private/Indiv./Shared)
	Managerial Fees	Per month ¥		Water/Sewage	Pub./Priv. Company, Meter(Private/Indiv./Shared)
	Service Fees	Per month ¥		Electricity	Meter(Private/Individual/Shared)
	Consumption Tax	Per month ¥		Kitchen	Private/Shared
	Key Money	¥		Toilet	Flush/Non-flush(Private/Shared)
	Premium	¥		Drainage	Yes/Septic Tank
	Security Deposit	¥		Bathroom	Yes/No, Private/Shared, Bathtub(Yes/No)
	Security Money	¥		Telephone	Installation(Possible/Not possible)
	Yearly Reduction			Elevator	Yes/No
	Lease Duration	Years		Heater/Cooler	Yes/No
	No. Inhabitatants	People		Parking Space	Yes/No (Rental Fee ¥)
	Breach of Contract Penalty	¥			
	Other				

Restrictions on Use	
About Cancelling the Lease	
Real Estate Agency Commission	¥ Consumption Tax ¥ Total ¥

Depository	Name & Address of Real Estate Agent's Insurance Association	
	Name & Address of Local Head Office to which Agent Belongs	
	Name & Address of Real Estate Agent's Guarantee Depository	Tokyo Legal Affairs Bureau, 1-3-3 Otemachi Chiyoda-ku Tokyo

Manager	Office Name and Address
	TEL

I have received an explanation of the above important points and have received a copy of this form.

Address _____

Name _____   Seal

[別紙9-6]

賃 貸 借 契 約 書

　　　　　　　　　所在地
1．賃貸借物件の表示
　　　　　　　　　物　件

1．賃貸人（甲）　　　　　　　　　　　　　賃借人（乙）
　上記当事者間において前記物件を次の条件をもって賃貸借契約を締結する。
第1条（敷金、保証金）として，金　　　　　　　　を賃借と同時に乙は甲に差入れする。
　　　　　ただし，（敷金、保証金）は無利息とし第三者への譲渡は禁止する。
第2条　　賃借料金として乙は甲に壱カ月につき金　　　　　　を毎月末限り翌月分を甲の
　　　　住所へ持参，又は指定金融機関に支払うこと。
第3条　　賃貸借の契約期間は平成　　年　　月　　日より平成　　年　　月　　日まで。
　　　　ただし，期間満了の際，甲乙協議によって之を更新することができる。
第4条　　乙が次の各号のいずれかに該当したときは，甲はなんら催告を要せず，本契約
　　　　は解除となり，乙は本物件を明渡さなければならない。
　　① 　賃借料を　　カ月分以上滞納したとき。
　　② 　甲の文書による承諾なくして賃借目的を変更し，又賃借物件を第三者に転貸又
　　　　は譲渡し，或は賃借物件が家屋の場合他人を同居せしめる等の事実があったとき。
　　③ 　甲の文書による承諾なくして賃借物件の増改築その他構造変更等をなしたとき。
　　④ 　破産の宣告を受けたとき。
　　⑤ 　暴力団構成員であることが判明したとき。
　　⑥ 　本物件内に暴力団構成員，同準構成員等を居住させ，又はこれらの者を反復継
　　　　続して出入りさせたとき。
　　⑦ 　入居者，管理者，近隣住民に対して迷惑，不安感，不快感等を与えたとき。又
　　　　は本物件内，共有部分その他これらに近接する場所において粗暴な言動があった
　　　　とき。
第5条　　電気，ガス，水道，衛生費等は甲乙合議の上賃料と別に支払うこと，公租公課
　　　　等は甲の負担とする。ただし，公租公課，物価の変動等により賃料の増減を生じ
　　　　た時は甲乙協議の上定めるものとす。
第6条　　乙は故意過失を問わず建物に損害を与えた場合は，甲に対し公正なる判断に基
　　　　づき損害賠償をしなければならない。
第7条　　甲の責任に基づかずして乙が火災，盗難等を蒙った場合その損失は一切甲に請
　　　　求せざること。
第8条　　乙が無断で不在一カ月以上に及ぶ時は，敷金，保証金の有無にかかわらず本契
　　　　約は当然解除され，甲は立会の基に随意室内遺留品を任意の場所に保管し，又は
　　　　売却処分の上債務に充当するも異議なき事。
第9条　　法令或は公共事業施行のため，本物件の取扱い又は使用禁止等の事由が発生し
　　　　た場合，当然本賃貸借契約は解除されたものとする。
第10条　　原因のいかんを問わず契約が解除若しくは消滅し物件が完全に甲に返還された
　　　　ときは甲は遅滞なく（敷金、保証金）を乙に返還する。ただし，甲が受け若しくは
　　　　受けるべき損害あるときは甲は之を控除する。

Lease Agreement

Location
1. About the Housing

   Summary of the Housing (Type, Construction, etc.)

1. Lessor   Lessee

The above named lessor and lessee do hereby conclude this leasing contract with the following stipulations for the property named above.

Article 1: The lessee will leave (a security deposit/security money) of _____¥ with the lessor at the time that this lease is concluded. No interest will be paid on this amount. The lessor must not hand this amount over to a third party.

Article 2: Every month the lessee will take one month's rent equal to _____¥ to the lessor's residence or to a banking facility named by the lessor. Payment will be made by the end of the month previous to the month for which the rent payment is being made.

Article 3: The duration of this lease will be from ____/____/19___ to ____/____/19___; however, when this time elapses both parties can upon consultation renew this lease.

Article 4: If any one of the following conditions is relevant then the lessor has no need to give notification to the lessee before terminating this lease. In this case, the lessee must evacuate the housing.

   ① The lessee defaults on rent payments for ____ or more months.
   ② The lessee uses the housing without the written permission of the lessor for some purpose other than that specified in the lease, or the lessee subleases the housing, or the lessee turns the housing over to a third party, or the lessee allows a non-contracted individual to live in the housing (if the housing is to be used as a residence), etc.
   ③ The lessee builds onto or remodels the housing or engages in some other activity modifying the construction of the housing without the written permission of the lessor.
   ④ The lessee is declared bankrupt.
   ⑤ It becomes known that the lessee is member of a gang.
   ⑥ The lessee allows a member of a gang or any other similar violent organization to move into the housing or repeatedly, intermittently such a person to come and go.
   ⑦ The lessee causes a nuisance, feelings of uneasiness, or feelings of discomfort for the residents, the manager, or neighbors; or the the lessee engages in rough speech or behavior in the in the housing, the areas of common use, or other neighboring areas.

Article 5: The lessor and lessee agree that the costs of electricity, gas, water, and cleaning will be paid separately from rent and that the lessor will pay the appropriate taxes. If there is a raise in taxes or costs, etc. there is a need to raise the rent, the lessor can raise the rent upon consultation with the lessee.

Article 6: If the lessee damages the housing either accidentally or intentionally then the lessor will make a fair judgement regarding compensation and the lessee must then pay compensation for the damage.

Article 7: The lessee must not make any claims whatsoever to the lessor in the case of fire, theft, etc. unless the problem was arose due to the lessor's responsibility.

Article 8: If the lessee is away from the housing for more than one month then regardless of whether or not the lessee has paid a security deposit or security money, the lessor does not need to give the lessee any notice to terminate this lease. In this case, the lessee will make no objections if the lessor oversees the removing of articles left in the housing to a place of the lessor's discretion or the selling off of such articles to use the money raised for the financial obligations named above.

Article 9: If for reasons of law and ordinances or carrying out public business, managing or using the housing under this contract becomes forbidden, then this lease will naturally be terminated.

Article 10: Regardless of the reason, if this contract is terminated or the housing is destroyed and returned to the lessor, then if there has been no delay, the lessor will return the (security deposit/security money) to the lessee. However, if the lessor deals with or must deal with some damage to the housing, then the costs of reparations will be subtracted from this amount.

第11条　乙は本物件を明渡すときは甲に壱カ月以前にその旨を通知しなければならない。
第12条　乙はこの賃借物件の明渡しに際し，特に取りきめのない限りいかなる名目をもってするを問わず甲に対し一切金員の請求をしないものとする。
第13条　保証人は乙と連帯のうえ，本契約より生ずる乙の債務を負担するものとする。
第14条　本件に関し紛争を生じた場合は当事者は関係法規並びに慣習に従い道義的に解決すること。
（特　約　条　項）

　上記の契約として，本契約書を　　通作成し甲乙双方署名押印の上各壱通を保有する。
　　　　平成　　年　　月　　日

貸　主
　　　　　住　　所
　　　　　氏　　名（甲）　　　　　　　　　　　　　　　　　　　　　　㊞

借　主
　　　　　住　　所
　　　　　氏　　名（乙）　　　　　　　　　　　　　　　　　　　　　　㊞
　　　　　本籍地
　　　　（勤務先　　　　　　　　　　　　　電話番号　　　　　　　　）

連帯保証人
　　　　　住　　所
　　　　　氏　　名　　　　　　　　　　　　　　　　　　　　　　　　　㊞

宅地建物取引業者　　免許番号（　　　）第　　　　　号
　　　　　住　　所
　　　　　氏　　名　　　　　　　　　　　　　　　　　　　　　　　　　㊞

　　　　　登録番号（　　　）第　　　　　号
取引主任者
　　　　　氏　　名　　　　　　　　　　　　　　　　　　　　　　　　　㊞

金　預　り　証

金　　　　　　　円（敷金、保証金）正に領収致しました。ただし無利息の事。貴殿との本契約解除に際し本物件明渡しの際貴殿が本賃貸に関する一切の債務を清算したのちに御返し致します。
上記金額に対し賃料に充当又は貴殿の債務支払い並びに質権設定等に使用される事固くお断り申し上げます。
　　　　　　　　殿

Article 11: If the lessee decides to move out of the housing then the lessee must tell the lessor of this one month in advance.
Article 12: When the lessee evacuates the housing, especially in cases when there are no rules regarding evacuation in this lease, the lessee must make no financial claims whatsoever of any type to the lessor.
Article 13: The guarantor for the lessee carries joint liability for the obligations arising from this lease.
Article 14: If some dispute arises over the housing, then the lessee and lessor will abide by related laws and common practices and solve the problem, abiding by good morals.
(Special Stipulations)

To attest to the fact that both the lessor and the lessee have agreed to abide by the condiitions listed above, ____ copies of this lease should be made. Both parties will write their names and affix their seals then each person will take one copy.

    Year   Month   Date

              Address
Lessor
              Name   Seal

              Address
Lessee
              Name   Seal
                Permanent Residence
                (Employeer   Telephone Number   )
Surety Liable   Address
Jointly and
Severally   Name   Seal

Real Estate Agency   License No. (   )
              Address

              Name   Seal

              Registration No. (   )
Licensed Real Estate Broker
              Name   Seal

Receipt

This receipt certifies that (a security deposit/security money) of _____¥ has been received by the lessor. No interest will be paid on this amount. When this lease terminated and the lessee evacuates the housing, the part of this amount that remains after all financials obligations relating to the rental have been completely settled will be returned to the lessee.
Using the above-stated amount towards rent or towards other financial obligations or for right of pledge is firmly refused.

Customer Name_____

[別紙 10]

外国籍県民のための
賃貸住宅の借り方・住むときのルール

A Guide to Rental Housing —— For Foreign Nationals ——

'Sai-no-kuni' Saitama
彩の国 埼玉県

平成 21 年 5 月

編集・発行　埼玉県県民生活部国際課
監　　修　　埼玉県都市整備部開発指導課
　　　　　　社団法人埼玉県宅地建物取引業協会
　　　　　　社団法人全日本不動産協会埼玉県本部

【日本語版と4ヵ国語版を見開き比較掲載】

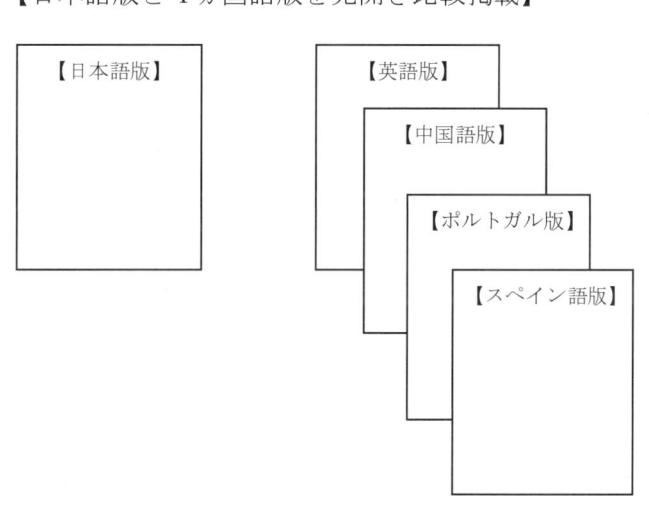

【日本語版】　【英語版】
　　　　　　　【中国語版】
　　　　　　　【ポルトガル版】
　　　　　　　【スペイン語版】

日文

I 日本の賃貸住宅

賃貸住宅とは、住むために家賃を支払って借りる貸家やアパートのことをいいます。

貸家やアパートをさがすときは、不動産業者〔貸家やアパートを紹介する店〕へ行きます。家を借りるときの契約手続は、ほかの国とすこしちがいます。引越してからの生活を問題なくはじめるために、日本のやりかたや習慣を、よく知っておくことがたいせつです。

□ 一般的な賃貸住宅

家賃と管理費	①家賃は、月ごとに前払い〔前もって支払うこと〕します。 ②家賃のほかに、管理費・共益費〔住んでいる人たちが共同でつかう場所や設備の管理、電気代、そうじなどにかかるお金〕を、支払います。
住宅のひろさと間取りのあらわしかた	①家のひろさは、「専有面積〇〇㎡」というように、あらわします。これは、部屋のほか、トイレ、ふろ、台所などをいっしょにしたものです。 ②部屋のひろさは、床にしく畳の数であらわされます。一畳は、約1.6㎡です。 ③部屋は、和室〔畳の部屋〕、洋室〔床が板の部屋〕のどちらかで、あらわされます。また、DK（ダイニングスペース＋キッチン）やLDK（リビングルーム＋ダイニングスペース＋キッチン）という言葉もよく使われます。 ④家や敷地のひろさは、坪という単位であらわすことがあります。一坪は約3.3㎡です。
設　備	①電気、水道、ガスの設備は、あります。 ②ふつうは、部屋の照明器具、ガステーブル、オーブン、家具などがありません。必要なものは自分で用意します。
交通の便	「近くの駅から〇〇分」というようにあらわされています。 例：浦和駅から歩いて〇〇分

□ 賃貸契約を結ぶ前に

貸家やアパートを借りるときには契約を結びます。これを賃貸契約といいます。

賃貸契約書による契約は、貸す人と借りる人との権利と義務をはっきりしておく取り決めです。

契約書へ署名〔同意するという意味で、自分の名前を書くこと〕することは、そのなかに書かれていることに同意し、きちんと守るということです。内容をよく読み、説明してもらいましょう。そして、そこに書いてあることを理解してから署名することが大切です。

契約するときには、外国人登録証明書、所得証明書、保証人または誓約書、印鑑登録証明書などが必要です。

ENGLISH

I. Rental Housing in Japan

When you wish to rent a home or apartment, you should go to a real estate agency (*fudōsan gyōsha*). Procedures regarding leases are somewhat different from those in other countries. It is important to be familiar with Japanese manners and customs in order to avoid problems after you move.

☐ An Overview of Rental Housing

Rent and Management Fee	① Rent is paid monthly in advance. ② A management or common service fee is added to the rent. These fees pay for the cleaning and electric bills of common facilities.
Size of House / Apartment And Types of Rooms	① The size of a house / apartment is indicated by the total floor space, including not only living areas, but also the toilet, bathroom, kitchen, etc. (e.g. 30 m^2). ② The size of each room is indicated by the number of tatami mats that can fit in it (e.g. 6 *jō*). One tatami mat is about 1.6 m^2. ③ Rooms are categorized as either Japanese style (tatami rooms) or Western style (rooms with floorboards). The terms DK (dining space + kitchen) and LDK (living room, dining space + kitchen) are also often used. ④ The size of a house or lot is often measured in "*tsubo*". One *tsubo* is about 3.3m^2.
Facilities	① Electrical wiring and gas and water lines are supplied. ② Hanging lamps, tabletop ranges, ovens, or furniture are not usually provided. You will need to obtain these items yourself.
Access	Access is usually indicated in number of minutes from the nearest station (e.g. a 15-minute walk from Urawa Station).

☐ Before Entering into a Lease

When you rent a house or apartment in Japan, you must sign a lease or rental contract (*chintai keiyaku*).

The lease clearly specifies the rights and obligations of both the lessor (the owner) and the lessee.

Your signature on such a contract is legally binding and indicates that you agree to abide by the terms and conditions listed therein. You should read the contract carefully and have anything you do not fully understand explained to you. Remember that it is imperative that you understand all the contents of the contract before you sign.

When entering a lease, you are required to present your Alien Registration Card, a certificate of income, and your name seal registration certificate. A guarantor (a co-signer that will be responsible for the rent, etc. should you fail to pay) or a written oath is also usually required.

中文

I 日本的租赁住宅

租赁住宅是指必须支付房租的公寓或共同住宅。

找民间的出赁住房、公寓时，要委托中介公司给介绍。签订租房合同时的手续，也许跟其他国家有所不同。为了避免居住后发生不愉快的问题，应该事先多了解住房的各种常识。

□ 一般的租赁住宅

房租和管理费	①房租是按月预付，前一个月支付当月的房租。 ②除了房租外，还要付管理费、公益费（住户们共同使用的场所及设备的管理费、公共电灯费、清扫费）。
住房面积和房间数的表示方法	①住房的大小用"专有面积〇〇㎡"来表示；包括居室、厕所、浴室、厨房等的总面积。 ②房间的大小是用铺在地板上的榻榻密的张数来表示，一张约为1.6㎡。 ③房间以和室（铺榻榻米的）、洋室（铺地板的）来表示。另外，经常用DK（兼充餐室的厨房）、LDK（起居室加上兼充餐室的厨房）等语言来表示房间布局。 ④住房和建筑用地的大小用"坪"来表示。1坪大约为3.3㎡。
设　　备	①电、自来水、煤气等设备一应俱全。 ②电灯、煤气炉、微波炉、家具等没有、需要时要买。
交通关系	通常以从最近的车站需要多少分钟来表示（如：从浦和站步行〇〇分钟）。

□ 签订租房合同之前

租房或公寓时需签订合同。租房合同是明确规定出租人和租房人的权利及义务的协定书。在合同书上签名是标志着对合同内容的同意和遵守。认真阅读内容，不明白的地方要求对方解释。所以对其内容必须充分理解后再行签字。签合同时需要外国人登录证明书、所得（收入）证明书、保证人或誓约书、印鉴登录证明书等。

PORTUGUÊS

I Alugando um Imóvel no Japão

Para aqueles que procuram um imóvel para alugar, procure uma imobiliária (*"fudousan'ya"*). Os contratos de locação de imóveis (*"chintai keiyakusho"*) podem diferenciar-se de acordo com cada país. Por isso, é importante que você conheça o estilo de vida japonês para que você possa viver sem muitas dificuldades.

☐ Locação de Imóveis em Geral

Aluguel e Taxas de Manutenção	① O pagamento do aluguel referente ao mês, deve ser feito no mês anterior. ② Além do aluguel, há ainda a cobrança da taxa de condomínio e cobrança de despesas das áreas de uso comunitário (despesas com equipamentos, luz, limpeza, etc).
Estrutura e Planta da Residência	① O tamanho da residência é expresso por 「○○m²」 (metros quadrados) que inclui, além dos quartos, lavabo, banheiro, cozinha, entre outras dependências da casa. ② O tamanho das dependências da casa podem ser representados também pelo número de *"tatamis"*. Um *"tatami"* mede aproximadamente 1,6m². ③ Os quartos podem ser em estilo oriental (*"washiki"*) ou ocidental (*"youshiki"*).
Instalações	① Há instalações para o fornecimento de água, eletricidade e gás. ② Normalmente, não há lâmpadas elétricas, fogareiro, forno ou outros móveis no apartamento. Estes devem ser adquiridos pelo inquilino.
Facilidade de Acesso	Em geral, o acesso ao local da residência é expresso pelo tempo que se leva entre a distância de alguma estação de trem mais próxima até a residência. Por exemplo: 15 minutos, a pé, da Estação de Urawa.

☐ Antes de Assinar um Contrato de Aluguel

O Contrato de Aluguel (*"chintai keiyaku"*) é um acordo para assegurar os direitos e deveres do proprietário e do inquilino do imóvel. É importante assinar somente quando estiver ciente das condições do contrato de aluguel. Para firmar contrato são necessários, entre outros documentos: a Carteira de Registro de Estrangeiro (*"Gaikokujin Touroku Shoumeisho"*), Comprovante de Rendimento (*"Shotoku Shomeisho"*), fiador ou compromisso escrito (*"seiyakusho"*) e o Atestado de Registro de Carimbo (*"Inkan Touroku Shoumeisho"*).

ESPAÑOL

I ALQUILER DE VIVIENDA EN JAPÓN

Sobre el alquiler y el pago de la vivienda.

Cuando un extranjero desee rentar una vivienda, se recomienda consultar con un agente de bienes raíces en el área donde desea residir. Existen muchos procedimientos involucrados en la renta de un inmueble en Japón. Conocer dichos procedimientos y a su vez las costumbres japonesas es de suma importancia para que su mudanza se lleve a cabo sin ninguna dificultad.

☐ Aiquiler de vivienda

Renta y tarifa de Administración	① La renta se paga mensualmente y por adelantado. ② Es necesario pagar una tarifa por áreas y servicios utilizados por todos los inquilinos, como servicio de limpieza, luces comunes, etc. A esto le llaman tarifa de administración y se añade a la renta mensual.
Tamaño y composición de la vivienda.	① El tamaño de la vivienda se indica como el área total incluyendo el baño, cocina, etc. Se indica en metros cuadrados(○○㎡). ② El tamaño de cada cuarto se indica por el número de tatamis. Un tatami mide aproximadamente 1.6㎡. ③ Los cuartos pueden ser estilo japonés (con tatami) u occidental (con piso de madera).
Instalaciones	① Cuenta con instalaciones eléctricas, de agua y gas. ② Normalmente los inmuebles no se encuentran amueblados.
Acceso	La facilidad de acceso está indicada por la distancia entre la estación y el inmueble (caminando desde la estación más cercana se tarda ○○minutos).

☐ Antes de alquilar una vivienda

Para alquilar una vivienda o un apartamento deben de tener en cuenta lo siguiente.

Un contrato de arrendamiento especifica los derechos y obligaciones de ambas partes, tanto del dueño del inmueble como del inquilino.

Al firmar dicho contrato significa que usted está de acuerdo con lo que está escrito y lo obliga a cumplir con los términos indicados en éste. Por lo tanto es importante que usted comprenda por completo el contenido de dicho contrato.

Al firmar el contrato, usted deberá de presentar su cédula de registro de extranjero, un comprobante de ingresos, su certificado de registro de sello y por lo general se necesita de una persona garante.

日　文

□ 契約するときに必要なお金

家賃	家賃は、前の月に、翌月〔次の月〕分を支払います。このため、最初は、その家に引越す月の家賃と、翌月分との、2か月分を支払うことになります。家賃はふつう、銀行へふりこみます。
敷金	借りる人が契約するときに、家主〔家の所有者〕に家賃をはらう保証として、家賃の1～3か月分をあずけます。これは、借りた人が別の新しい家へ引越すとき、家賃を払っていなかったとか、借りていた間に家をこわしたり、よごしたりした時の修理費に使われます。のこったお金があれば、かえされます。
礼金	契約したとき、家主にお礼として支払うお金です。ふつう、家賃の1～2か月分です。礼金は、かえされません。
仲介料	不動産業者に支払う手数料。家賃の1か月分を貸主と借主で折半するのが原則ですが、支払う各々の人が了承すれば、負担割合の変更は可能。
契約更新料	家を借りる契約期間は、ふつう2年です。2年たってまた契約をするときには、家主から、家賃約1か月分の更新料を請求されることがあります。
更新のときの手数料	（契約更新料とは別に）不動産業者から、更新手続の手数料を請求されることがあります。

□ 注意すること

保証人	多くの場合、入居申し込み時に保証人が必要となります。保証人がいないときは、保証会社を利用できる場合があるので、不動産業者に相談してください。
家賃の支払い	契約書で決められた日までに、翌月の家賃を支払わなければなりません。
借りる人の居住	家主の許可をもらわないで、家族以外の人をいっしょに住まわせてはいけません。
転貸しの禁止	家の一部または全部を、ほかの人に貸してはいけません。
改造や模様替え	改造〔電気工事・各種備品の取りつけなどで、かべをこわしたり、穴をあけたりするとき〕や部屋の模様替え〔かべ紙などを取りかえる〕をするときは、家主の許可をもらってから、やります。
契約の解除〔解約〕	途中で契約をやめたいときは、早めに家主に知らせます。家主に知らせないで引越してしまったり、直前に知らせると、敷金をかえしてもらえないことがあります。
契約終了時の条件	契約終了時に敷金がかえされなかったり、高額なハウスクリーニングの費用を請求されることがあります。解約するときに支払うこととなる費用を前もって決めてから契約します。
ペット動物	家主の多くは、ペット動物を飼うことを禁止しています。ペット動物を飼いたいときは、契約するまえに、飼ってもよいか不動産業者にたしかめます。

ENGLISH

☐ Payments Required When Entering into a Lease

Rent	Rent is paid in advance. Therefore, when first moving into a residence, you have to pay 2 months of rent (the current month's and following month's rent). Rent is usually paid by way of bank transfer.
Deposit	A security deposit equivalent to 1 - 3 months' rent is given to the landlord. When you move to a new residence, the money is used to pay any outstanding rent, make repairs and clean the house / apartment as necessary. The balance, if any, is refunded to you when you move out.
Key Money	Generally 1 - 2 months' rent is paid to the landlord as key money. This money is non-refundable.
Realtor's Fee	This is the commission paid to the real estate agent. In principle, the tenant and landlord each pay the equivalent of half a month's rent, making a total of 1 month. However, if both parties agree, the proportion paid by each party may be changed.
Lease Renewal Fee	The duration of a lease is usually 2 years. When renewing a lease, the landlord sometimes charges a renewal fee equivalent to 1 month's rent.
Renewal Processing Fee	A renewal processing fee is sometimes charged by the real estate agency, separate from the lease renewal fee.

☐ General Terms and Conditions of a Lease

Guarantor	Often you need to have a guarantor when applying for an apartment. If you do not have a guarantor you may be able to make use of companies that supply guarantors.
Payment of Rent	Rent must be paid one month in advance by the date stated in the lease.
Occupants	You cannot allow anyone other than family members to live with you without the prior consent of your landlord.
Subletting	You cannot sublet the property or any part thereof to a third person.
Renovating and Redecorating	You must obtain permission before renovating (e.g. installing electrical and gas lines, demolishing walls, or boring holes in walls) or redecorating (e.g. replacing wallpaper).
Lease Termination	Should you want to terminate the lease prior to its full term, you must give your landlord advanced notice. If you move without informing the landlord of your intention to do so or wait until just before you move, your deposit might not be refunded.
Conditions at the End of the Lease	Be aware that there are instances where deposits are not returned and exorbitant cleaning charges are made at the end of leases. You should agree as to what fees will be required at the end of the lease before you sign.
Pets	Most landlords do not allow pets. Therefore, if you wish to keep a pet, please clarify this point with the real estate agent before entering into a lease.

中　文

□ 签订合同时需要的费用

房　租	房租是前一个月支付下月份的，因此入住时需支付当月和下月2个月的房租。付费方法，一般是银行转帐。
押　金	在签订合同时需交于房东1至3个月的房费作为押金。该押金作为充当租房人在搬出时，有欠付的房租或房屋损坏部分的修理费。若有剩余就退回。
礼　金	礼金是合同成立时付给房东的酬谢金，约相当于1至2个月的房租。礼金不退。
介绍费	支付给房地产商的手续费。原则上是由房东和借方双方折半支付1个月房租，如果得到双方同意，支付比例额可以变更。
合同更新费	合同期限一般为两年。更新合同时，一般要付一个月房租的更新费。
更新合同时的手续费	除了付合同更新费以外，一般要付给中介公司更新手续费。

□ 注意事项

保 证 人	一般情况下，申请入居时需要保证人。在没有保证人的情况下，可以利用保证公司，那时请和房屋中介公司商量。
付 房 租	必须在合同规定的日期内支付下月的房租。
租房人的入居	在没有得到房东同意的情况下，不得擅自让家庭成员以外的人居住。
禁止转借	不得将房屋的一部分或全部转借他人。
改造及装修	改造（安装电器、各种备件，在墙壁上打孔）或装修（换壁纸等）时，必须事先取得房东的同意。
解除合同	要在中途解除合同时，须根据合同规定，事先通知房东。在搬家时，如果事先不通知房东、或在临到搬走的时候才通知，那么押金有可能不退还。
合同结束时的条件	在合同满期时，会发生不退押金或要求高额的清扫费等情况。因此，应事先定好解约时所需费用之后再签合同。
宠　物	一般的房东都禁止饲养宠物。想饲养时，要事先向中介人打听好。

PORTUGUÊS

☐ Custos para Alugar um Imóvel

Aluguel	O aluguel do mês deverá ser pago no mês anterior. Por isso, no ínicio, será cobrado o valor equivalente a 2 meses de aluguel (aluguel do mês em que ocorreu a mudança e o aluguel do mês seguinte). Em geral, o pagamento do aluguel é feito através de depósito bancário.
Depósito de Garantia *"shikikin"*	Taxa paga, no momento do contrato, ao proprietário do imóvel como garantia de pagamento do aluguel. Corresponde ao valor de 1 a 3 meses de aluguel. Essa taxa será usada para cobrir despesas com reformas ou pagamento de aluguel não efetuado quando o inquilino deixar o imóvel. Caso haja saldo do *"shikikin"*, este será devolvido ao inqulino.
Taxa de Agradecimento *"reikin"*	Corresponde a 1 ou 2 meses de aluguel e é paga ao proprietário do imóvel como um agradecimento. Não há devolução dessa taxa.
Comissão *"chuukai-ryou"*	Pagamento feito à imobiliária pelos serviços prestados. Por regra o valor, referente a 1 mês de aluguel, é dividido entre o dono do imóvel e inquilino. Caso haja acordo entre as partes, o valor pode mudar.
Taxa de Renovação de Contrato	O período do contrato de aluguel é de, geralmente, 2 anos. Costuma-se cobrar uma taxa equivalente a 1 mês de aluguel pela renovação do período de contrato.
Taxa de Prestação de Serviços no Momento da Renovação do Contrato	Além da taxa de renovação do contrato, poderá haver solicitação de pagamento por parte da imobiliária correspondente aos serviços prestados na hora de renovar o contrato.

☐ Atenção Especial Importante

Pagamento de Aluguel	O aluguel do mês seguinte deverá ser pago até o final do mês corrente, conforme a data prescrita no contrato.
Moradores	É proibido morar junto com outra pessoa que não faça parte da família sem avisar o proprietário do imóvel.
Sublocação	É proibido emprestar ou alugar uma ou toda parte da casa.
Reformas	É necessário o consentimento do proprietário do imóvel, com antecedência, quando desejar realizar reformas, trocas de instalações de gás, eletricidade e outros.
Rescisão (Cancelamento) do Contrato	Se desejar o cancelamento do contrato, informe com antecedência ao proprietário do imóvel, sempre seguindo as cláusulas do contrato. Deixando o imóvel sem avisar o proprietário ou mesmo deixar para avisar "em cima da hora", aumenta a possibilidade de não obter a restituição do depósito de garantia (*"shikikin"*).
Cláusulas para Rescisão do Contrato	Para evitar transtornos no final do contrato, como a não-devolução do *"shikikin"* (depósito de segurança) ou cobranças de altos valores referentes à limpeza ou reforma do imóvel, recomenda-se verificar antes de assinar o contrato, em quais condições existirão cobranças avulsas ou a não-devolução do *"shikikin"*.
Animais de Estimação	Muitos proprietários proíbem a criação de animais domésticos nas residências. Caso haja intenção de criar um animal de estimação, confirmar com a imobiliária antes de assinar o contrato.

ESPAÑOL

☐ Dinero para alquilar una vivienda

Renta	La renta se paga por adelantado. Por ende cuando rente alguna vivienda deberá pagar dos meses, el presente y el próximo. Generalmente los pagos se realizan por medio de una transferencia bancaria.
Depósito	Al firmar el contrato se le entrega al dueño un depósito de 1 a 3 meses de renta. Este dinero se utilizará para reparar la propiedad o pagar alguna renta faltante. De no utilizarse este dinero, le será devuelto cuando se mude de departamento.
Dinero para el propietario	Generalemete se le paga 1 ó 2 meses de renta al propietario como una especie de agradecimiento. Este dinero no es devuelto en ningún momento.
Comisión del agente	Se le paga una comisión al agente de bienes raíces. Se tiene por regla dividir el equivalente a un mes de renta por la mitad entre el propietario y el inquilino, pero se puede cambiar la proporción de carga por acuerdo mutuo.
Renovación de contrato	Por lo general la renovación del contrato se hace cada 2 años. Cuando se renueva el contrato, en algunos casos se paga el equivalente a un mes de renta.
Pago por los servicios de trámite	En algunos casos, los agentes de bienes raíces, cobran los servicios de trámite para la renovación de contrato.

☐ Cláusulas del contrato

Fiador	Por lo general se requiere un fiador para concluir el contrato. En caso de no tener un fiador, hay posibilidad de que se pueda utilizar la compañía de fianza
Pago de la renta	La renta se paga por adelantado y debe pagarse en la fecha fijada en el contrato.
Ocupantes	No puede compartir la vivienda con personas que no sean miembros de su familia si no ha obtenido el permiso del propietario.
Subarrendamiento	No puede subarrendar la vivienda o parte de ésta.
Remodelaciones	Debe obtener el permiso del propietario antes de instalar o modificar las instalaciones eléctricas, de agua, gas o para redecorar la vivienda.
Cancelación del Contrato	Cuando desee dejar de rentar la vivienda antes de que finalice el contrato, deberá dar aviso al dueño con la prioridad que especifique el contrato. Si se muda del departamentos sin notificar al propietario, éste podrá negarse a devolverle el depósito.
Condiciones para la Cancelación	El dinero depositado es usado para la reparación y limpieza de la vivienda. La cantidad de dinero está especificada en el contrato y muchas veces no es devuelto al inquilino.
Mascotas	La mayoría de los propietarios de viviendas no permiten mascotas. Si desea tener una, indíquelo a su agente de bienes y raíces antes de firmar el contrato.

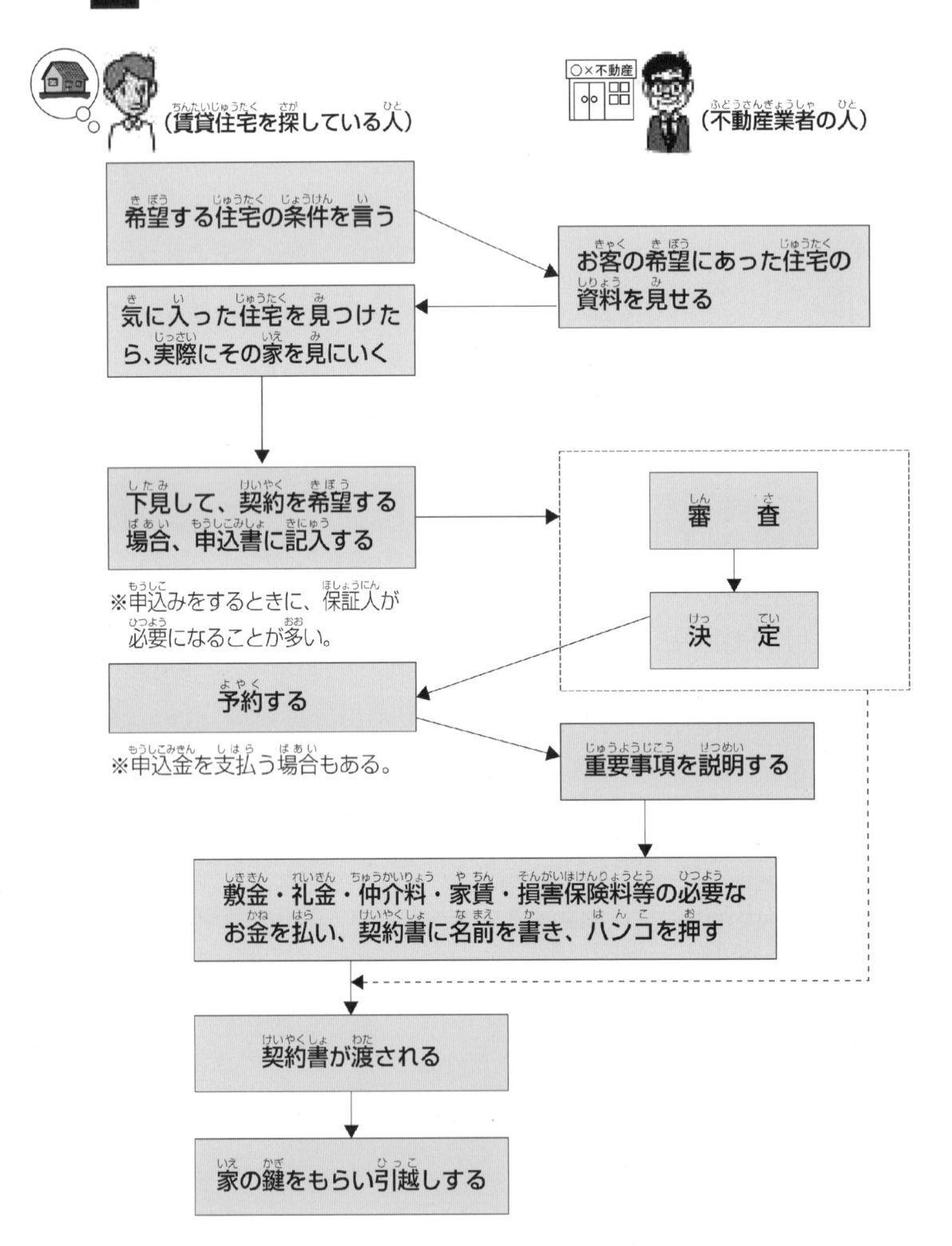

日　文

Ⅱ 賃貸住宅（ちんたいじゅうたく）を借（か）りるときの流（なが）れ

（賃貸住宅を探している人）　　　（不動産業者の人）

希望（きぼう）する住宅（じゅうたく）の条件（じょうけん）を言（い）う

→ お客（きゃく）の希望（きぼう）にあった住宅（じゅうたく）の資料（しりょう）を見（み）せる

気（き）に入（い）った住宅（じゅうたく）を見（み）つけたら、実際（じっさい）にその家（いえ）を見（み）にいく

下見（したみ）して、契約（けいやく）を希望（きぼう）する場合（ばあい）、申込書（もうしこみしょ）に記入（きにゅう）する

→ 審査（しんさ） → 決定（けってい）

※申込（もうしこ）みをするときに、保証人（ほしょうにん）が必要（ひつよう）になることが多（おお）い。

予約（よやく）する

→ 重要事項（じゅうようじこう）を説明（せつめい）する

※申込金（もうしこみきん）を支払（しはら）う場合（ばあい）もある。

敷金（しききん）・礼金（れいきん）・仲介料（ちゅうかいりょう）・家賃（やちん）・損害保険料（そんがいほけんりょう）等（とう）の必要（ひつよう）なお金（かね）を払（はら）い、契約書（けいやくしょ）に名前（なまえ）を書（か）き、ハンコを押（お）す

契約書（けいやくしょ）が渡（わた）される

家（いえ）の鍵（かぎ）をもらい引越（ひっこ）しする

ENGLISH

II. Procedures for Securing Rental Housing

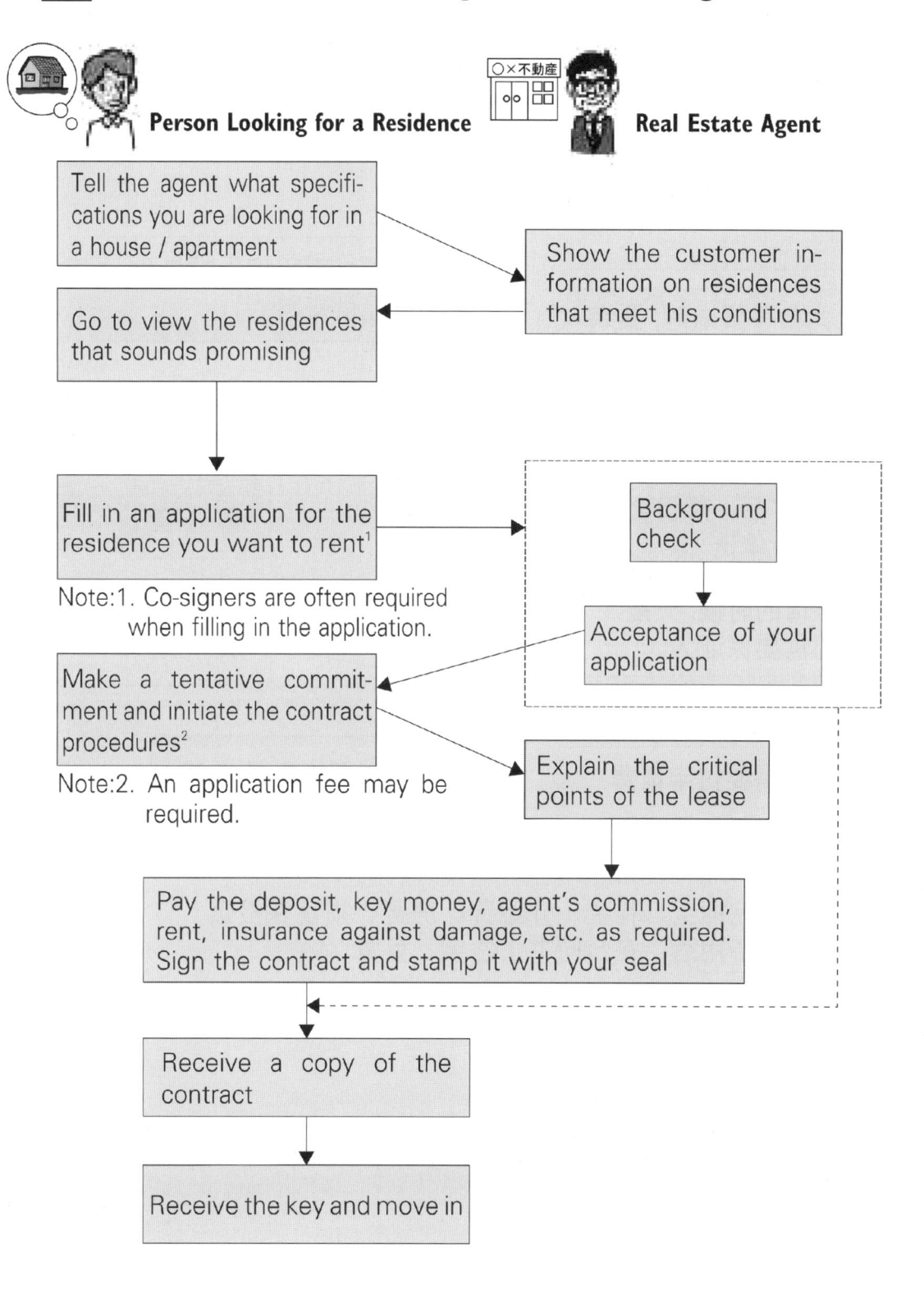

Person Looking for a Residence   **Real Estate Agent**

- Tell the agent what specifications you are looking for in a house / apartment
  - → Show the customer information on residences that meet his conditions
- Go to view the residences that sounds promising
- Fill in an application for the residence you want to rent[1]
  - → Background check
  - → Acceptance of your application

Note: 1. Co-signers are often required when filling in the application.

- Make a tentative commitment and initiate the contract procedures[2]
  - → Explain the critical points of the lease

Note: 2. An application fee may be required.

- Pay the deposit, key money, agent's commission, rent, insurance against damage, etc. as required. Sign the contract and stamp it with your seal
- Receive a copy of the contract
- Receive the key and move in

中 文

Ⅱ 租房时的顺序

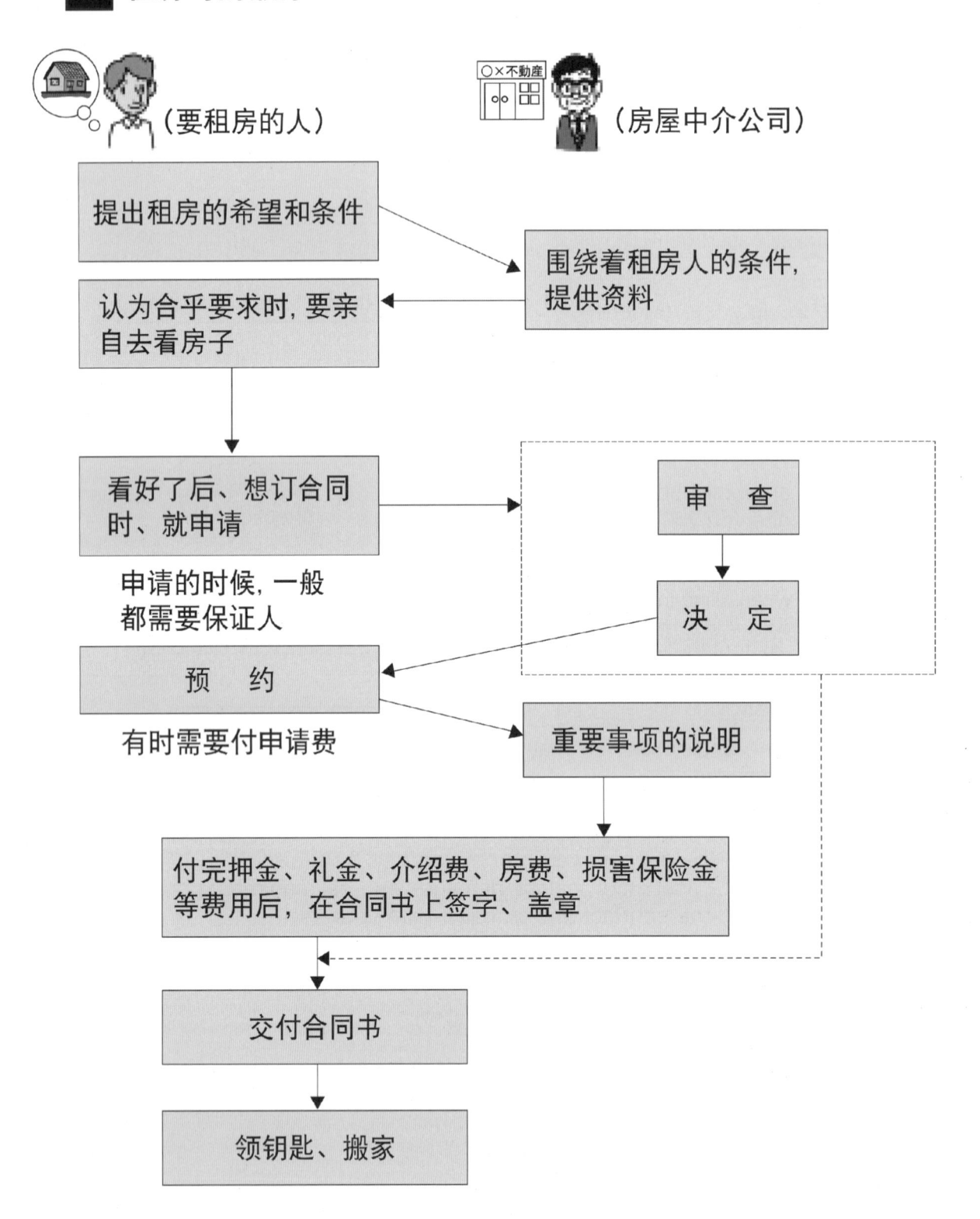

（要租房的人）　　　　　（房屋中介公司）

- 提出租房的希望和条件
- 围绕着租房人的条件，提供资料
- 认为合乎要求时，要亲自去看房子
- 看好了后、想订合同时、就申请

申请的时候，一般都需要保证人

- 审查
- 决定
- 预约

有时需要付申请费

- 重要事项的说明
- 付完押金、礼金、介绍费、房费、损害保险金等费用后，在合同书上签字、盖章
- 交付合同书
- 领钥匙、搬家

PORTUGUÊS

II Locação de um Imóvel "Passo a Passo"

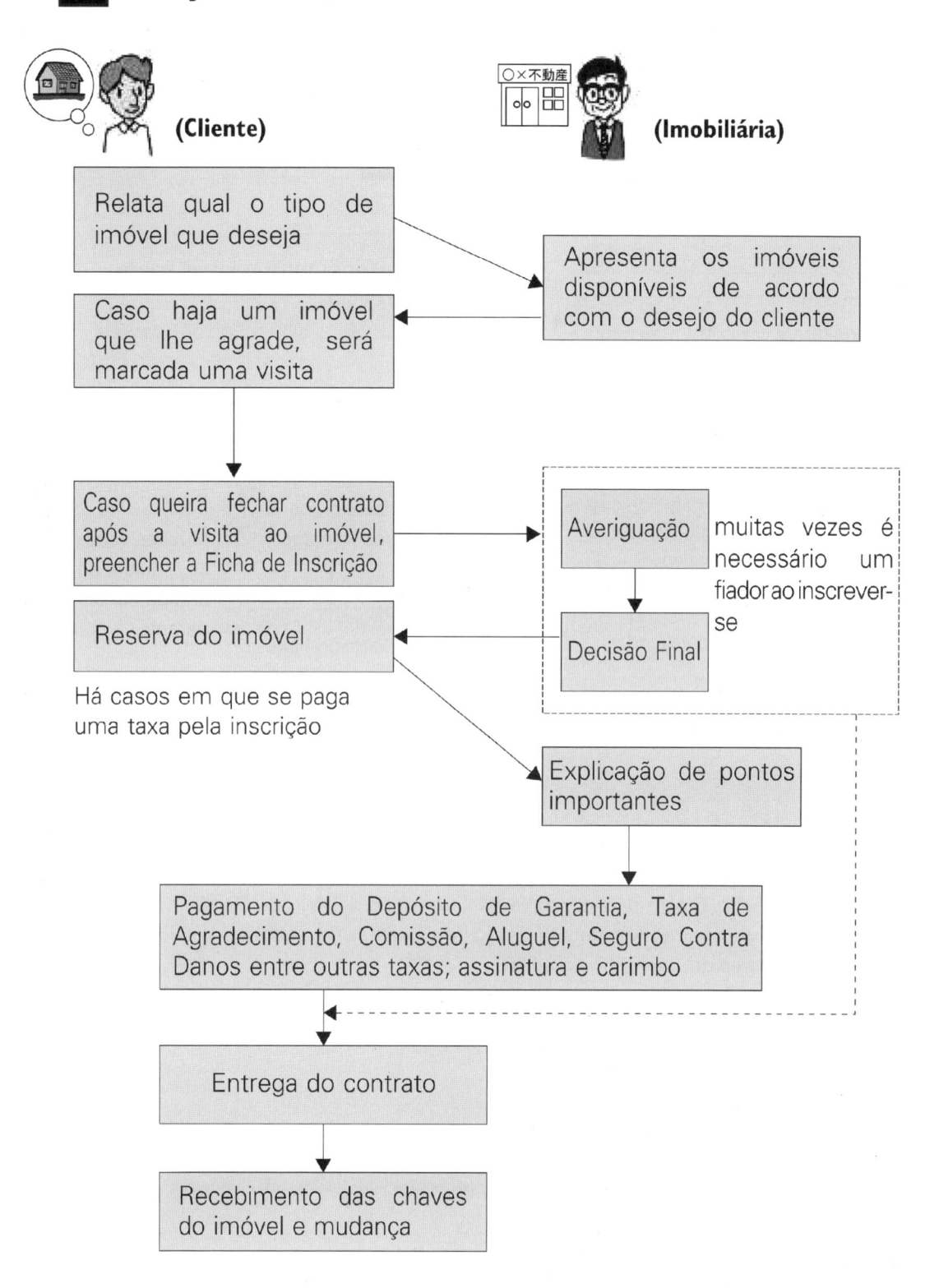

(Cliente) (Imobiliária)

- Relata qual o tipo de imóvel que deseja
- Apresenta os imóveis disponíveis de acordo com o desejo do cliente
- Caso haja um imóvel que lhe agrade, será marcada uma visita
- Caso queira fechar contrato após a visita ao imóvel, preencher a Ficha de Inscrição
- Averiguação — muitas vezes é necessário um fiador ao inscrever-se
- Decisão Final
- Reserva do imóvel

Há casos em que se paga uma taxa pela inscrição

- Explicação de pontos importantes
- Pagamento do Depósito de Garantia, Taxa de Agradecimento, Comissão, Aluguel, Seguro Contra Danos entre outras taxas; assinatura e carimbo
- Entrega do contrato
- Recebimento das chaves do imóvel e mudança

ESPAÑOL

II. PROCEDIMIENTOS A SEGUIR CUANDO SE ALQUILA UNA VIVIENDA

(Persona interesada)   (Agente de bienes y raíces)

- Especifica el tipo de vivienda
- Presenta información sobre inmuebles
- Visitan la vivienda junto con el interesado
- En caso el interesado le agrade la vivienda, se realiza el contrato respectivo
- Revisión de la documentación
- Decisión Final

  Muchas veces se requiere de una persona garante

- Reservación de la vivienda

  ※ En algunos casos es necesario dar un adelatanto de dinero

- Explicación de los puntos importantes
- Depósito. Dinero para el propietario. Comisión del Agente. Renta. Seguro contra Accidentes. Pago de la renta. Se escriben los nombres del contrato y se sella
- Entrega del contrato final
- Recibir las llaves y hacer la respectiva mudanza

日　文

III 賃貸契約についての相談はこちらへ

相談するところ	場　所	電話番号
埼玉県庁 都市整備部開発指導課	さいたま市浦和区高砂3-15-1 (県庁第2庁舎1階)	048-824-2111 内線5487、5488
(社)埼玉県宅地建物取引業協会	さいたま市浦和区東高砂町6-15	048-811-1818 (相談専用)
(社)全日本不動産協会埼玉県本部	さいたま市桜区西堀1-11-39	048-866-5225
埼玉県外国人住まいサポート店	http://www.pref.saitama.lg.jp/A12/BF00/sumaisupport.htm (埼玉県国際課ホームページ)	

IV 引越しするときの手続

　引越しをするときは、やらなければならないことが、いろいろあります。特に、つぎのような手続は、忘れずにやりましょう。

手続をする 必要があるもの	引越しする前 (※転居の場合)	引越しした後
外国人登録の 居住地変更登録		14日以内に新しい引越し先の市町村役場で、新しい住所を登録します。
国民健康保険証	引越し先が、いま住んでいる市町村でないときは、市町村役場の国民健康保険係に「資格喪失届」を出して、保険証をかえします。	外国人登録の「居住地変更」をした後で、新しく国民健康保険へ加入する手続をします。
電　気	近くの東京電力営業所に知らせます。引越しする日に、係の人が来て、電気を止め、その日までの料金を計算してくれます。	電気ブレーカーを上げ、漏電遮断器、配線用遮断器のスイッチを入れます。連絡用ハガキに、電気を使い始めた日などを書いて、送ります。
水　道	市町村の水道課または近くの水道事業所に知らせます。引越しする日に、係の人が来て、水道の元栓を止め、その日までの料金を計算してくれます。	市町村の水道課または近くの水道事業所に知らせるか、水道使用開始申込書を送ります。

ENGLISH

III Consultation on Leases

Organization	Address	Tel.
Development Control Division, Saitama Prefectural Government	3-15-1 Takasago, Urawa-ku, Saitama-shi (1st floor Bldg. 2)	048-824-2111 (ext. 5487, 5488)
Saitama Building Lots and Transaction Association	6-15 Higashi Takasago-cho, Urawa-ku, Saitama-shi	048-811-1818
Saitama Headquarters, All Japan Real Estate Association	1-11-39 Nishibori, Sakura-ku, Saitama-shi	048-866-5225
Multicultural Real Estate Agents	http://www.pref.saitama.lg.jp/A02/BQ00/sumaisupport.htm (Saitama International Division website)	

IV Procedures for Moving

There are various procedures and tasks you must accomplish when moving. In particular, you should be mindful of the following items.

Item Requiring Attention	Before Moving	After Moving
Alien Registration	N / A	Register your change of address at your new municipal office within 14 days.
National Health Insurance Certificate	If you are moving to a new city or town, go to the National Health Insurance Division of your present municipal office, return your Health Insurance Certificate, and fill out the National Health Insurance Subscription Forfeiture form (*shikaku soshitsu todoke*).	After registering your change of address at your new municipal office, complete the necessary procedures to re-enroll in National Health Insurance.
Electricity	Contact the nearest branch office of Tokyo Electric Power Co. and inform them that you are moving. They will send someone to your house on the day you move out to turn off the electricity and calculate the remaining balance.	You can turn on the electricity by flipping the main switch on the circuit breaker. Once the electricity is on, fill in the date you began using the electricity, etc. on the postcard attached to the breaker and send it in.
Water	Contact the Water Division of your municipal office or the nearest branch office of the Water Works Bureau and inform them that you are moving. They will send someone to your house on the day you move out to turn off the main water line and calculate the remaining balance.	Contact the Water Division of your new municipal office or the nearest branch of the Water Works Bureau and inform them that you have moved in or go there and pick up an application form to fill out and send in later.

中 文

III 租房合同等事宜的问询请到这里

询问机关	住 址	电话号码
埼玉县都市整备部 　　　　开发指导课	埼玉市浦和区高砂3-15-1 第二厅舍一楼	048-824-2111 转（内线）5487、5488
（社）埼玉县宅地建物 　　　　取引业协会	埼玉市浦和区 　　东高砂町6-15	048-811-1818 （咨询专线）
（社）全日本不动产协会 　　　　埼玉县部	埼玉市樱区西堀1-11-39	048-866-5225
外国人房屋仲介咨询	http://www.pref.saitama.lg.jp/A12/BF00/sumaisupport.htm （埼玉县国际科主页）

IV 搬家时的手续

搬家时需要办的事情很多，特别是以下列举的内容千万不要忘记。

应办的事	搬家前	搬家后
外国人登录证的住址变更登录		在14天以内到新居住地的市町村办理住址变更登录。
国民健康保险证	向市町村国民健康保险主管课提出丧失资格申请书，并交回保险证。	外国人登录住址变更登录后，办理加入国民健康保险的手续。
电	通知离家最近的东京电力营业所搬家的日期。搬家当天主管人员会来计算电费，切断电源。	把配电盘的总开关推上，打开漏电遮断器，配线用遮断器的开关。在联系用明信片上填写使用开始日期等后寄出。
自来水	通知市、町、村水道科或离家最近的水道企业事业所搬家的日期。搬家当天主管人会来计算水费。	通知市町村水道担当课或最近的水道企业事业所，或邮寄自来水使用开始申请书。

PORTUGUÊS

III Consultas sobre o Contrato de Locação de Imóvel

Entidades	Local	Telefone
Divisão de Orientação ao Desenvolvimento, Governo da Província de Saitama	Saitama-shi, Urawa-ku, Takasago 3-15-1 (Sede do Governo, Prédio 2, 1° andar)	048-824-2111 ramais 5487 e 5488
Associação de Negociadores de Lotes e Edifícios Residenciais da Província de Saitama	Saitama-shi, Urawa-ku, Higashi Takasago-cho 6-15	048-811-1818
Associação de Imobiliárias do Japão – Agência Saitama	Saitama-shi, Sakura-ku, Nishibori 1-11-39	048-866-5225

IV Procedimentos na Hora da Mudança

Conforme a lista abaixo, há vários procedimentos que você não pode deixar de tomar na hora da mudança.

Procedimento	Antes da mudança	Após a mudança
Alteração do Registro de Estrangeiro		Solicitar novo registro no Setor de Registro de Estrangeiros na prefeitura dentro de 14 dias.
Carteira de Seguro Nacional de Saúde	Faça o cancelamento do seguro na Seção de Seguro Nacional de Saúde da prefeitura. Não deixe de devolver a Carteira de Seguro de Saúde.	Depois de fazer a alteração de endereço no seu registro de estrangeiro, solicite o seguro na Seção de Seguro Nacional de Saúde da prefeitura.
Energia Elétrica	Entre em contato com a agência da "Tokyo Denryoku" de energia elétrica para avisar sobre a mudança. Nesse dia, um funcionário irá até a residência para desligar o fornecimento de energia elétrica e fazer a cobrança final.	Ligar a chave geral e o disjuntor, virando o interruptor para cima. Preencha o cartão postal da companhia elétrica com a data de início do uso da energia elétrica e envie-o pelo correio.
Água	Comunicar sobre a mudança ao Setor de Abastecimento de Água da prefeitura ou à Agência de Abastecimento mais próxima de sua residência. Uma pessoa encarregada irá fazer a cobrança final.	Comunicar sobre a mudança ao Setor de Abastecimento de Água da prefeitura ou à Agência de Abastecimento mais próxima de sua residência ou enviar o formulário de provisão de água a um desses escritórios.

ESPAÑOL

III CONSULTAS SOBRE LA VIVIENDA

Consultas sobre el contrato de vivienda.

Lugar donde puede consultar	Dirección	Teléfono
División de Administración de Tierras y Departamento de Control	Saitama Shi Urawa ku Takasago 3-15-1 (Kencho dai 2 1- piso)	048-824-2111 Anexo 5487, 5488
División de Administración de Viviendas de Saitama.	Saitama Shi Urawa ku Higashi Takasago cho 6-15	048-811-1818
Asociación Nacional de Administradores de Bienes Raíces, Regional de Saitama	Saitama Shi Sakura ku Nishibori 1-11-39	048-866-5225

IV TRAMITES PARA LA MUDANZA

Existen algunos trámites que deben de llevarse a cabo cuando se mude.
A continuación le presentamos una lista de procedimientos que debe de cumplir.

Procedimiento	Antes de mudarse (※En caso de mudarse)	Despúes de mudarse
Registro de extranjero		Tiene 14 días para informar de su cambio de dirección a la municipalidad de su nueva ciudad.
Seguro nacional de salud	Deben de informar a la división de seguro nacional sobre la cancelación de su seguro y devuelva su libreta.	Luego de registrar su nueva dirección, vuelva a solicitar el seguro nacional de salud.
Electricidad	Comuníquese a la sucursal más cercana de la Compañía de Electricidad de Tokyo e infórmeles de su próxima mudanza. Ellos enviarán a alguien a su domicilio el día que se mude para cerrar el suministro eléctrico y calcular el pago final.	Puede conectar el suministro eléctrico al mover el interruptor del medidor principal. Una vez que la electricidad esté conectada, llene la postal que se encuentra adherida al medidor y envíela a la sucursal más cercana de la Compañía de Electricidad de Tokyo.
Agua	Comuníquese a la división encargada e infórmeles de su próxima mudanza. Ellos enviarán a alguien a su domicilio el día que se mude para calcular el pago final que deberá hacer.	Comuníquese a la división encargada e infórmeles de su mudanza. También pueden enviar un formulario solicitando el servicio de abastecimiento de agua.

日　文

手続をする必要があるもの	引越しする前（※転居の場合）	引越しした後
ガス	近くのガス会社営業所に知らせます。引越しする日に、係の人が来て、ガスを止め、その日までの料金を計算してくれます。新しく住む地域にあるガス会社にも連絡して、引越す日にガスの元栓を開けてもらうよう頼みます。	頼んでおいたガス会社の人に、ガスの元栓を開けてもらいます。ガスを使う前に、ガスの種類、ガス器具がそのガスにあっているか、排気設備があるかなどの安全点検をしてもらいます。
電話	NTTの116番に電話して、引越し先への電話を移す工事をたのみます。	
郵便	現在住んでいる地区を担当している郵便局へ、転居届を出します。そうすると、その後1年間は、転居先〔新しい住所〕に郵便物が転送されます。	玄関に自分の名前を書いた表札をかけます。郵便受けにも、自分の名前を書いたものをつけます。
小・中学校	子どもが現在通っている学校から、在学証明書と教科書給与証明書をもらいます。	新しく住む市町村の教育委員会へ、外国人登録証明書と、前の学校でもらった書類を出します。
運転免許証		新しい住所の地域を担当する警察署へ、住所変更の届けを出します。

※転居とは、日本の賃貸住宅などから、別の住宅に引越しをすること。

ENGLISH

Item Requiring Attention	Before Moving	After Moving
Gas	Contact the nearest branch office of your gas company and inform them that you are moving. They will send someone to your house on the day you move out to turn off the gas and calculate the remaining balance. Contact the gas company that services the area you are moving into and arrange for someone to meet you at your new residence on the day of your move.	If you have made an appointment, someone from the local gas company will come to turn on the main gas line on the day of your move. Before using the gas, however, ask the person from the gas company to make sure that all your appliances are compatible with the type of gas you are supplied with and that there is sufficient ventilation.
Telephone	Dial 116 and ask NTT to transfer your telephone service to your new address.	N/A
Postal Service	File a Change of Address notice at the post office that services the area you presently live in. They will forward any mail addressed to you at your present address to your new address for one year from the date of the move.	Hang a doorplate with your name on it at the front door. Put your name on the post box.
Elementary & Junior High Schools	Request a school certificate (*zaigaku shōmeisho*) and a textbook list from your child's current school.	Present the documents provided by your child's old school together with your Alien Registration Card to the board of education in the city or town where you now live.
Driver's License	N/A	Register your change of address at the police station that has jurisdiction over the area in which you now live.

中　文

应办的事	搬家前	搬家后
瓦斯(煤气)	通知离家最近的瓦斯公司营业所搬家的日期。搬家当天主管人会来计算瓦斯费。向新居地区的瓦斯公司联系，要求在搬家的当天打开瓦斯总开关。	如果联系的瓦斯公司还没有打开总开关时，再次联系。使用瓦斯之前一定要确认瓦斯的种类和瓦斯器具是否一致，通风设备等的安全。
电　话	委托NTT（116）迁移和安装电话。	
邮　件	向主管邮局提出迁居通知。其后，一年内的邮件会转递到新居。	门牌和邮箱上写上自己的姓名。
小・中学	从原来的学校领取在学证明书和教科书发给与否的说明书。	向新住处的市町村教育委员会提出外国人登录证明书和原校发给的材料。
驾　驶　证		向新住处主管的警察署申请住址变更。

PORTUGUÊS

Procedimento	Antes da mudança	Após a mudança
Gás	Comunicar à companhia de gás antes da mudança. Um funcionário comparecerá para fazer o cálculo da cobrança final. Entre em contato com a companhia de gás da cidade para a qual pretende se mudar, marcando o dia para que um funcionário vá até a sua residência fazer a ligação do fornecimento de gás.	Um funcionário da companhia de gás irá até a residência para realizar a ligação do fornecimento de gás. Antes de iniciar a utilização do gás, verifique qual é o tipo e se é compatível com o equipamento de gás. Faça também a inspeção da ventilação e segurança na utilização dos mesmos.
Telefone	Ligue para NTT (discando 116) e solicite a transferência da linha telefônica.	
Correio	Envie o Comunicado de Mudança de Endereço (*"Tenkyo Todoke"*) ao correio. Assim, todas as correspondências enviadas ao endereço anterior, serão remetidas ao novo endereço durante 1 ano.	Coloque o seu nome no letreiro da entrada da residência e na caixa de correspondências.
Escolas: *"Shougakkou"* e *"Chuugakkou"* (ensino fundamental)	Solicite na escola um atestado de matrícula e um atestado de descrição de livros didáticos.	Leve a Carteira de Registro de Estrangeiro, juntamente com todos os documentos recebidos da escola anterior, ao Setor de Educação da prefeitura da cidade para a qual se mudou.
Carteira de Habilitação		Leve uma declaração da mudança de endereço até o Departamento de Polícia responsável pela área de jurisdição de sua residência.

ESPAÑOL

Procedimiento	Antes de mudarse (※En caso de mudarse)	Despúes de mudarse
Gas	Comuníquese a la división encargada de gas más cercana. Ellos enviarán a alguien a su domicilio el día que se mude para calcular el pago final que deberá hacer. Asi mismo avise a la compañia de gas de la región a donde va a mudarse, y solicite que le habiliten el servicio desde el día en que se muda	La persona de la nueva compañía de gas le conectará el suministro. Antes de comenzar a utilizarlo, asegúrese de que los aparatos e instalación sean compatibles con el tipo de gas que va a usar, y de que haya suficiente ventilación.
Teléfono	Marque el 116 y solicite a NTT la transferencia o cancelación de su línea telefónica.	
Correo	Complete la postal de cambio de dirección (Tenkyo todoke). De esta manera le llegará su correspondencia, aunque figure con su antigua dirección.	Sírvase escribir en la caja de correo de su vivienda y en la entrada de la misma su nombre completo.
Escuela primaria y secundaria	Solicite un certificado escolar y una lista de libros de texto en la escuela a la que estuvo asistiendo su hijo.	Diríjase a la junta de educación de su municipalidad y presente junto con su cédula de resgitro de extranjero los documentos que pidió en la antigua escuela de su hijo.
Licencia de conducir		Sírvase registrar su cambio de dirección en la estación de policía que controla el área donde ahora reside.

※ Estos trámites se realizan en caso de mudanza a otro inmueble.

日文

Ⅴ 住むときのルール

アパートなどの集合住宅をはじめ、地域の生活では、いろいろな人たちとかかわりを持ちながら暮らすことになります。

毎日を気持ちよく過ごせるように、お互いに「住むときのルール」を守っていくことが大切です。

□ ゴミの出し方

ゴミの出し方は、あなたが住んでいる地域（市町村）によって違います。

ゴミの種類ごとに出す曜日と時間が決まっています。不動産業者や近所の人、市町村役場に聞きましょう。

> 確認する必要があること
> ①ゴミを出す曜日と時間
> ②ゴミを出す場所
> ③燃えるゴミと燃えないゴミの区別
> ④資源ゴミ（ビン、カン、ペットボトル、新聞など）の区別
> ⑤粗大〔大きな〕ゴミの出し方

＊粗大ゴミや処理が難しい物の中には、有料であったり、収集してくれない物もあります。市町村役場に問い合わせてください。

＊＊あなたも、ゴミの減量、リサイクルと再利用に協力しましょう。

□ 台所の使い方

台所はきれいに使いましょう。

流し台の排水口に、ゴミや油を流してはいけません。配水管が詰まる原因になります。油をそのまま流すと、川や海が汚れる原因になります。

油を捨てるときには、新聞紙等に吸い込ませて、燃えるゴミと一緒に捨てましょう。

ENGLISH

V Rules for Living in Japan

When you live in housing complexes, such as an apartment, what you do has an effect on the other people living in the area. Therefore, it is important to adhere to the following rules and guidelines in order to maintain amicable relations with others in your neighborhood.

☐ Rubbish Disposal

The method of rubbish disposal varies from one municipality to the next. Also the day and time of collection depends on the type of rubbish. For details specific to where you live, please ask your real estate agent, a neighbor or someone in the Sanitation Division of your municipal office.

> **Questions You Should Ask**
> ① What days and times you should put out the rubbish.
> ② Where you should put the rubbish.
> ③ Which items are considered combustible and which are non-combustible.
> ④ Which items are considered recyclable.
> ⑤ How to dispose of bulky refuse.[1]

Notes:1. Some bulky refuse and difficult to dispose of items may require a fee in order to have them collected or may not be collected at all. Please ask the Sanitation Division of your municipal office for details on how to dispose of such items.
2. We ask for your cooperation in reducing the volume of rubbish produced and to increase the recycling and re-use of unwanted items.

☐ Using the Kitchen

You should keep the kitchen clean.
You must not flush any rubbish or grease down the sink drain, as doing so can cause the drain to clog.
Pouring oil down the drain pollutes rivers and the sea. When disposing of oil, use newspaper, etc. to soak it up and dispose of it along with the combustible rubbish.

中 文

V 居住的规则

不管是民间租赁房、大型公寓等楼房住宅区，还是一般住宅区的人们的生活，都有间接牵连的关系。所以只有互相遵守居住的规则，才能度过愉快的生活。

□垃圾的处理

扔垃圾的日期和方法，各地区都有所不同。按垃圾的种类、规定收集的日期。详情请向中介公司、邻居或市町村问询。

> 要确认的内容
> ①收垃圾的星期和时间
> ②放垃圾的地点
> ③可燃垃圾和不燃垃圾的区别
> ④资源垃圾（瓶、罐儿、塑料瓶、报纸等）的区别
> ⑤大型垃圾的收集方法

＊大型垃圾或难处理的东西、有的收费，有的不收集。详情请向市町村问询。
＊希望你也为垃圾的减少和再利用做出努力。

□厨房的使用

厨房要经常保持清洁。

为防止下水道的堵塞，洗碗池的排水口不能倒垃圾或油类污物。另外，把油类污物倒进排水口，将会污染河水和海水。所以倒油类污物的时候，用报纸类把油吸进后，跟可燃垃圾一起扔出去。

PORTUGUÊS

V Regras de Moradia

Você passará a ter uma vida em conjunto no prédio onde mora, bem como passará a relacionar-se com diversas pessoas dentro da rotina diária do bairro/região.
Para que todos possam ter um dia-a-dia agradável, é muito importante que se respeite e obedeça mutuamente as "Regras de Moradia".

☐ Como Separar e Jogar o Lixo

As regras para separar e jogar o lixo diferem de acordo com cada região.
O recolhimento do lixo é feito de acordo com cada tipo de lixo e em determinado dia da semana. Por isso, procure se informar na imobiliária ou com a vizinhança ou mesmo na prefeitura onde você reside.

> O que você precisa verificar:
> ① dia da semana e horário de recolhimento do lixo
> ② local da coleta do lixo
> ③ separação e distinção de lixo inflamável e lixo não-inflamável
> ④ separação e distinção de lixos recicláveis
> ⑤ Coleta de lixo de grande porte

* Entre os lixos de grande porte e lixos não-biodegradáveis, há aqueles cujas coletas são cobradas e outros cuja coleta não é realizada. Informe-se na prefeitura.
** Contribua você também para a redução do volume de lixo e reciclagem de recursos.

☐ Utilizando a Cozinha

Seja cuidadoso ao usar a cozinha.
Não jogue lixo ou óleo no ralo da pia da cozinha. Isso pode causar entupimento do encanamento de água. O óleo jogado pode sujar as águas de rios e praias.
Use jornal para absorver o óleo e jogue-o nos dias de coleta de lixos inflamáveis.

ESPAÑOL

V REGLAS SOBRE LA VIVIENDA

Para poder llevar una vida más confortable y sobre todo en armonía con los nuevos vecinos, es necesario tener en conocimiento algunas reglas primordiales, así residamos en un predio, departamento o conjunto habitacional.

☐ Forma de recolectar la basura

La forma de recolección de la basura depende del lugar donde usted resida.
Existen días específicos para cada tipo de basura, por ende se le recomienda que le consulte a sus vecinos, a su agente de bienes raíces, o en su municipalidad.

Tener en cuenta lo siguiente

① **Día y hora de la recolección de la basura.**
② **Lugar de la recolección de la basura.**
③ **Separación de la basura combustible y no combustible.**
④ **Separación de la basura reciclable**
   (botellas, latas, botellas de plásticos y periódico)
⑤ **Cómo tirar la basura grande.**

*Los artículos de gran volumen no son recolectados. Sírvase preguntar a la oficina municipal. En algunos casos tiene que hacer un pago por el recojo del mismo.
**Le pedimos mucha cooperación en la recolección de la basura reciclable.

☐ Uso de la cocina

Uso apropiado de la cocina.
Se recomienda no echar desperdicios aceitosos en el lavadero de la cocina, ya que el agua que usted utiliza desemboca en los ríos y pueden causar mucho daño al medio ambiente.
En lo posible coloque el aceite en un papel periódico, hasta que éste lo absorba y luego podrá desecharlos junto con la basura combustible.

日　文

☐ 生活騒音の注意

　集合住宅では、隣りや上下階の住宅に音が伝わりやすいので、特に夜間から早朝にかけては、大きな音を出さないように注意しましょう。

> **たとえば、こんな音が騒音になることがあります**
> テレビやラジカセの音、楽器の音、大きな話し声、掃除機や洗濯機の音、シャワーや排水の音、扉の開け閉めの音

☐ 浴室・トイレの使い方

　風呂場やトイレの配水管が詰まると、水があふれて大変なことになります。
　下の階の住宅に被害が出たときには、弁償〔自分でお金を出して元どおりに直す〕しなければならないこともあります。

> **よく注意する必要があること**
> ①排水口に髪の毛などを流さない。
> ②トイレではトイレットペーパー以外は流さない。
> 　（ティッシュペーパーや生理用ナプキンも流してはいけません）

☐ 共用部分の使い方

　集合住宅では、自分の部屋以外の廊下や階段はみんなで使う共用部分です。
　地震や火事が起きたときなど、緊急の時には避難通路にもなるので、自分の荷物を置いてはいけません。

☐ 自転車置き場・駐車場

　集合住宅では、自転車は自転車置き場などの決められた場所に、きちんとならべて置きます。
　また、車（自動車）は必ず駐車場を借りる必要があります。路上駐車をしてはいけません。

ENGLISH

☐ Being Aware of Making Noise

In apartment complexes, noise can be easily heard by your neighbors, including those living above or below you. Therefore, it is important to make sure you do not make loud noises especially at night and in the early hours of the morning.

> **Examples of Noises that are Nuisances**
> Televisions and radios, musical instruments, loud voices, vacuum cleaners and washing machines, drainage from showers, and the opening and shutting of doors.

☐ Using the Bath and Toilet

Floods can occur when the toilet or the bathroom drain backs up. If the apartment below you suffers damage due to such a flood, you will be held responsible for the payment of any repair bills.

> **To Avoid Drainage Back Up**
> ① Do not flush hair, etc. down drains.
> ② Do not flush items other than toilet paper (e.g. tissue paper, sanitary napkins) down the toilet.

☐ Using Common Areas and Facilities

In apartment complexes, walkways, hallways and stairs that are located outside of your apartment are considered common facilities. During times of emergency, such as an earthquake or fire, they serve as evacuation routes. Therefore, you are forbidden to store your personal items in them.

☐ Car and Bicycle Parking

Please be sure to leave your bicycle only in areas designated as bicycle parks in an orderly fashion.
If you own a car, you will be required to rent a parking space — parking on the side of the road is illegal.

中 文

☐ 生活噪音的注意

　　楼房住宅，家庭内的各种声音很容易传到上下左右的邻居屋子里，特别是早晨和夜间的动静更要多加注意。例如，这样的声音往往成为噪音的祸根：电视、音响、乐器的声音、大声的说话、吸尘器或洗衣机的动静、淋浴或排水的声音、关门窗的声音等。

☐ 浴室、厕所的使用

　　因浴室和厕所的管道堵塞而引起下水外溢，会造成严重的后果。如果由此使下层楼受到了损失，就得赔偿人家。

> 需要倍加注意的地方
> ①排水口不能冲放头发等容易堵塞物
> ②厕所里不能冲放卫生纸以外的东西
> 　（不能冲放面巾纸和卫生巾）

☐ 公共场所的使用

　　集体住宅里除了个人使用的房屋以外，还有公共使用的走廊和楼梯等场所。这样的场所在发生地震、火灾等紧急情况下，作为避难通路使用。所以不能存放个人的东西。

☐ 自行车存放处、停车场

　　集体住宅一般都有自行车存放处。自行车要工整地放在规定的场所。
　　停放汽车须租用停车场，路边不可停车。

292

PORTUGUÊS

☐ Cuidados com Ruídos e Barulhos

Barulhos e ruídos se propagam com facilidade nos apartamentos vizinhos e nos andares superior e inferior. Por isso, seja cuidadoso especialmente de madrugada e altas horas da noite.

> * Seja cuidadoso nessas ocasiões: volume da televisão e aparelhos de som; instrumentos musicais; falar em voz alta; barulho de aspirador de pó e máquina de lavar; ruídos de escoamento de água da banheira ou chuveiro; ao abrir e fechar portas.

☐ Toalete e Chuveiro/Banheira

O entupimento do encanamento de água do toalete ou chuveiro/banheira pode resultar em vazamentos, causando sérios transtornos. Se, por exemplo, o apartamendo do andar inferior apresentar danos causados por vazamento de água do apartamento onde você mora, você deverá pagar uma indenização ("*benshou*") ao proprietário do apartamento do andar inferior.

> **Cuidados que você deve ter:**
> ① Não deixe escorrer fios de cabelo nos ralos de escoamento de água
> ② No vaso sanitário, jogar somente papel higiênico
> (não jogar lenços de papel e absorventes higiênicos em hipótese alguma)

☐ Áreas de Uso Comunitário

Nos prédios, existem áreas de uso comunitário como corredores, escadas entre outras instalações.
Na ocorrência de terremotos ou incêndios, essas áreas se tornam caminhos de fuga. Por isso, não deixe seus pertences nesses locais para que não atrapalhem na passagem de pessoas.

☐ Estacionamento para Bicicletas e Automóveis

Nos prédios, há lugares determinados para o estacionamento de automóveis e bicicletas. Para utilizar o estacionamento de automóveis, é necessário alugar uma vaga. É proibido estacionar na calçada.

ESPAÑOL

☐ Advertencia sobre los ruidos

En la mayoría de departamentos que poseen más de dos pisos, suele ocurrir que los ruidos se escuchan con mucha facilidad.
Por lo tanto se recomienda no hacer ruidos extremos, sobre todo a la noche y hasta la madrugada.

> **Por ejemplo algunas veces no nos percatamos que estos ruidos pueden ser causa de molestias**
> Televisión, equipos de sonido, instrumentos musicales, hablar en voz alta, ruido de la lavadora, aspiradora, el uso de la ducha, abrir y cerrar las puertas.

☐ Formas de usar el ofuro y el baño

Algunas veces por el uso diario del ofuro, las tuberias de desague se obstruyen, causando grandes inconvenientes como filtraciones de agua que pueden llegar hasta las casas vecinas.

> **Tenga mucho cuidado ya que la reparación total de la misma es por cuenta del inquilino**
> Para evitar esos inconvenientes se recomienda:
> ① No echar cabellos en el desague.
> ② En el inodoro, echar sólo papel higiénico
>   (no tirar papel tisú ni toallas femeninas.)

☐ Lugares de uso común

Los lugares de uso común como pasillos y escaleras también deben de mantenerse limpios y ordenados.
No deje cosas personales que puedan molestar el paso, pues estos lugares se utilizan en caso de emergencia (terremotos e incendios.)

☐ Sobre el parqueo de autos y bicicletas.

Para estacionar las bicicletas existen sitios específicos y determinados. Por favor colocar dichos vehículos en forma ordenada, por otra parte, si posee un automóvil, debe de alquilar un espacio para estacionarlo.

中文/日文

VI 町内会・自治会

　　日本的各市町村内一般都有称为"町内会"或"自治会"的居民组织。"町内会"或"自治会"都要通过传阅"回览板"的方式，向各家各户传达市役所、保健所等行政部门的各种通知。还要组织居民们进行防犯、防灾的训练活动，以及当地的祭祀庙会等的活动。

　　"町内会"或"自治会"的活动，是用居民的会费来维持的。只要是当地的居民，外籍人也可以参加。详情请向附近的人问询。

VI 町内会・自治会

　　日本では、一般的にどこの市町村でも「町内会」や「自治会」と呼ばれる住民組織があります。
　　町内会や自治会では、たとえば、回覧板〔役所や保健所等からのお知らせをとなりの家に回す連絡板〕や防犯活動、防災訓練、お祭りやイベントなど住民同士の交流活動をしています。
　　こうした町内会や自治会の活動は、住民の会費で運営されています。
　　外国籍の方でも、住民であれば加入できますので、近所の人に聞いてみてはいかがでしょうか。

ENGLISH

VI Neighborhood Associations

Nearly every city, town and village in Japan has its own Neighborhood Association (*chō-nai-kai* or *jichi-kai*). Activities vary from association to association, but some of the major ones include putting out memorandums containing information from municipal offices and public health care centers and conducting crime-reduction activities, disaster prevention training, and festivals and events that create opportunities for people in the neighborhood to socialize with each other.

Neighborhood Associations operate and provide these services with the funds accumulated from membership fees. Membership in these associations is open to all. For more details, ask your neighbors.

中 文

VI 町内会・自治会

日本的各市町村内一般都有称为"町内会"或"自治会"的居民组织。"町内会"或"自治会"都要通过传阅"回览板"的方式，向各家各户传达市役所、保健所等行政部门的各种通知。还要组织居民们进行防犯、防灾的训练活动，以及当地的祭祀庙会等的活动。

"町内会"或"自治会"的活动，是用居民的会费来维持的。只要是当地的居民，外籍人也可以参加。详情请向附近的人问询。

PORTUGUÊS

VI Associação de Moradores do Bairro

No Japão, existe o sistema de associação de moradores (*"chounaikai"* ou *"jichikai"*). Além de realizar atividades de intercâmbio entre os moradores do bairro, todos os eventos realizados na comunidade são comunicados através de um boletim circular (*"kairanban"*) como, por exemplo, atividades e treinamentos de prevenção contra crimes ou prevenção contra acidentes e festivais (*"matsuri"*).

Para tanto, é necessário pagar uma taxa periodicamente à Associação de Moradores.

A filiação na associação é de livre escolha, mas recomenda-se que se associe para que você possa compreender melhor a comunidade e para que haja boas relações entre a vizinhança.

ESPAÑOL/JAPONÉS

VI SOBRE LAS REUNIONES DE LA VECINDAD

En la mayoría de las comunidades en Japón, se estila llevar a cabo las llamadas "reuniones vecinales", en las cuales se informa o resuelven algunos problemas que existan dentro de la comunidad.

También se acostumbra informar a todos los vecinos del conjunto habitacional, sobre los eventos, simulacros o reuniones que se llevan a cabo durante la semana, mediante una "Carpeta informativa" (Kairan ban) que es depositada en cada uno de los departamentos.

Dichas actividades se realizan gracias a las cuotas que pagan los moradores.

La asociación no es obligatoria, pero todos los residentes, incluso los extranjeros, pueden participar. Infórmese preguntando a sus vecinos sobre la forma de asociarse.

VI 町内会・自治会

日本では、一般的にどこの市町村でも「町内会」や「自治会」と呼ばれる住民組織があります。
町内会や自治会では、たとえば、回覧板〔役所や保健所等からのお知らせをとなりの家に回す連絡板〕や防犯活動、防災訓練、お祭りやイベントなど住民同士の交流活動をしています。
こうした町内会や自治会の活動は、住民の会費で運営されています。
外国籍の方でも、住民であれば加入できますので、近所の人に聞いてみてはいかがでしょうか。

[別紙11-1]

※必要に応じて、B4・A3サイズに拡大コピーしてお使い下さい。

公表用書面

個人情報の取扱いについて

当社は、個人情報を以下の目的で利用させて頂きます。

1　不動産の売買契約又は賃貸借契約の相手方を探索すること、売買、賃貸借、仲介、管理等に関する契約（連帯保証契約を含む）を締結すること及び契約に基づく役務を提供すること
2　不動産の売買、賃貸借、仲介、管理等に関する情報を提供すること
3　1、2の目的を達成するために必要な範囲で、契約の相手方及び売買・賃貸借希望者、他の宅地建物取引業者、指定流通機構、物件情報を書面又はインターネットで提供する者・団体・広告会社、融資に関わる金融機関、登記・評価等に関わる司法書士・不動産鑑定士その他専門家、提携　損害保険会社、不動産管理業者、保証委託会社又はお客様の同意を得た第三者に対して提供すること
　なお、契約の相手方探索のために指定流通機構に対して物件情報を提供する場合及び指定流通機構に登録されている物件についてご契約される場合には、個人情報等を次のとおり利用致します。
　（1）契約が成立した場合には、その年月日、成約価格等を指定流通機構に通知致します。
　（2）指定流通機構は、物件情報及び成約情報（成約情報は、売主様・買主様・貸主様・借主様の氏名を含まず、物件の概要・契約年月日・成約価格などの情報で構成されています）を指定流通機構の会員たる宅地建物取引業者や公的な団体に電子データや紙媒体で提供することなどの宅地建物取引業法に規定された指定流通機構の業務のために利用致します。

> ①　提供される情報は、氏名、住所、電話番号、物件情報、成約情報その他必要な項目です。
> ②　提供は、書面、電話、電子メール、インターネット、広告媒体等の手段で行います。
> ③　ご本人様からお申し出がありましたら、提供は中止致します。
> 　　※専属専任媒介契約、専任媒介契約が締結された場合には、宅地建物取引業法に基づき、指定流通機構への登録及び成約情報の通知が宅地建物取引業者に義務付けられます。

4　上記1及び2の役務、情報を提供するために郵便物、電話、電子メール等により連絡すること
5　お客様からのお問い合わせに応じるため及び4の目的を達成するために必要に応じて保管すること
6　宅地建物取引業法第49条に基づく帳簿として及びその資料として保管すること
7　不動産の売買、賃貸借等に関する価格査定を行うこと
　なお、価格査定に用いた成約情報につきましては、宅地建物取引業法第34条の2第2項に規定する「意見の根拠」として仲介の依頼者に提供することがあります。

> ①　提供される情報は、売主様・買主様・貸主様・借主様の氏名を含まず、成約物件の特定が困難となる工夫を施した物件の概要・成約価格などの項目です。
> ②　提供は、書面、電子メール等の手段で行います。
> ③　ご本人様からお申し出がありましたら、提供は中止致します。

8　市場動向分析を行うこと

※その他利用目的がある場合には、空欄にご記入下さい。

[別紙11-2]

《文例2 個人情報の取扱いについて》公表 掲示用（A3以上のサイズで掲示ください）

個人情報の取扱について

■個人情報取扱に関する基本姿勢

弊社は、個人情報保護に関する法令を遵守し、その取扱及び保護等について、個人情報保護法の規定に基づき、下記のとおりご説明いたします。

1．お客様の個人情報の利用目的

①物件情報を取引の相手方探索のために利用します。 ②物件情報をインターネット、チラシ等広告をするために利用します。 ③物件情報を、取引の相手方探索のため指定流通機構の物件検索システム（レインズ）に登録する場合があります。なお契約後、指定流通機構（宅地建物取引業法により、国土交通大臣の指定を受けた機構。）に対し、成約情報（成約情報は、成約した物件の、物件概要、契約年月日、成約価格などの情報で、氏名は含みません。）を提供します。指定流通機構は、物件情報及び成約情報を指定流通機構の会員たる宅地建物取引業者や公的な団体に電子データや紙媒体で提供することなどの宅地建物取引業法に規定された指定流通機構の業務のために利用します。 ④不動産の売買契約又は賃貸契約の相手方を探索すること及び売買、賃貸借、仲介、管理等の契約を締結し、契約に基づく役務を提供することに利用します。 ⑤管理が伴う場合には、マンション等の管理組合で締結した管理委託契約業務履行のため利用します。
⑥上記、①から⑤の業務に付随する、お客様にとって有用と思われる当社及び提携先のご案内や商品の発送、関連するアフターサービス、また、管理においてのメンテナンス等の業務に関するお知らせ等に利用します。
⑦宅地建物取引業法第49条に基づく帳簿及びその資料として保管します。 ⑧不動産の売買、賃貸等に関する価格査定に利用します。価格査定に用いた成約情報は、宅地建物取引業法第34条の2第2項に規定する「意見の根拠」として仲介の依頼者に提供することがあります。 ⑨下記3記載の第三者に提供します。

2．当社が保有している個人情報と利用目的

①当社は、当社との不動産取引に伴い賃貸物件の入居希望者様・入居者様、売買物件の申込者様・購入者様、管理もしくは媒介の委託を受けた不動産の所有者その他権利者様から受領した申込書、契約書等に記載された個人情報、その他適正な手段で入手した個人情報を有しています。 ②お客様との契約の履行、賃貸取引にあっては契約管理、売買取引にあっては契約後の管理・アフターサービス実施のため利用します。 ③当社は、当社の他の不動産物件におけるサービスの紹介並びにお客様にとって有用と思われる当社提携先の商品・サービス等を紹介するためのダイレクトメールの発送等のために、お客様の個人情報のうち住所、氏名、電話番号、メールアドレスの情報を利用させていただきます。このための利用は、お客様からの申し出により取り止めます。

3．個人情報の第三者への提供

当社が保有する個人情報は、お客様との契約の履行、賃貸取引にあっては契約管理、売買取引にあっては契約後の管理・アフターサービスの実施のため、業務の内容に応じて、氏名、住所、電話番号、生年月日、不動産物件情報、成約情報を、書面、郵便物、電話、インターネット、電子メール、広告媒体等で次の①～⑪記載の第三者に提供されます。なお、お客様からの申出がありましたら、提供は停止いたします。
①お客様から委託を受けた事項についての契約の相手方となる者、その見込者。 ②他の宅地建物取引業者。 ③インターネット広告、その他広告の掲載事業者及び団体。 ④指定流通機構（専属専任媒介契約、専任媒介契約が提携された場合には、宅地建物取引業法に基づき、指定流通機構への登録及び成約情報の通知が宅地建物取引業者に義務付けられます。） ⑤登記に関する司法書士、土地家屋調査士。 ⑥融資等に関する金融機関関係。 ⑦対象不動産について管理の必要がある場合における管理業者。 ⑧当社の管理が生じる場合は、管理委託契約の重要事項説明書に定める業務委託先及び管理費引き落としの際の振込先金融機関、管理組合役員 ⑨入居希望者様の信用照会のための信用情報機関（必要な場合）。 ⑩入居者様が賃料を滞納した場合の滞納取立者。 ⑪お客様にとって有用と思われる当社提携先。

4．個人情報の保護対策

①当社の従業者に対して個人情報保護のための教育を定期的に行い、お客様の個人情報を厳重に管理いたします。
②当社のデータベース等に対する必要な安全管理措置を実施いたします。

5．個人情報処理の外部委託

当社が保有する個人データの扱いの全部又は一部について外部委託をするときは、必要な契約を締結し、適切な管理・監督を行います。

6．個人情報の共同利用

お客様の個人情報を共同利用する際には、個人情報保護法に定める別途必要な処置を講じます。

7．個人情報の開示請求及び訂正、利用の停止等の申出及び取扱に関する苦情

お客様より、個人情報取扱に関する各種お問合せ及びご相談の窓口は下記のとおりです。
個人情報取扱責任者　〇〇　〇〇
【各種お問合せ・相談窓口】　電話：〇〇-〇〇〇〇-〇〇〇〇　FAX：〇〇-〇〇〇〇-〇〇〇〇
E-Mail　〇〇〇〇@〇〇〇〇．co．jp　担当者　〇〇　〇〇

平成17年4月1日

〒〇〇〇-〇〇〇〇
東京都　　区　　町　　番　　号
〇〇〇〇〇株式会社　（個人情報取扱事業者）
代表取締役　〇〇　〇〇

[別紙11-3]　　　　　　　　　　　　　　　　※必要に応じて、B4・A3サイズに拡大コピーしてお使い下さい。

賃貸借明示用書面

個人情報の取り扱いについて（賃貸借契約編）

当社は、今後、お客様との不動産取引に関し、下記書類を必要に応じてご提出頂くことになります。
下記書類に記載されたお客様の個人情報は、下記一覧表記載のとおり利用するほか、次の目的で利用致します。

1　不動産の賃貸借契約の相手方を探索すること、賃貸借契約（連帯保証契約を含む）、媒介契約、管理委託契約等を締結すること及び契約に基づく役務を提供すること
2　不動産の賃貸借、媒介、管理等に関する情報を提供すること
3　1、2の目的を達成するために必要な範囲で、契約の相手方及び貸し希望者・借り希望者、他の宅地建物取引業者、指定流通機構、物件情報を書面又はインターネットで提供する者・団体・広告会社、融資に関わる金融機関、登記・評価等に関わる司法書士・不動産鑑定士その他専門家、提携損害保険会社、不動産管理業者、保証委託会社又はお客様の同意を得た第三者に対して提供すること
　なお、契約の相手方探索のために指定流通機構に対して物件情報を提供する場合及び指定流通機構に登録されている物件についてご契約される場合には、個人情報等を次のとおり利用致します。
（1）契約が成立した場合には、その年月日、成約価格等を指定流通機構に通知致します。
（2）指定流通機構は、物件情報及び成約情報（成約情報は、貸主様・借主様の氏名を含まず、物件の概要・契約年月日・成約価格などの情報で構成されています）を指定流通機構の会員たる宅地建物取引業者や公的な団体に電子データや紙媒体で提供することなどの宅地建物取引業法に規定された指定流通機構の業務のために利用します。

① 提供される情報は、氏名、住所、電話番号、物件情報、成約情報その他必要な項目です。
② 提供は、書面、電話、電子メール、インターネット、広告媒体等の手段で行います。
③ ご本人様からお申し出がありましたら、提供は中止致します。

4　上記1及び2の役務、情報を提供するために郵便物、電話、電子メール等により連絡すること
5　お客様からのお問い合わせに応じるため及び4の目的を達成するために必要に応じて保管すること
6　宅地建物取引業法第49条に基づく帳簿として及びその資料として保管すること
7　不動産の賃貸借等に関する価格査定を行うこと
　なお、価格査定に用いた成約情報につきましては、他の物件の価格査定に際し「意見の根拠」として仲介の依頼者に提供することがあります。

① 提供される情報は、貸主様・借主様の氏名を含まず、成約物件の特定が困難となる工夫を施した物件の概要・成約価格などの項目です。
② 提供は、書面、電子メール等の手段で行います。
③ ご本人様からお申し出がありましたら、提供は中止致します。

8　市場動向分析を行うこと

※その他利用目的がある場合には、空欄にご記入下さい。

個人情報記載の資料等	主たる利用目的
お客様受付カード等やサイトからの資料請求フォーム	お客様の情報や希望条件を記入して頂き、希望に合った物件を紹介するため
賃貸物件調査チェックリスト	貸主からの物件の媒介または管理を依頼されたときに、当該物件につき情報を得、整理しておくため
登記簿、測量図、公図、図面、写真、間取り図	当該物件の権利関係、状況、隣地、境界、位置関係、面積等を明確にするため
顧客物件台帳	媒介または管理を依頼された物件を、顧客ごとに整理しておくため
依頼物件の個別賃貸条件	個別の物件ごとに賃貸条件を整理し、入居希望者に対し適切な情報提供をできるようにするため
入居申込書	入居希望者に契約申込の意思表示をしてもらうため
公的身分証明書、印鑑証明書	入居希望者の本人確認をするため
入居希望者の入居資格に関する参考資料	貸主に対し、入居希望者についての情報を提供し、貸主が契約締結を判断するため
重要事項説明書	宅地建物取引業法第35条に定める重要事項を説明するため　宅地建物取引業法第49条に基づき写しを取引台帳として5年以上保存します
賃貸借契約書	不動産取引における当事者の契約関係を明確にするとともに、宅地建物取引業法第37条に定める書面を交付するため　宅地建物取引業法第49条に基づき写しを取引台帳として5年以上保存します
連帯保証人引受承諾書	連帯保証人が特定の賃貸借契約につき、連帯保証する意思があることを明らかにするため
入退去時の物件状況及び原状回復確認リスト	入退居時に、物件の状態を確認するため
鍵受領書	借主に鍵を渡したことを証明するため
月次報告書	貸主に対し、物件の管理状況を報告するため
賃貸借契約締結に関わる代行処理依頼書	賃貸借契約の場に貸主が出席しない場合、宅地建物取引主任者が使者となり、貸主を代行して契約を締結するため
賃料等収納状況表	賃料等の収納状況について貸主に報告するため
賃料等収納金の送金について	領収した賃料等について、貸主への送金報告のため
家賃未払いのお知らせ	家賃等滞納につき、借主に知らせ、支払をうながすため
家賃滞納督促	家賃未払いのお知らせでも賃料の滞納が改善されない場合に、借主に催告するため
賃料支払い確約書	借主に滞納家賃の支払いを約束してもらうため
賃貸借契約解除通知書	契約期間中に貸主あるいは借主の都合により賃貸借契約を終了させるため
期間満了・更新のお知らせ	契約期間が満了するにあたり、貸主側で契約更新をしてもよいと考えている場合、借主の意向を確認するため
退去案内通知	退去手続きが円滑にいくように、借主に対し、退去の際の手引きとして案内するため
修繕費負担額合意書	退去時の修繕、原状回復費用を合意するため
敷金精算証明書	敷金返還の際に精算内容を明らかにするため
定期借家の説明書	定期建物賃貸借契約の場合で、契約締結前に貸主から借主に対し説明をするため
定期借家契約終了についての通知	定期建物賃貸借契約で、期間終了の1年前から6ヶ月前までに貸主から借主に対し通知するため
管理委託契約書	貸主が当社に対し不動産の管理を委託するため
賃貸借媒介・代理契約書	貸主が当社に対し目的物件の媒介または代理を依頼するため

※その他、不動産取引にあたり各社で個別にお客様から個人情報を頂く資料がある場合は、利用目的とともに上記空欄に記入して下さい。

[別紙11-4]

《文例2　個人情報の取扱いについて》公表　掲示用（A3以上のサイズで掲示ください）

個人情報の取扱について

■個人情報取扱に関する基本姿勢

弊社は、個人情報保護に関する法令を遵守し、その取扱及び保護等について、個人情報保護法の規定に基づき、下記のとおりご説明いたします。

1．お客様の個人情報の利用目的

①物件情報を取引の相手方探索のために利用します。　②物件情報をインターネット、チラシ等広告をするために利用します。③物件情報を、取引の相手方探索のため指定流通機構の物件検索システム（レインズ）に登録する場合があります。なお契約後、指定流通機構（宅地建物取引業法により、国土交通大臣の指定を受けた機構。）に対し、成約情報（成約情報は、成約した物件の、物件概要、契約年月日、成約価格などの情報で、氏名は含みません。）を提供します。指定流通機構は、物件情報及び成約情報を指定流通機構の会員たる宅地建物取引業者や公的な団体に電子データや紙媒体で提供することなどの宅地建物取引業法に規定された指定流通機構の業務のために利用します。　④不動産の売買契約又は賃貸契約の相手方を探索すること及び売買、賃貸借、仲介、管理等の契約を締結し、契約に基づく役務を提供することに利用します。　⑤管理が伴う場合には、マンション等の管理組合で締結した管理委託契約業務履行のため利用します。

⑥上記、①から⑤の業務に付随する、お客様にとって有用と思われる当社及び提携先のご案内や商品の発送、関連するアフターサービス、また、管理においてのメンテナンス等の業務に関するお知らせ等に利用します。

⑦宅地建物取引業法第49条に基づく帳簿及びその資料として保管します。　⑧不動産の売買、賃貸等に関する価格査定に利用します。価格査定に用いた成約情報は、宅地建物取引業法第34条の2第2項に規定する「意見の根拠」として仲介の依頼者に提供することがあります。　⑨下記3記載の第三者に提供します。

2．当社が保有している個人情報と利用目的

①当社は、当社との不動産取引に伴い賃貸物件の入居希望者様・入居者様、売買物件の申込者様・購入者様、管理もしくは媒介の委託を受けた不動産の所有者その他権利者様から受領した申込書、契約書等に記載された個人情報、その他適正な手段で入手した個人情報を有しています。　②お客様との契約の履行、賃貸取引にあっては契約管理、売買取引にあっては契約後の管理・アフターサービス実施のため利用します。　③当社は、当社の他の不動産物件におけるサービスの紹介並びにお客様にとって有用と思われる当社提携先の商品・サービス等を紹介するためのダイレクトメールの発送等のために、お客様の個人情報のうち住所、氏名、電話番号、メールアドレスの情報を利用させていただきます。このための利用は、お客様からの申し出により取り止めます。

3．個人情報の第三者への提供

当社が保有する個人情報は、お客様との契約の履行、賃貸取引にあっては契約管理、売買取引にあっては契約後の管理・アフターサービスの実施のため、業務の内容に応じて、氏名、住所、電話番号、生年月日、不動産物件情報、成約情報を、書面、郵便物、電話、インターネット、電子メール、広告媒体等で次の①～⑪記載の第三者に提供されます。なお、お客様からの申出がありましたら、提供は停止いたします。

①お客様から委託を受けた事項についての契約の相手方となる者、その見込者。　②他の宅地建物取引業者。　③インターネット広告、その他広告の掲載事業者及び団体。　④指定流通機構（専属専任媒介契約、専任媒介契約が締結された場合には、宅地建物取引業法に基づき、指定流通機構への登録及び成約情報の通知が宅地建物取引業者に義務付けられます。）　⑤登記に関する司法書士、土地家屋調査士。　⑥融資等に関する金融機関関係。　⑦対象不動産について管理の必要がある場合における管理業者。　⑧当社の管理が生じる場合は、管理委託契約の重要事項説明書に定める業務委託先及び管理費引き落としの際の振込先金融機関、管理組合役員　⑨入居希望者様の信用照会のための信用情報機関（必要な場合）。　⑩入居者様が賃料を滞納した場合の滞納取立者。　⑪お客様にとって有用と思われる当社提携先。

4．個人情報の保護対策

①当社の従業者に対して個人情報保護のための教育を定期的に行い、お客様の個人情報を厳重に管理いたします。
②当社のデータベース等に対する必要な安全管理措置を実施いたします。

5．個人情報処理の外部委託

当社が保有する個人データの扱いの全部又は一部について外部委託をするときは、必要な契約を締結し、適切な管理・監督を行います。

6．個人情報の共同利用

お客様の個人情報を共同利用する際には、個人情報保護法に定める別途必要な処置を講じます。

7．個人情報の開示請求及び訂正、利用の停止等の申出及び取扱に関する苦情

お客様より、個人情報取扱に関する各種お問合せ及びご相談の窓口は下記のとおりです。
　　個人情報取扱責任者　　○○　○○
【各種お問合せ・相談窓口】　電話：○○-○○○○-○○○○　FAX：○○-○○○○-○○○○
　　　　　　　　　　　　　E-Mail　○○○○@○○○○.co.jp　担当者　○○　○○

平成17年4月1日

〒○○○-○○○○
東京都　　区　　町　　番　　号
○○○○○株式会社　（個人情報取扱事業者）
代表取締役　○○　○○

不動産従業者と大家さんのための
賃貸住宅の業務手引 "募集から退去まで"　＜第2分冊＞

定　　　　価	4,400円［本体価格4,190円］
平成 7年 8月	初版発行
平成11年10月	第2版発行
平成14年 1月	第3版発行
平成16年 7月	改訂版発行
平成22年 2月	改訂2版発行
編　　　　著	賃貸住宅管理業務マニュアル研究会
発　　　　行	財団法人不動産流通近代化センター
発　　　　売	株式会社大成出版社

〒156-0042　東京都世田谷区羽根木1－1－11
TEL 03(3321)4131［代表］
FAX 03(3325)1888
http://www.taisei-shuppan.co.jp

無断転載禁止